古地図で楽しむ
駿河《するが》・遠江《とおとうみ》

NPO法人城郭遺産による街づくり協議会監事
加藤理文
Masafumi Kato
［編著］

風媒社

はじめに

加藤理文

豊かな自然と温暖な気候に恵まれた駿河《するが》・遠江《とおとうみ》国は、関東と関西という我が国の政治・経済・文化の中枢地域の中間に位置し、古来より東西両方向からさまざまな影響を受けてきた。東西交通の結節点であるがゆえに、さまざまな文化や人が往来し、両国にさまざまな恩恵を残している。人々は、東西からの影響を多様な面で受けながら、独自の地域を創ってきた。

本書は、古地図で楽しむ町歩き本シリーズの一冊で、東海地方の東端を紹介している。砂嘴《さし》が形成した景勝地三保の松原、4つの枝湾《えだわん》（水域）を持つ汽水湖浜名湖など自然の景観にも恵まれ、東海道の宿は実に三分の一が駿河・遠江に所在する。東海道から分かれ、信州や奥三河へ続く脇道、また天竜川や大井川、浜名湖の水運、併せて駿河湾の海運等交通手段に恵まれた地であった。頼朝も信長も、西郷も、両国に宿泊し通過している。今も、両国は東と西を結ぶ大動脈だ。徳川家康は、73年の生涯の内、実に40年を両国で生活し、最後の将軍徳川慶喜《よしのぶ》も、最晩年の30年間ほどを静岡で過ごし、趣味の写真・狩猟・囲碁に没頭する生活を送った風光明媚な地なのである。

本書は地理的にも歴史的にも、極めて魅力的な両国を、それぞれの分野で活躍する第一人者がさまざまな視点から余すことなく紹介している。古代の寺院、中世の城や合戦、近世の街道、そして近代の鉄道や戦争遺跡等を多面的に取り上げ解説する。読むだけでも十分散歩気分が味わえる内容だが、できれば、本書を片手に現地に赴き、その魅力に触れ、町歩きを楽しんでいただきたい。町のあちこちに残されている先人の贈り物を見つけた時の驚きは、筆にはし難い喜びをもたらしてくれるはずである。

牧野原より富士山を望む（絵はがき）静岡県立中央図書館所蔵

古地図で楽しむ駿河・遠江

【目次】

[Part 1] 鳥瞰図でみる駿河・遠江

[Part 2] 地図で見る駿河・遠江の歴史

◉近代

［トピック］

Part1

鳥瞰図で見る駿河・遠江

加藤理文

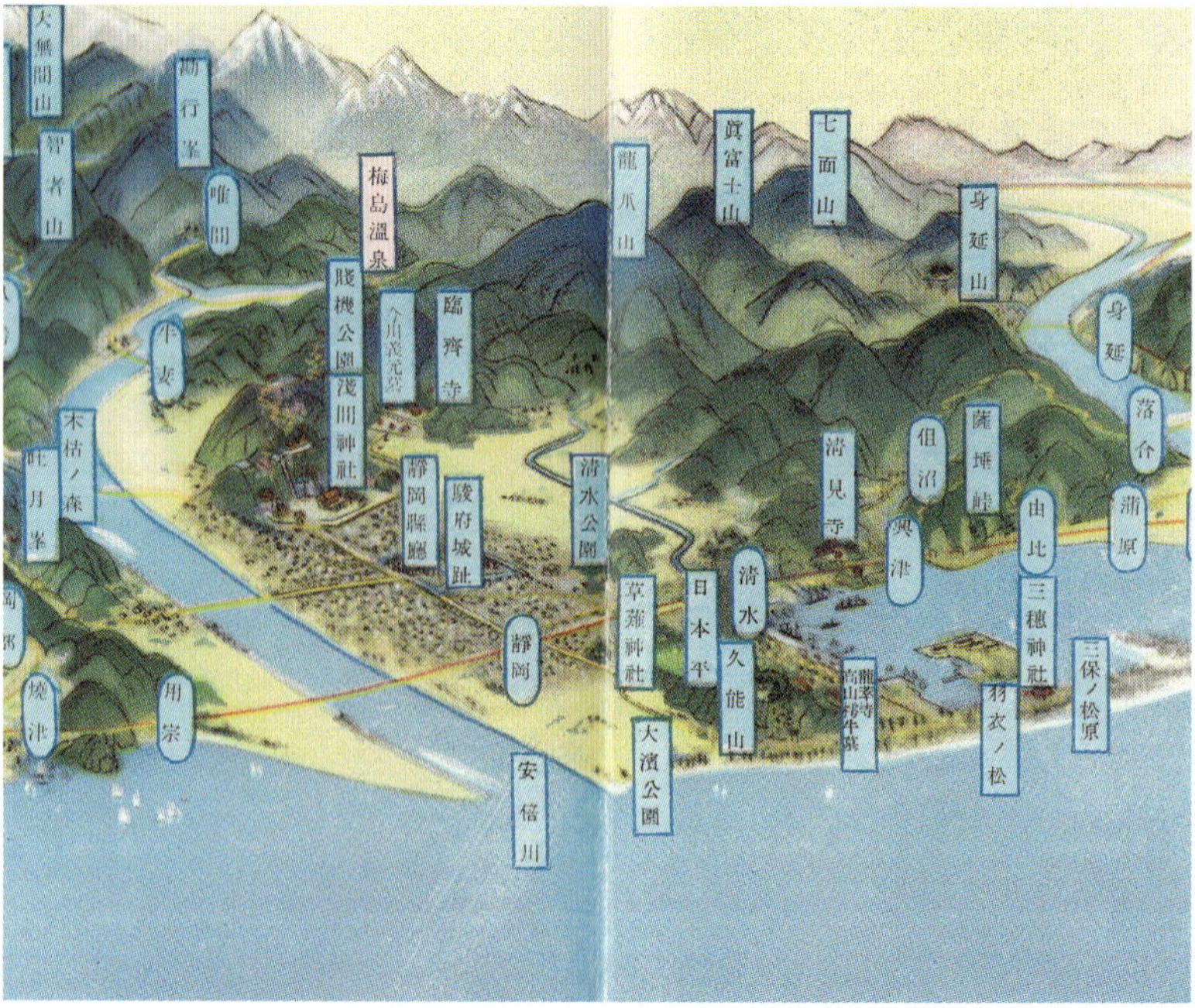

静岡市周辺を拡大したところ

静岡県鳥瞰図

吉田初三郎（1930 年）東浦町郷土資料館所蔵

吉田初三郎は、大正から昭和にかけて活躍した鳥瞰図（空中から地上を見下ろしたように描いた図）絵師。「大正広重」と呼ばれたように、大正から昭和にかけての観光ブームに乗って、全国各地の鳥瞰図を描いている。

「静岡県鳥瞰図」は、南沖合上空から、西の浜名湖、東の箱根山までを描いた図柄で、県を代表するシンボルである富士山や伊豆半島、駿河湾、御前崎の景観が見事に表現されている。また、天竜川、大井川、安部川、富士川の流れを強調し、大河が連続する県内の地形を表してもいる。背後には、雪を抱いた南アルプスが連なり、前面の穏やかな駿河湾との対比を見せている。都市として描かれるのは、現在も地域の中枢都市である西部の浜松市、中部の静岡市、東部の沼津市の三市で、この他伊豆半島の温泉街や神社仏閣が多く示されている。中でも奥山半僧坊（方広寺）、秋葉《あきは》神社、浅間神社の三社が特に大きく描かれ、昭和初期に隆盛していたことを伝えている。温泉は、18 カ所に見られるが、奥大井の梅が島温泉を除けば、いずれも伊豆半島の温泉で、当時伊豆半島一帯が温泉街として広く認知されていたことが判明する。

県都である静岡市は中央に位置し、三保ノ松原、久能山、浅間神社等の名所旧跡を描くが、臨済寺と共に「今川義元墓」が描かれている。桶狭間で敗死した義元の首級は、鳴海城に留まり奮戦する今川重臣・岡部元信と織田信長の開城交渉により返還、駿河へ持ち帰り天澤寺（静岡市大岩）に埋葬されたと伝わる。明治に至り、天澤寺廃寺に伴い、臨済寺の今川廟に移された。

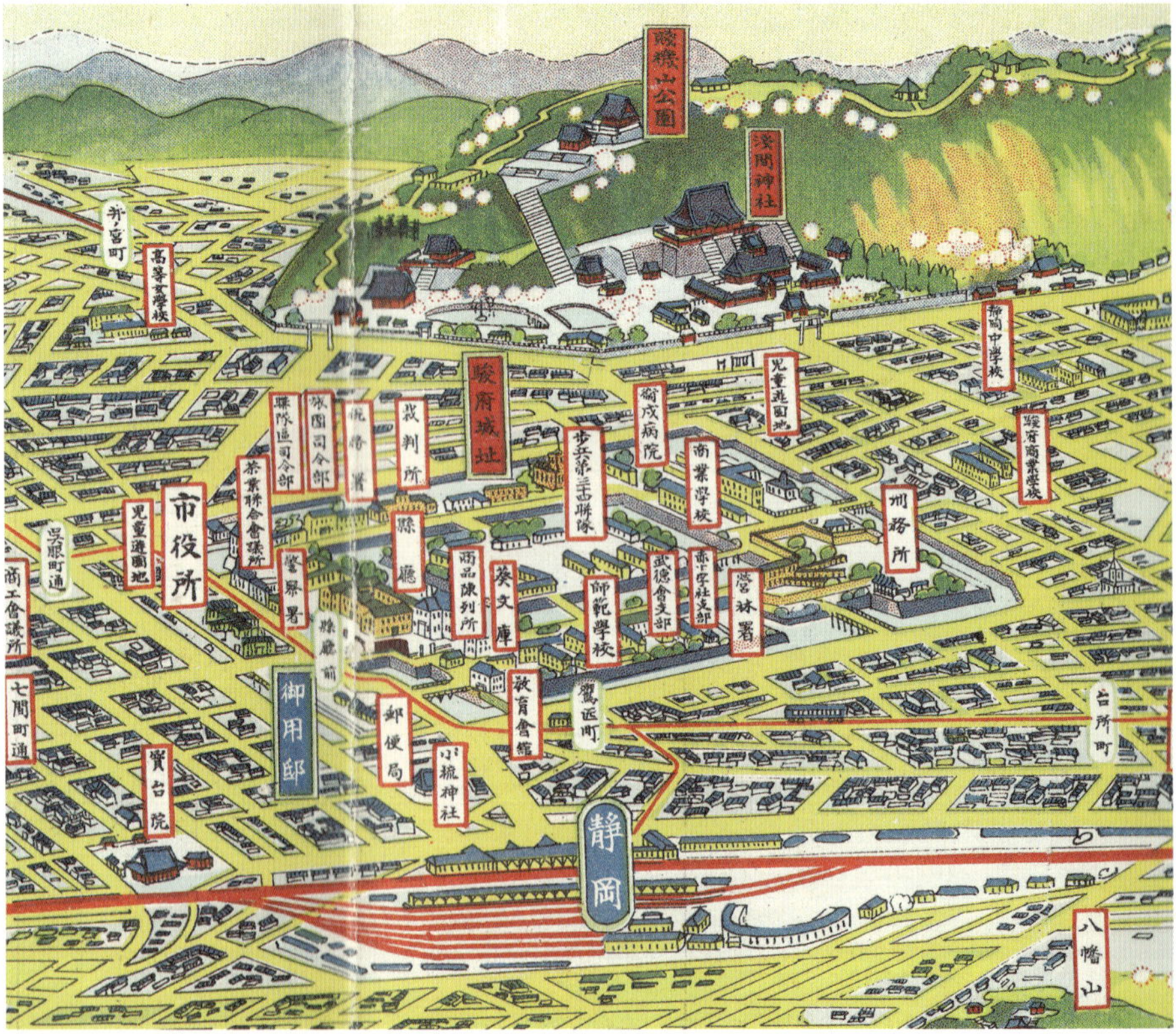

駿府城址周辺を拡大したところ

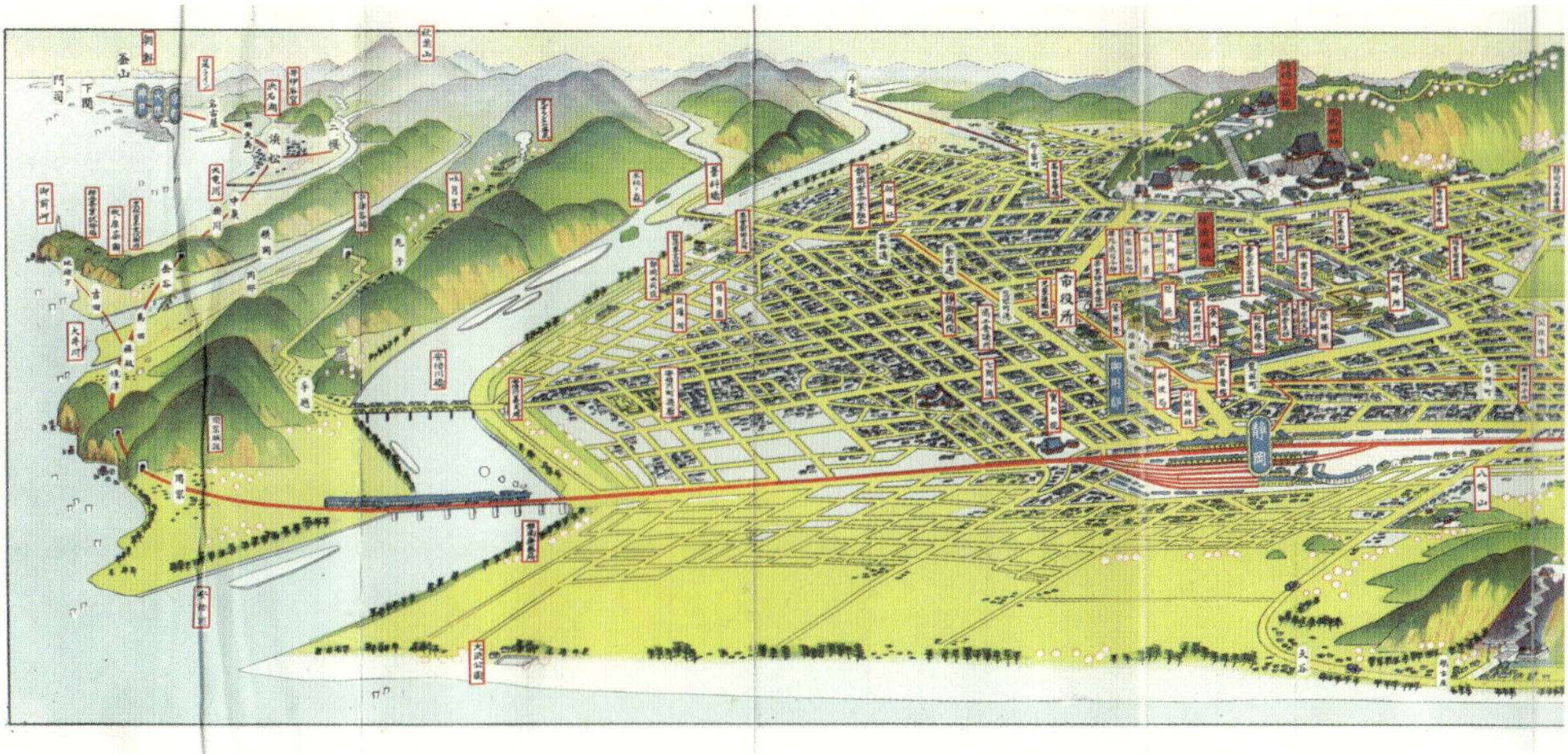

静岡市を中心とせる名所図会

吉田初三郎（1930 年）東浦町郷土資料館所蔵

宇津谷《うつのや》峠から薩埵《さった》峠間の静岡市の名所が描かれる。名所として大きく扱われているのは、駿府城址、浅間神社、賤機山《しずはたやま》公園、久能山《くのうざん》、日本平、三保ノ松原、清水寺と清水山公園の 7 カ所になる。1930 年の静岡市は、東海道本線より南に街は広がらず、駿府城址を中心に碁盤の目状の城下町の名残を留めていた。駿府城址の本丸には、歩兵第 34 連隊が駐屯し、二ノ丸には現在同様、県庁と警察署が置かれていた。三ノ丸の東側、現在の市民文化会館の地には刑務所が、その北側に商業学校と衛戍《えいじゅ》病院（陸軍病院）が見える。駿河湾に面した久能山には東照宮と失われた物見ノ松、現在も残る勘助井戸が描かれる。清水港には、大小さまざまな船が浮かびその繁栄の様子を伝え、貝島先端に三階建ての「景勝閣」の雄姿が見える。景勝閣は、1909 年（明治 42）、立正安国会の総帥・田中智学が大阪にあった本部「立正閣」の建物を移転したもので、最上階に「待勅殿」と呼ばれたガラス張りの展望室を設けていた。フランスの詩人、弁護士、キリスト教の牧師であるポール・リシャールも、1920 年（大正 9）に 4 日間この地を訪れている。リシャールは、御穂神社から羽衣の松に出て、正月の富士を眺め、「亜細亜は世界に於ける、最も美しい国土であり、日本は、亜細亜に於いて、最も勝れた国であり、三保は日本に於いて、最も美しい所だ」と褒めたたえている。駿河湾に浮かぶ富士を背にした絶景の眺めは、「三保の竜宮城」と称されたが、1930 年東京に本部が移されると、取り壊されてしまった。おりしも、清水港を中心とする産業都市開発が開始され、築港工事のために取り壊しを余儀なくされたのである。

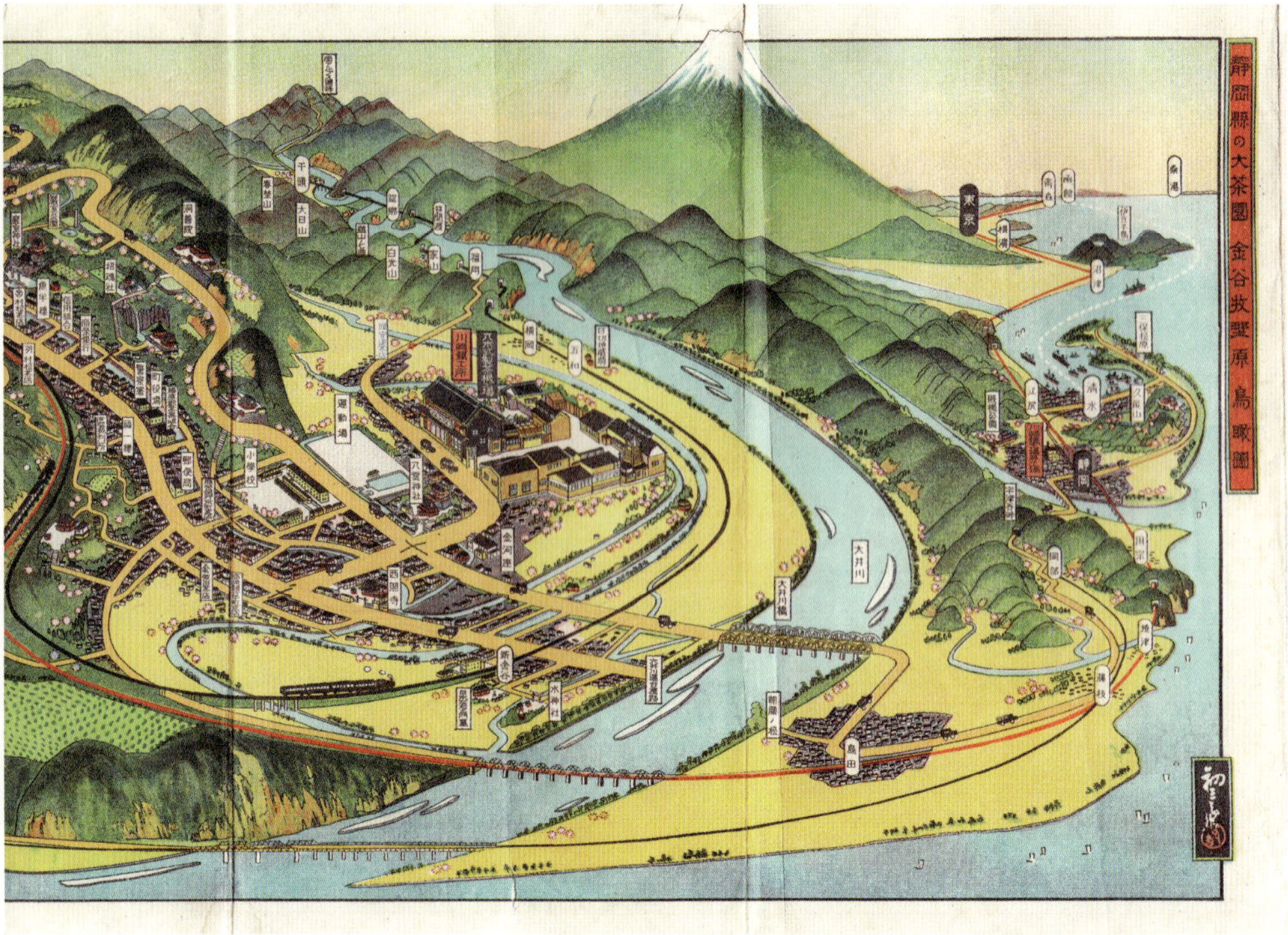
静岡縣の大茶園 金谷牧野原鳥瞰圖

日山
鶴山七曲
白光山
家山
福用
横岡
五和
日切地蔵尊
川崎鐵工所
八木式製茶機工場
運動場
小學校
八雲神社
金河座
西照寺
大井川

八木式製茶工場周辺

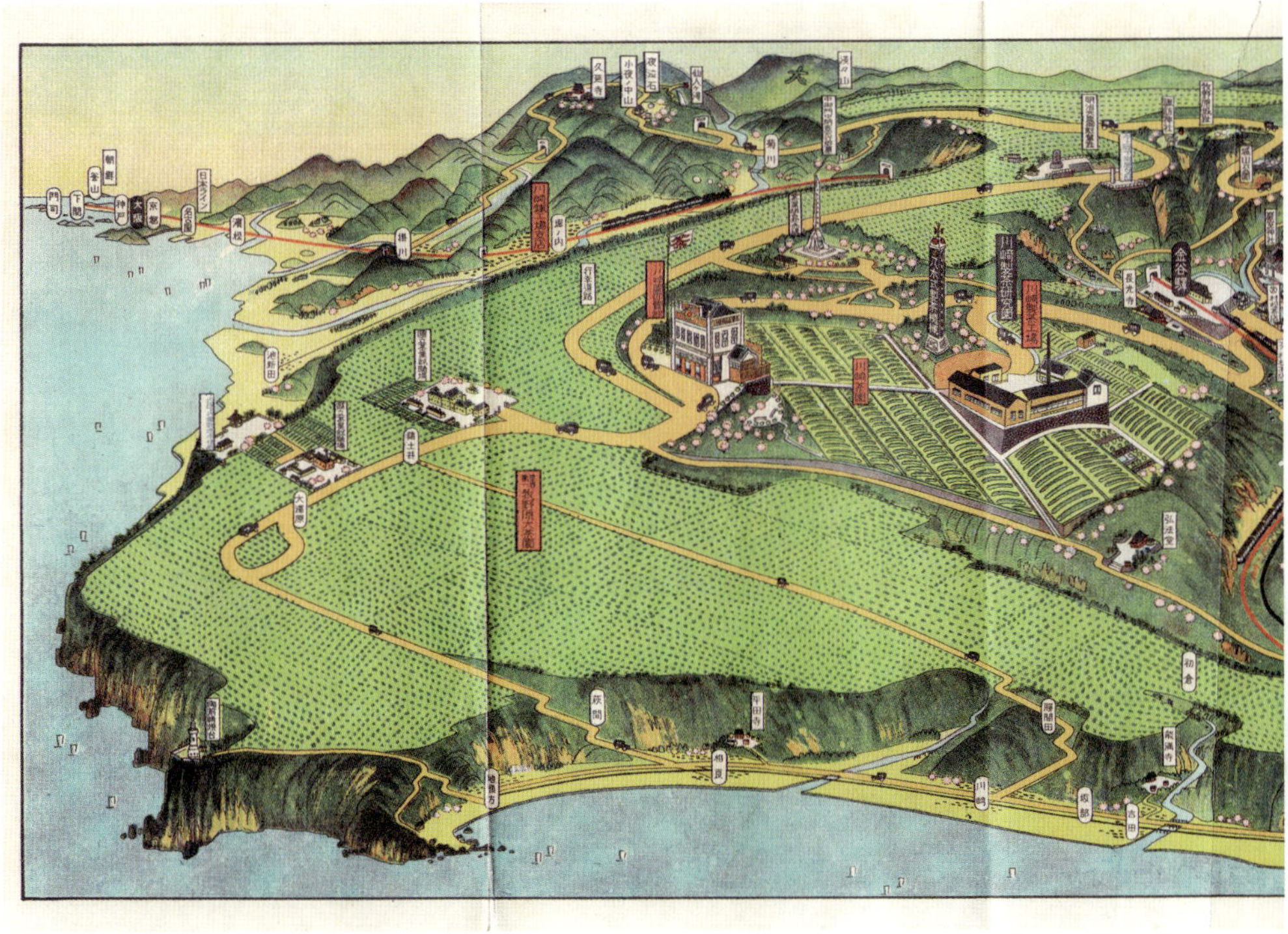

静岡県の大茶園　金谷牧の原鳥瞰図

吉田初三郎（1931 年）東浦町郷土資料館所蔵

静岡県は、全国の緑茶の約 50％を生産しているが、中でも最大規模の茶畑が広がっているのが牧ノ原台地で、茶園面積は約 5000ha と、日本最大規模を誇っている。大政奉還により職を失った徳川家の幕臣や、大井川の川越人足の手により開拓されたもので、昭和初期には牧ノ原台地上のほとんどが茶園であった。

絵図に大きく描かれる「八木式製茶機工場」が、現在のカワサキ機工の前身で、1908 年（明治 41）に「八木式粗揉機」の発売を開始した。六合村（現島田市）の八木多作氏の特許権を譲り受け開発したもので、この「八木式」は現在のカワサキ機工の一大ブランドとなった。「川崎製茶研究園」は、1928 年（昭和３）に約三町歩（約 9000 坪）を開拓し、茶の種をまいた。当時、牧ノ原の茶が下級茶とされ、国内販売が振るわなかったため、良質の茶を開発し、銘茶の産地に変えようとの試みからであった。茶摘みが可能となったのは、４年目頃からで、一番茶の時期になると茶園から揃いの手ぬぐいを姉さんかぶりにした茶摘み衆が唄う茶摘唄が聞こえてきたと言われる。

八木式製茶機工場の南に位置する「金河座」は、1913 年（大正 2）に建てられた芝居小屋だったが、戦後は映画館として 1969 年（昭和 44）まで営業していた。1959 年（昭和 34）には大代川の氾濫で水害にあい、貴重な歴史資料が失われ、回り舞台なども使用不能になってしまったという。

牧野原茶園を中心とせる静岡縣鳥瞰圖
TOKYO
SHIZUOKA
SHIMIZU

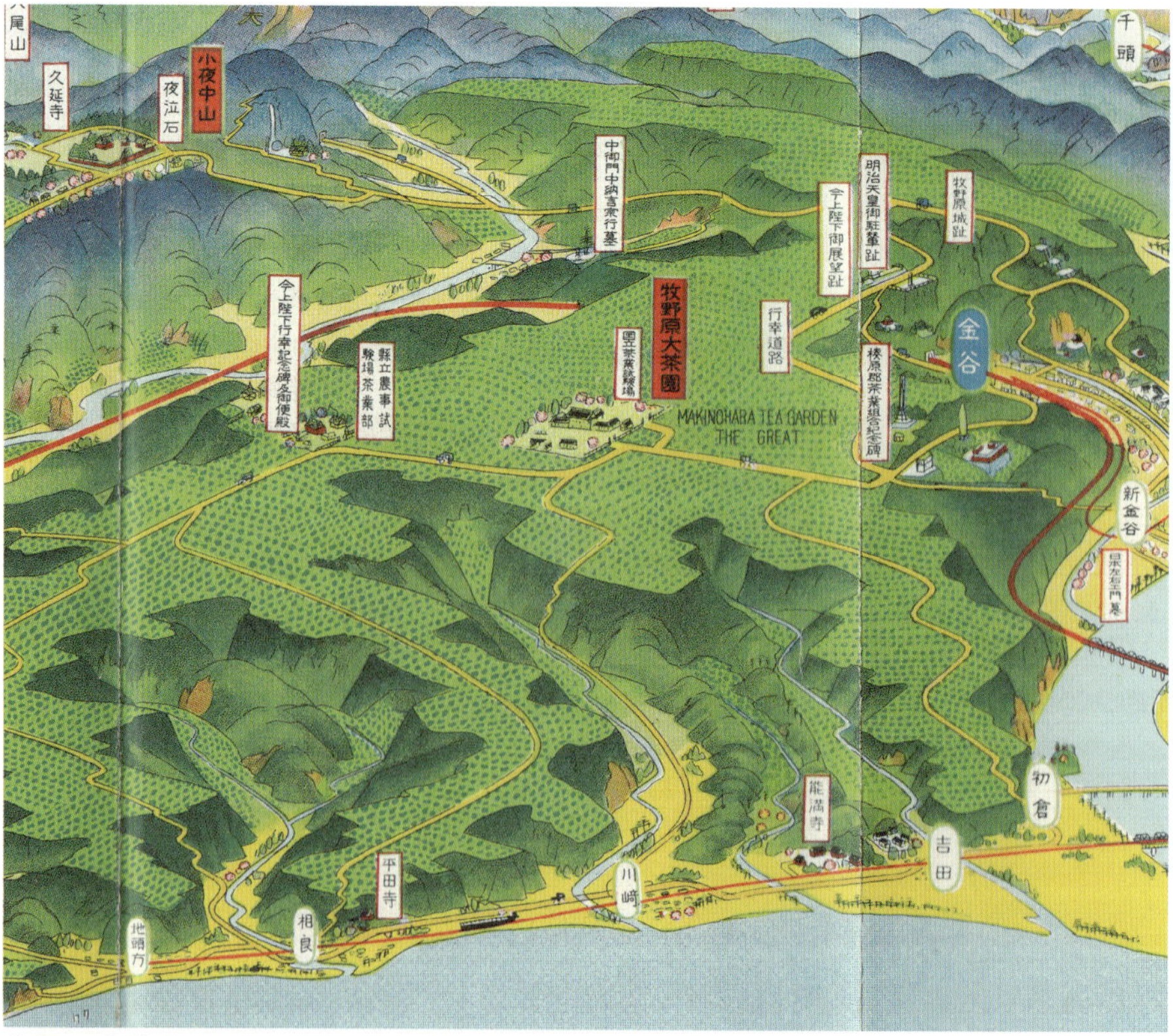
尾山
久延寺
小夜中山
夜泣石
中御門中納言宗行墓
今上陛下行幸記念碑及御便殿
縣立農事試験場茶業部
牧野原大茶園
MAKINOHARA TEA GARDEN
THE GREAT
行幸道路
今上陛下御展望趾
明治天皇御駐輦趾
牧野原城趾
榛原郡茶業組合紀念碑
千頭
金谷
新金谷
初倉
吉田
能満寺
川崎
平田寺
相良
地頭方

牧野原大茶園周辺

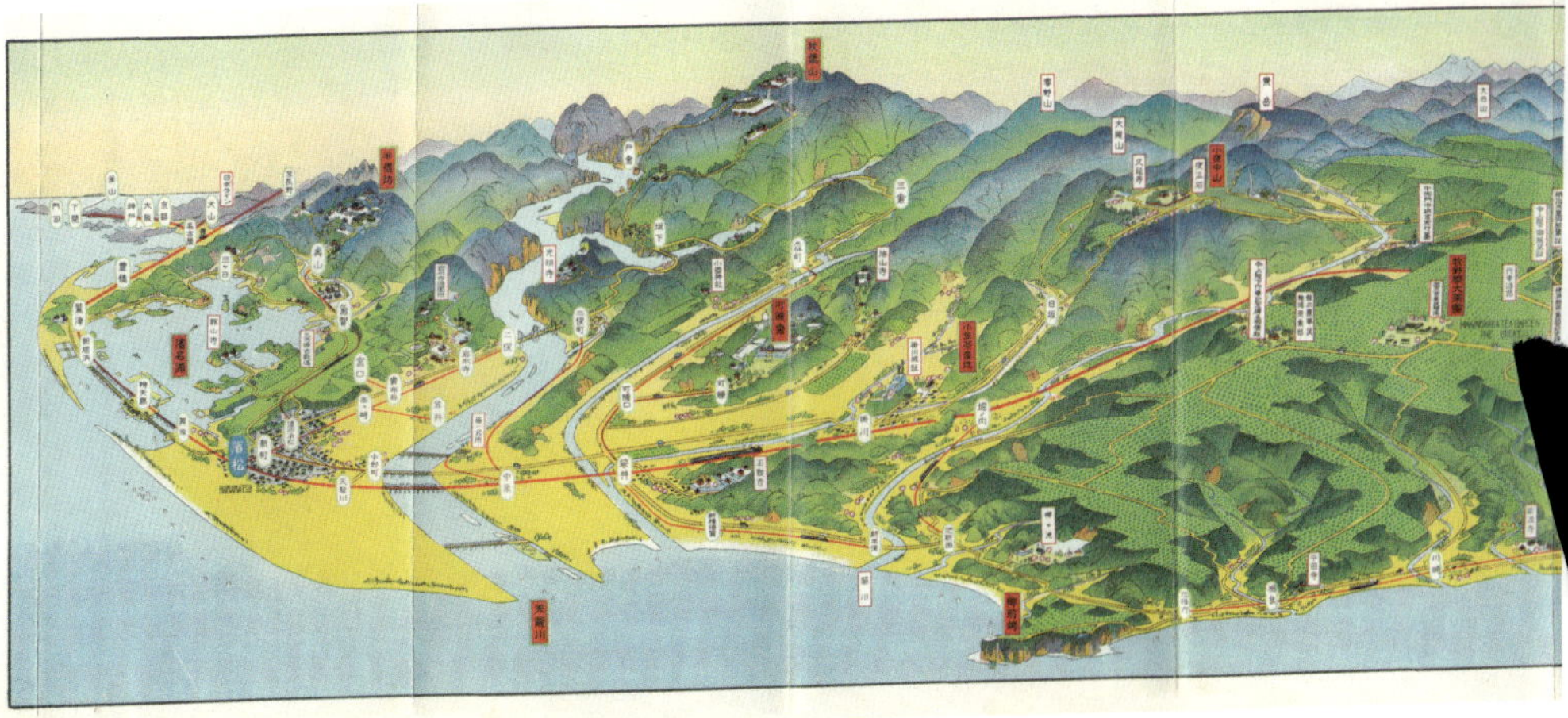

牧野原茶園を中心とせる静岡県鳥瞰図

吉田初三郎（1927 年）東浦町郷土資料館所蔵

静岡県の茶業組合の依頼により描いたお茶の産地静岡県の絵図。雄大な富士山を背景に、浜名湖から伊豆半島までの間に広がる茶園を県内の名所旧跡と共に描いている。1926 年（大正 15）から昭和元年にかけての静岡県の製茶産額は全国の 6 割、金額においては約 5 割を占めていた。当時の静岡県の茶園面積は、1 万 7 千 81 町歩（1 町歩＝ 3000 坪）、茶業者 74,192 名、製茶全輸出額における清水港の割合は 9 割 5 分を占めていた。静岡県の茶園が急速に発達したのは、1859 年（安政 6）の横浜開港と共に製茶が貿易品として認められて以降のことになる。本図に示された県内の茶園は、牧野原大茶園を筆頭とし、小鹿茶産地、安倍茶産地、小笠茶産地の 4 カ所であるが、愛鷹山《あしたかやま》山麓、興津から芝川、岡部、原野谷川中～上流域、宮口～三方原にも広がっている。牧之原が茶の大産地になったことで、1908 年（明治 41）に静岡県農事試験場茶業部、1918 年（大正 7）農林省茶業試験場が設けられることになった。本図でも、両機関と共に、静岡県茶業組合会議所、製茶輸出港清水港など、製茶関係の拠点が示される。

大井川に面した台地上に残る「明治天皇御駐輦祉」は、1868 年（明治元）の「遷都東幸」の途中、この地で富士山をお望みになられた時の記念碑。行幸道路はその時に造られ、この後 4 回の旧東海道の御巡幸の際は、いずれもここを利用している。

多くの発電所が描かれている

大井川鉄道沿線名所図絵

吉田初三郎（1931 年）東浦町郷土資料館所蔵

大井川鉄道は、1925 年（大正 14）に大井川上流部の電源開発と森林資源の輸送を目的に創立され、1927 年に金谷～横岡間、1930 年に家山～塩郷間、1931 年に青部《あおべ》～千頭《せんず》間まで延長され、全通している。絵図は、金谷を起点とし南アルプスに源流を発する大井川に沿って千頭までの約 40㎞の渓谷を描く。千頭からさらに奥まった落合、湯山、東剣へは森林軌道線を、井川へは計画線（1935 年〔昭和 10〕開通）が示されている。鉄道沿線は「深山幽谷の景趣に富む」と言われ、その間温泉、渓谷、滝布などの数々の景勝と、古社寺や古城址も多いと解説する。大井川の流れによって形成された鵜山七曲り、豊明峡、清涼峡、接岨峡《せっそきょう》、南黒部峡を描くと共に、多くの電力開発施設も描かれ、大井川の水力が電力開発の大きな力となったことを示す。大井川の背景には、光岳、茶臼岳、赤石嶽、間嶽などの南アルプスの山々を左翼に配し、中央右寄りに初三郎お得意の霊峰富士が見える。

初三郎は、この絵に添えて「川根茶の産地としてのみしられし大井川の上流奥地こそ、蓋し都人士の憧憬と渇仰に値する無明の夢弥深きの幽境、千古の大処女林、而して是れを貫く大井川の風光美こそ、予が二十余年の名所行脚中に其の類例を見ざるの大天地…」と紹介し「五月雨の雲ふきおとせ大井川」の句を「はせを」銘でよせている。

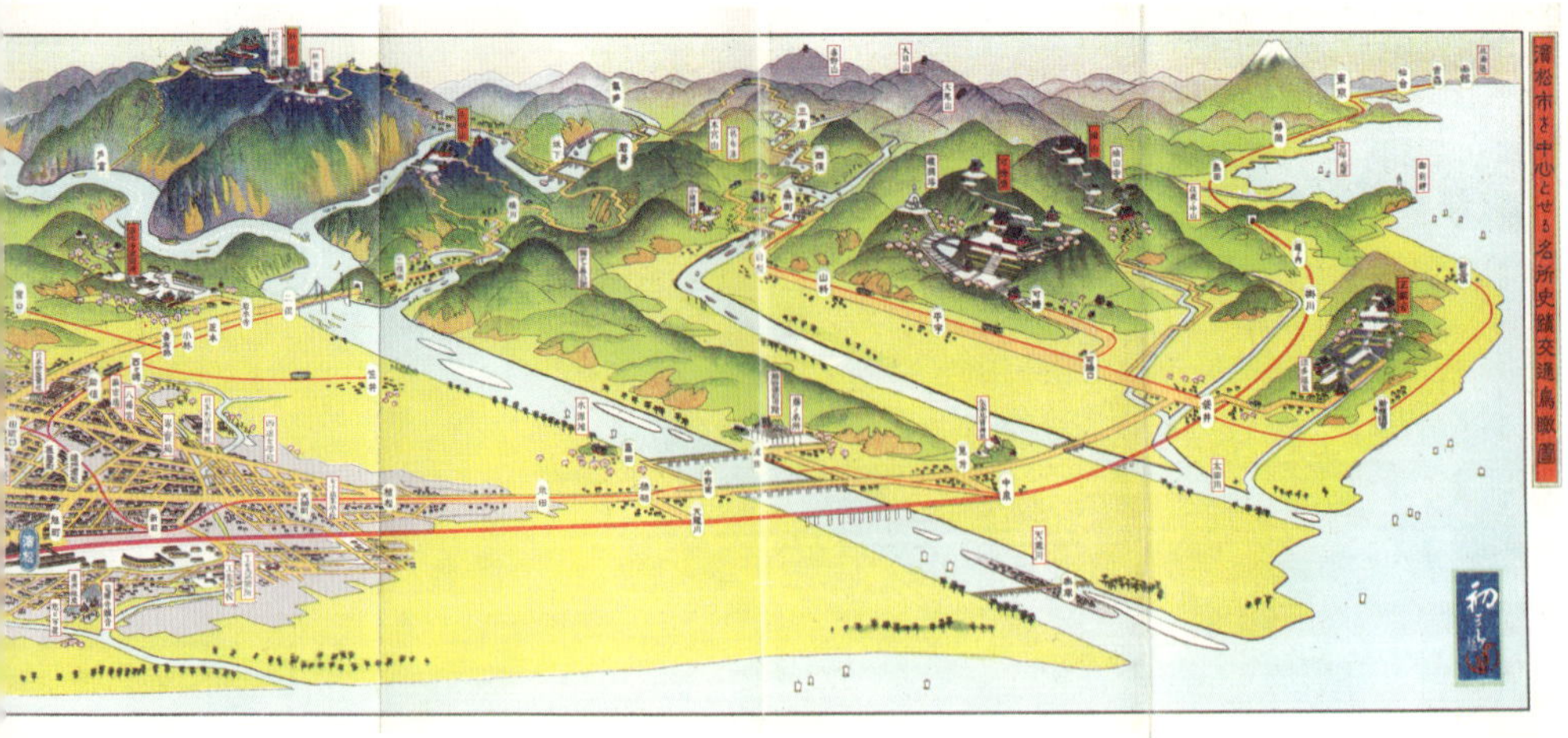
濱松市を中心とせる名所史蹟交通鳥瞰圖

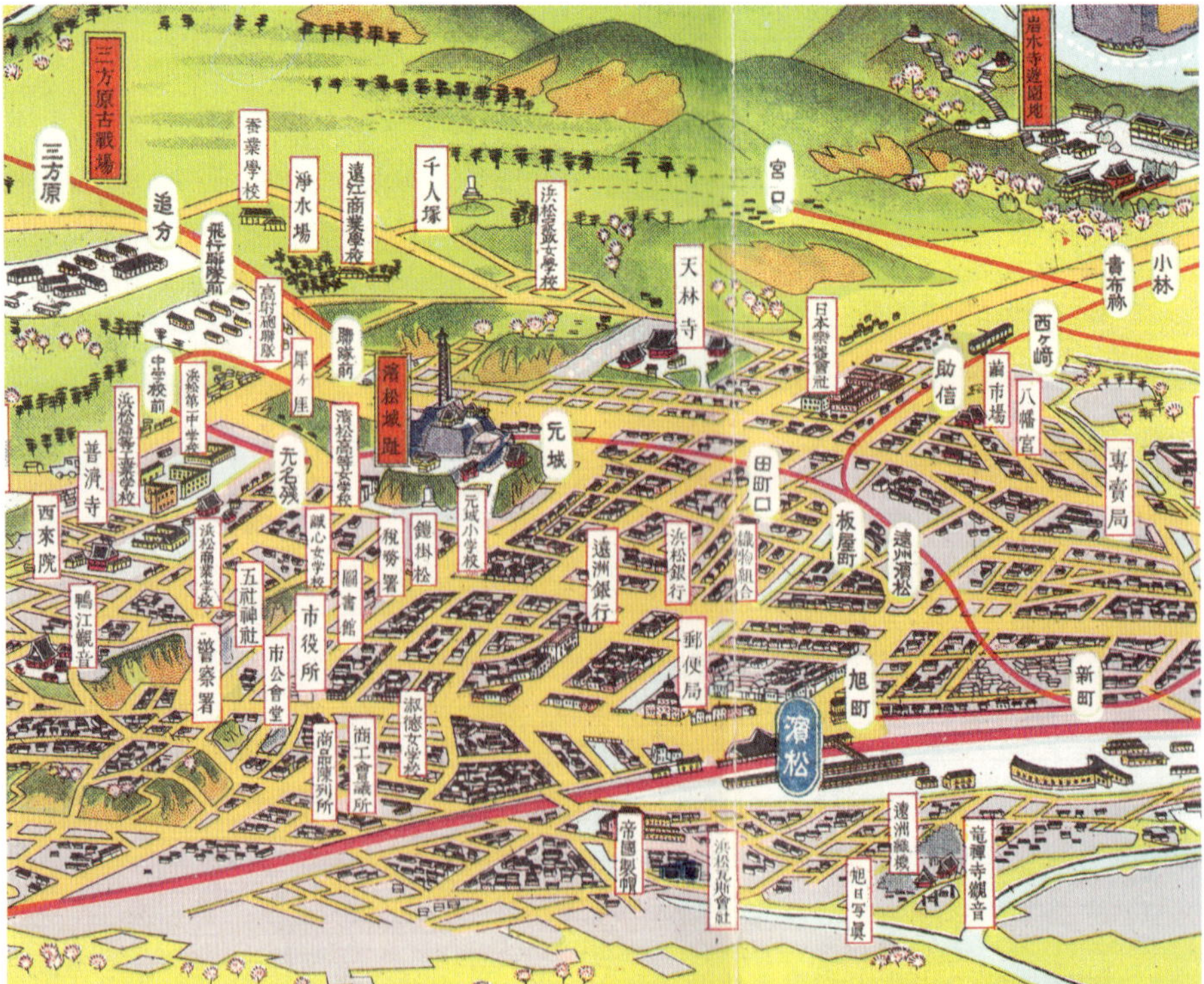
三方原古戰場
三方原
追分
飛行聯隊前
蚕業學校
浄水場
遠江商業學校
千人塚
宮口
高射砲聯隊
犀ヶ崖
聯隊前
天林寺
日本樂器會社
小林
西ヶ崎
助信
八幡宮
專賣局
中学校前
濱松城趾
元城
普濟寺
西來院
田町口
板屋町
遠州濱松
浜松銀行
遠洲銀行
税務署
元城小学校
五社神社
圖書館
鴨江觀音
警察署
市役所
市公會堂
郵便局
旭町
新町
濱松
淑徳女学校
商工會議所
商品陳列所
帝國製帽
遠州織機
竜禅寺観音

浜松市中心部

浜松市を中心とせる名所史蹟交通鳥瞰図

吉田初三郎（1930 年）東浦町郷土資料館所蔵

1930 年（昭和５）の昭和天皇浜松行幸に際して作られた。中央に浜松市街、左に大きく浜名湖を描き、右に天竜川と遠州三山（可睡斎《かすいさい》・油山寺《ゆさんじ》・法多山《はったさん》）、遠く富士山も見える。浜松市街地の主な建物や工場、学校などを精密に描き、鉄道線はそのすべてが描かれている。図が描かれた昭和初期には、中村與資平《よしへい》が設計した浜松市公会堂、ついで遠州銀行本店が完成し、木造家屋が広がる街に鉄筋コンクリートの建物が出現していた。この頃、軽便鉄道で金指、気賀、奥山まで行けるようになり、市内には循環バスも走るようになっている。

遠州織物業の発展に伴って、東洋紡績、日清紡績などの近代的な工場が郊外に進出。日本の近代的な捺染業の草分けとなった日本形染会社は、日本楽器と共に浜松の代表的な会社となり、多くの染色工場が馬込川沿いに進出することになった。郊外は標高の高い奥山半僧坊、秋葉山、光明山などを背景とし、天竜川も天竜峡から河口までを描いている。

浜名湖北岸には大きく井伊家の菩提寺「龍潭寺《りょうたんじ》」と、1870 年（明治３）創建の「井伊谷宮」（宗良親王御社が当初の呼称とも言われる）、「宗良親王陵」が描かれる。宗良親王は、後醍醐天皇の皇子で、遠江井伊谷、信濃大河原を拠点に活動、正平の一統の際は征夷大将軍に任ぜられ鎌倉へ赴いている。最晩年は、井伊谷で余生を過ごしたとも伝わる。陵墓は、方形の敷地内に、さらに一回り小さな方形区画があり、その中に宝篋印塔が建てられている姿で描かれるが、現在もその形は変わっていない。

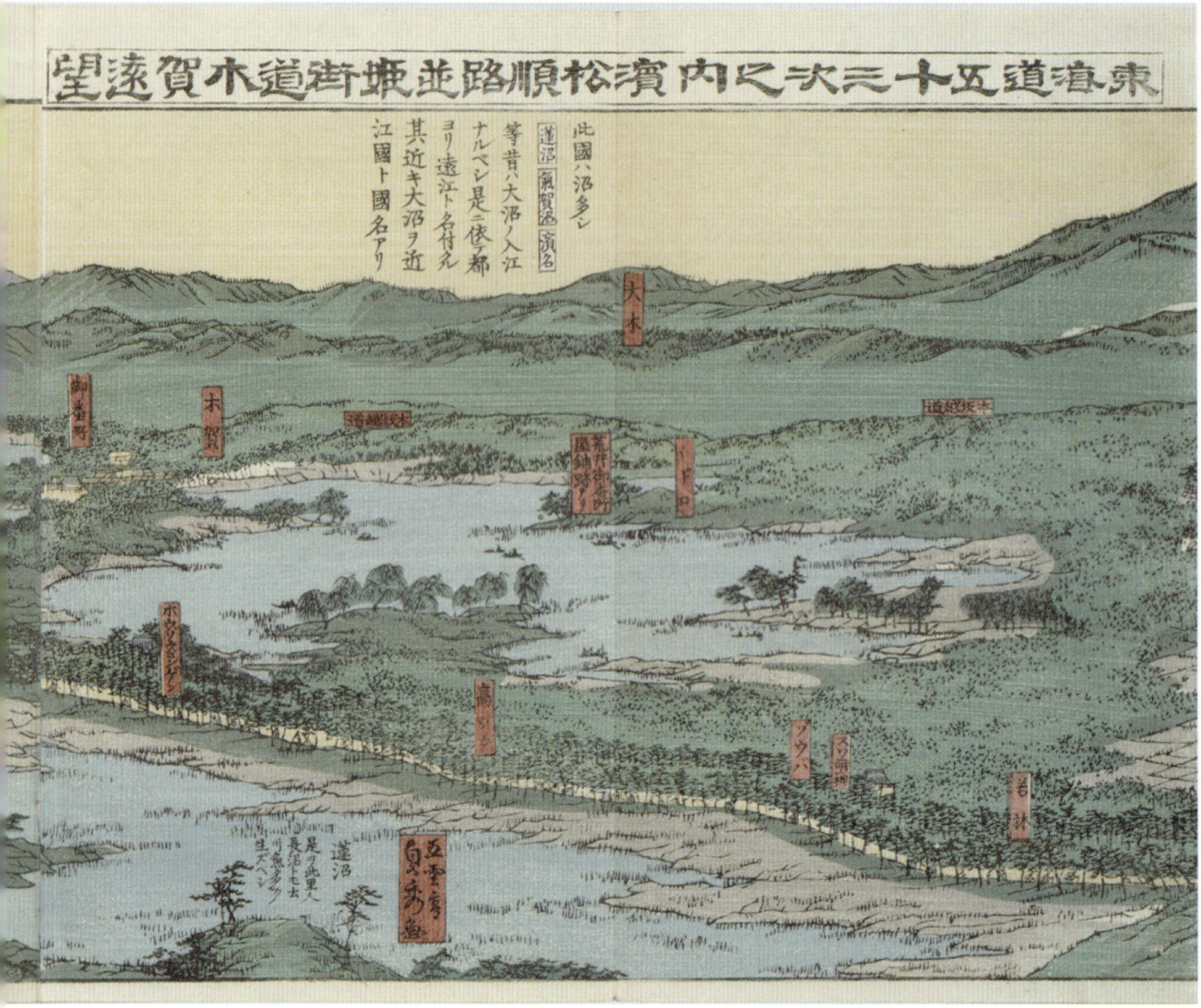

を結ぶ街道を呼ぶ。本坂越、本坂道などとも呼ばれ、戦国時代に街道が整備され、江戸時代には東海道の脇街道として宿が置かれた。江戸時代後期、お陰参りなどに際し女性への監視が比較的緩い脇街道を使用する機会が増えたことから姫街道と呼ばれるようになったという。あるいは、東海道の「今切」が縁を切るに通じ縁起が悪いとし女性が本坂越を利用したためとか、古くからある道という意味の「ひね」街道が転訛したとか、本道を男、脇道を女とみなしたためなどの諸説もある。幕末には、13 代将軍家定の正室となった篤姫が姫街道を利用して江戸に向かっている。明治維新によって関所と宿駅伝馬所が廃止されると、姫街道はその使命を終え、地域の生活路に変化し利用が続けられることになった。

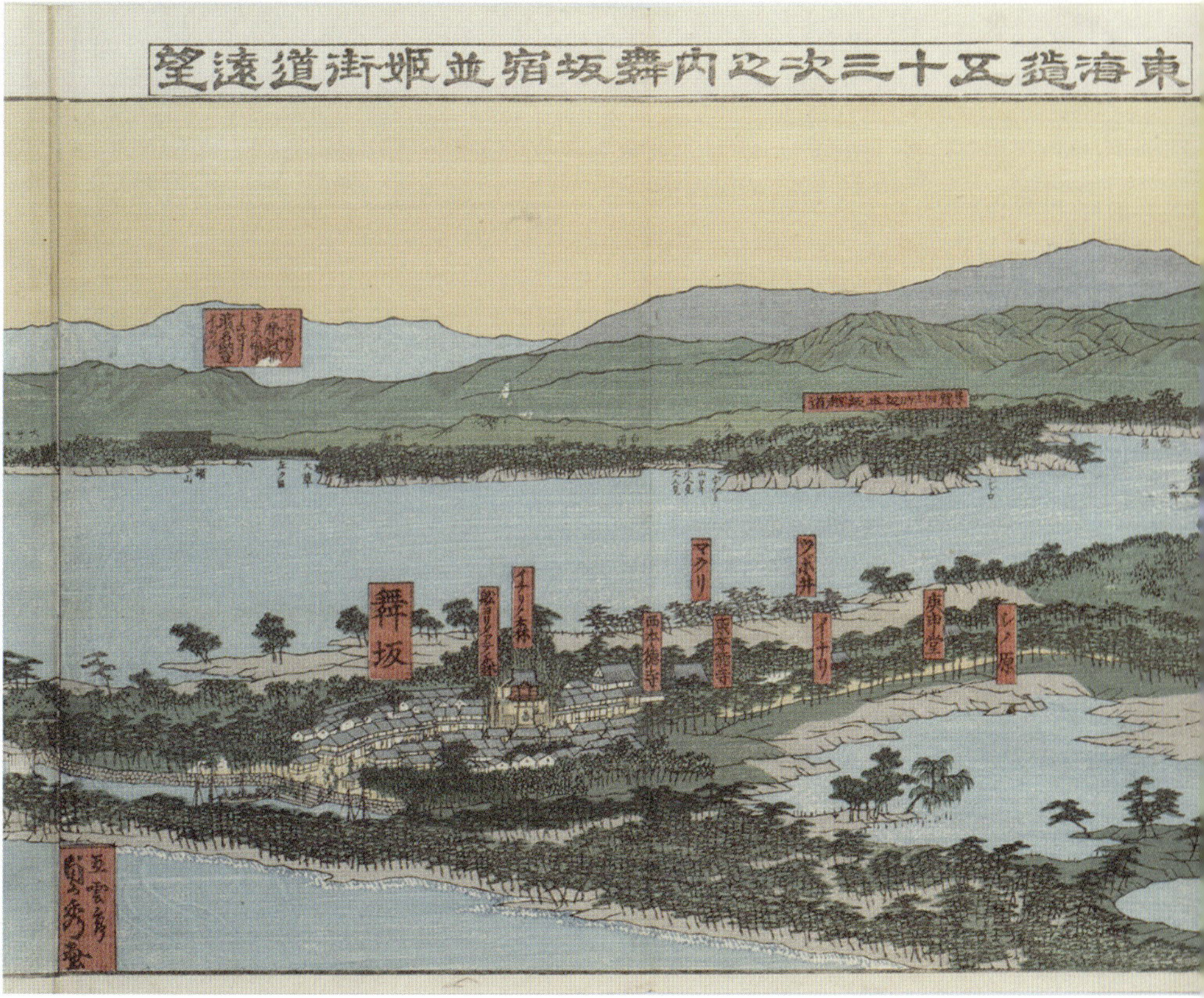

東海道五十三次之内舞坂宿並姫街道遠望

五雲亭貞秀画（1860 年）神奈川県立歴史博物館所蔵

作者の五雲亭貞秀（歌川貞秀）は、江戸時代後期から明治時代にかけての浮世絵師で、1867 年（慶応３）のパリ万博出品に際しては、浮世絵師の総代を務めている。精密で鳥瞰式の一覧図は、遠近法を使用した俯瞰的な構図が多く、当時最も高名な絵師であった。幕末のころには、北海道松前から九州までを旅し、詳細な鳥瞰一覧図、名所図を刊行、当代を代表する旅行家でもあった。貞秀の一覧図は、８枚１組、９枚１組や 10 枚続の大画面となる大作が多い。「東海道五十三次之内舞坂宿並姫街道遠望」は「濱松順路並姫街道木賀遠望」に続く一枚で、「荒井宿風景」へと続く一連の作品の内の一枚である。

姫街道は、浜名湖の北側、本坂峠を経由して見付宿（磐田市）と御油宿（豊川市）

の舟渡しはかなり困難であったことは確実で、峠道でも本坂通が選択されたのである。また、1728年（享保13）長崎に渡来したゾウが8代将軍徳川吉宗への献上として江戸へ向かうときに、舟渡しでの運搬は困難であったため、本坂峠越えの姫街道のルートを利用している。さすがのゾウも、坂道には難儀をしたらしく、今でも引佐峠には「象鳴き坂」と呼ばれる急勾配な坂道が存在している。

現在、姫様道中は地域のイベントとして奥浜名湖畔の浜松市西区細江町で毎年4月の第1週におこなわれている。御駕籠に乗ったお姫様を中心に、腰元、供侍、奴など100人以上の行列が気賀関所から都田川の桜堤の中を練り歩く、豪華絢爛な江戸期の姿を再現した祭りである。

姫君様行列之圖

歌川国貞（二代）（1864）早稲田大学図書館所蔵

幕末の志士、清川八郎の旅日記の 1855 年（安政２）の記載に「新井（居）にいたるは本道なれども、女人の関所あるゆえ、下街道（本坂通）を行なり。（中略）御姫様街道と名づけて、格別難儀にもあらざる道なり」とあり、また、1860 年（万延元）に刊行された『東海道五十三次勝景』の中に、「濱松順路並姫街道木賀（気賀）遠望」という題名の版画があるため、すでに幕末には「姫街道」は定着した呼び名であったと思われる。

江戸時代、東海道の今切の難所を避ける裏道として、宮家、公家、西国大名の奥方や姫君、女中衆などが好んで通ったとも言われたため、二代国貞が版画の題材に取り上げたのであろう。実際に着物を着た姫君お付衆が多い姫君道中では、今切

弁天島全景（絵はがき）静岡県立中央図書館所蔵

眺望絶佳の久能山東照宮（絵はがき）
静岡県立中央図書館所蔵

Part2

地図で見る駿河・遠江の歴史

古代〜戦国

遠江国府・国分寺を歩く

松井一明

奈良時代の遺構が残る天平通り

磐田駅北口から北にまっすぐのびた駅前通は、天平通りと名づけられている。名前の由来は、駅から歩いて5分のところにある磐田市役所北側に隣接する遠江国分寺跡があるからである。意外と知られていないが、南口より徒歩3分のところにも、奈良時代の遠江国府の遺構が表示された御殿二之宮遺跡公園がある（図1）。発掘調査で東側に庇がつく二間×七間の柱を直接土中に埋める掘立柱建物の長殿が発見され、公園に地表面表示されている。道路の下になったが、長殿の北東の位置に南に庇のつく三間×五間の掘立柱の大型建物も発見され、古代の役所に特有のL字配置の建物群となることから、国府の建物の一部と考えられている。国府の政庁は左右対称になるコの字型配置になることが多いので、来客をもてなす館などの施設と考えられる。国府南側は谷田川が流れ込む浜名湖のような内湖に面しており、物資を運ぶにあたり水運に便利な場所にあることも確認された。

図1　御殿公園国府建物地上表示

さらに徳川家康が鷹狩りの宿舎として利用していた御殿や遠江の天領を支配していた中泉代官所の遺構や遺物も確認された。ちなみに中泉代官所と伝えられる移築門は、磐田駅北にある西願寺表門になっており、合わせて訪ねてみたい。

図2　国分寺

遠江国分寺（図2）は近年の再発掘調査により金堂、講堂、七重塔などの主要建物が、すべて木製基壇であることが判明した。国分寺北側にある磐田南高校のさらに北側の住宅地内に国分尼寺があり、発掘調査で尼寺の金堂も木製基壇であることが判明している。木製基壇は石製基壇と比較して維持管理が難しく、格式の高い基壇とされている。今後木製基壇が復原される整備がおこなわれると期待される。

国分寺東側には府八幡宮が鎮座している。名前の通り国府に関連した神社と考えられ、駅南に国府の官衙域、駅北に宗教施設としての国分寺・国分尼寺、府八幡神社があったとしても不思議ではない。

中世見付の繁栄伝える遺構

国分寺や御殿二之宮遺跡の発掘調査では奈良時代の遺構遺物は確認されるが、平安時代中期以降の遺構遺物は急速に減少する。はたして、この時期より国府はなくなるのか。見付《みつけ》の中央公民館の発掘調査で、平安時代中期以降の遺物が大量に出土した。おそらく平安時代中期になると、奈良時代より続いた国府と国分寺の維持・経営が難しくなり、新たに規模を縮小し、今の浦に面した見付に国府を移したと考えられる。

さらに鎌倉〜戦国時代の堀跡や遺物も見つかり、中世国府あるいは守護所があったこともわかってきた。中央公民館の南側の大見寺が国府の中心域で、守護所の土塁とされる遺構も残っている（図4）。中世見付は宿場としても繁栄し、宿の西北には一ノ谷中世墳墓、宿の西入口には、時宗の名刹である西光寺が開山した。一ノ谷中世墳墓は発掘調査により12世紀末〜16世紀まで続く、塚墓162基、集石墓492基、土坑墓227基を数える大規模な中世墳墓であることが判明し、中世見付宿の繁栄ぶりを伝える墳墓として注目され、一部公園として復元されている。また、西光寺には遠江唯一の伊豆石製宝塔があり（図5）、国府の在庁官人や武士と、時宗とのつながりを知ることのできる遺品の一つとなっている。

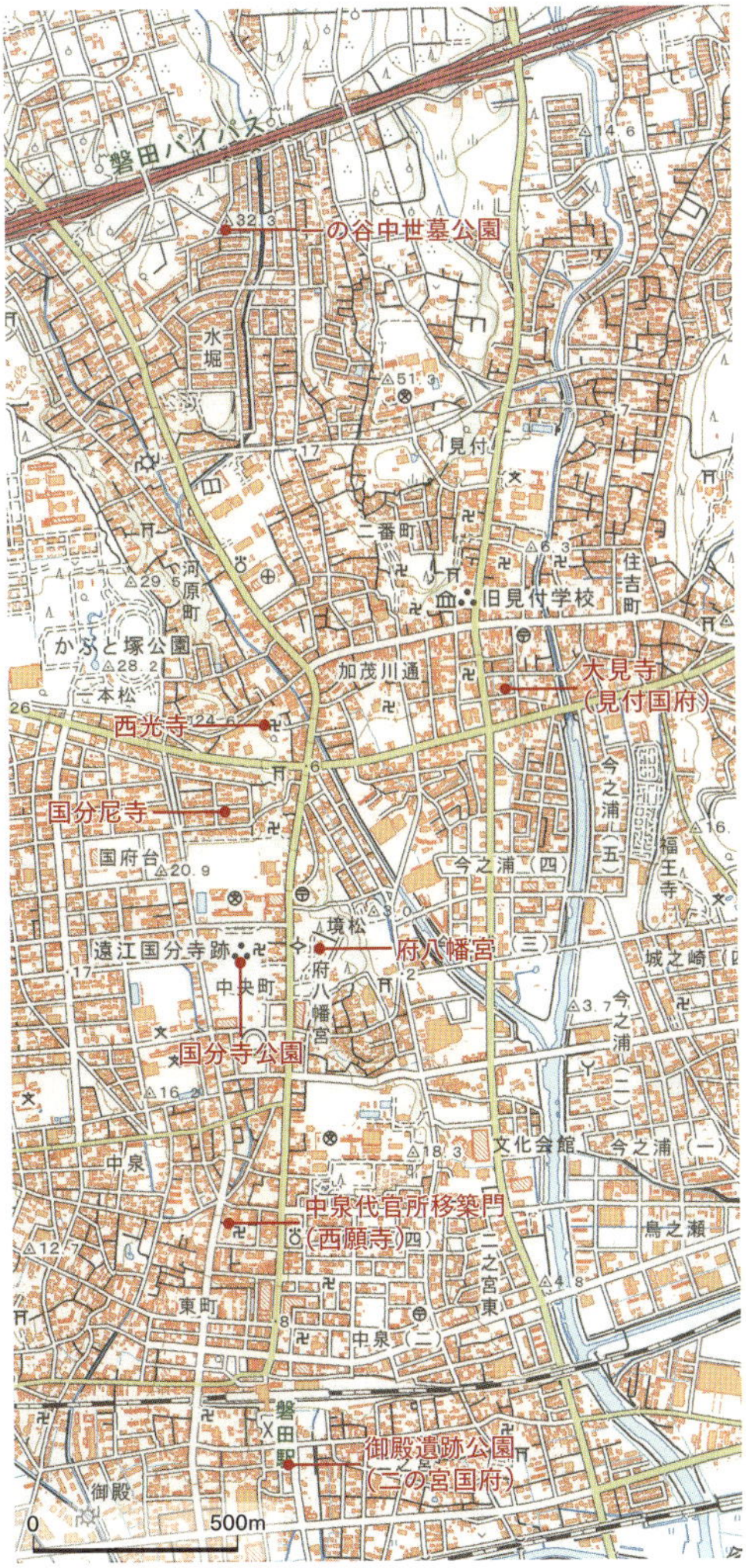

図3 1/2.5万「磐田」2016年

図5 西光寺宝塔

図4 大見寺土塁

古代〜戦国

遠江の山寺を巡る

松井一明

古代〜中世に隆盛を誇った寺々

遠江では古代・中世において国分寺をはじめとして、多くの寺院が建立された。とくに山中に建立された山寺は、現在まで続く寺もあれば、廃寺となり遺跡として残されているものもある。こうした、山寺を巡る旅に出てみよう。

図１　石垣基壇をもつ仏堂跡
湖西市教育委員会提供

最初に三河と遠江の国境にある大知波《おおちば》峠廃寺について、紹介したい。名前の通り豊川道が三河にいたる峠にある山寺で、決して山奥深い場所に営まれた寺ではない。湖西側からの登山道の途中には不動の滝、三河側には石灰岩の岸壁のある石巻神社など、山岳信仰にかかわる場所が多数存在し、あわせて訪れたい。

発掘調査の成果から、平安時代中期から鎌倉時代まで存続したが、南北朝時代以降は廃絶したことが確かめられている。平安時代の寺の姿は最盛期である11世紀前半には州浜のある池を中心に10棟もの建物が存在した。石垣の基壇を持つ礎石建物も確認でき(図1)、実物の遺構を見学することができる。この山寺は13世紀には急速に衰退し仏堂一棟を残すだけとなり、国府や国分寺が衰退する時期と一致するため、国府が経営に関与していた可能性が高い。反対に湖西連峰南端の豊橋市普門寺は、裏山に中世段階の多数の平場が形成され、中世寺院として飛躍的に発展した。

つぎに遠江国分寺僧の修行の場である山寺、岩室廃寺に行ってみよう。国分寺の北東を守護する場所にある山寺で、現在は獅子鼻公園として整備されている。公園の名の由来のとおり獅子の横顔に似た巨岩の上に、寺が営まれている。

現在も残る観音堂(図2)を中心に、西には塔の礎石と巨岩があり、堂の裏には平安末期の経塚と中世墓、東側には礎石建物が確認できる。さらに南側にはかつての寺の施設があったと思われる現在宅地や畑になっている平場や、山の斜面にも多数の平場があり、広大な面積を有していた山寺であることが判明している。採集されている遺物から、国分寺と同時期の瓦や須恵器が確認でき、平安時代より室町時代の陶磁器も多数あるこ

図２　岩室廃寺観音堂

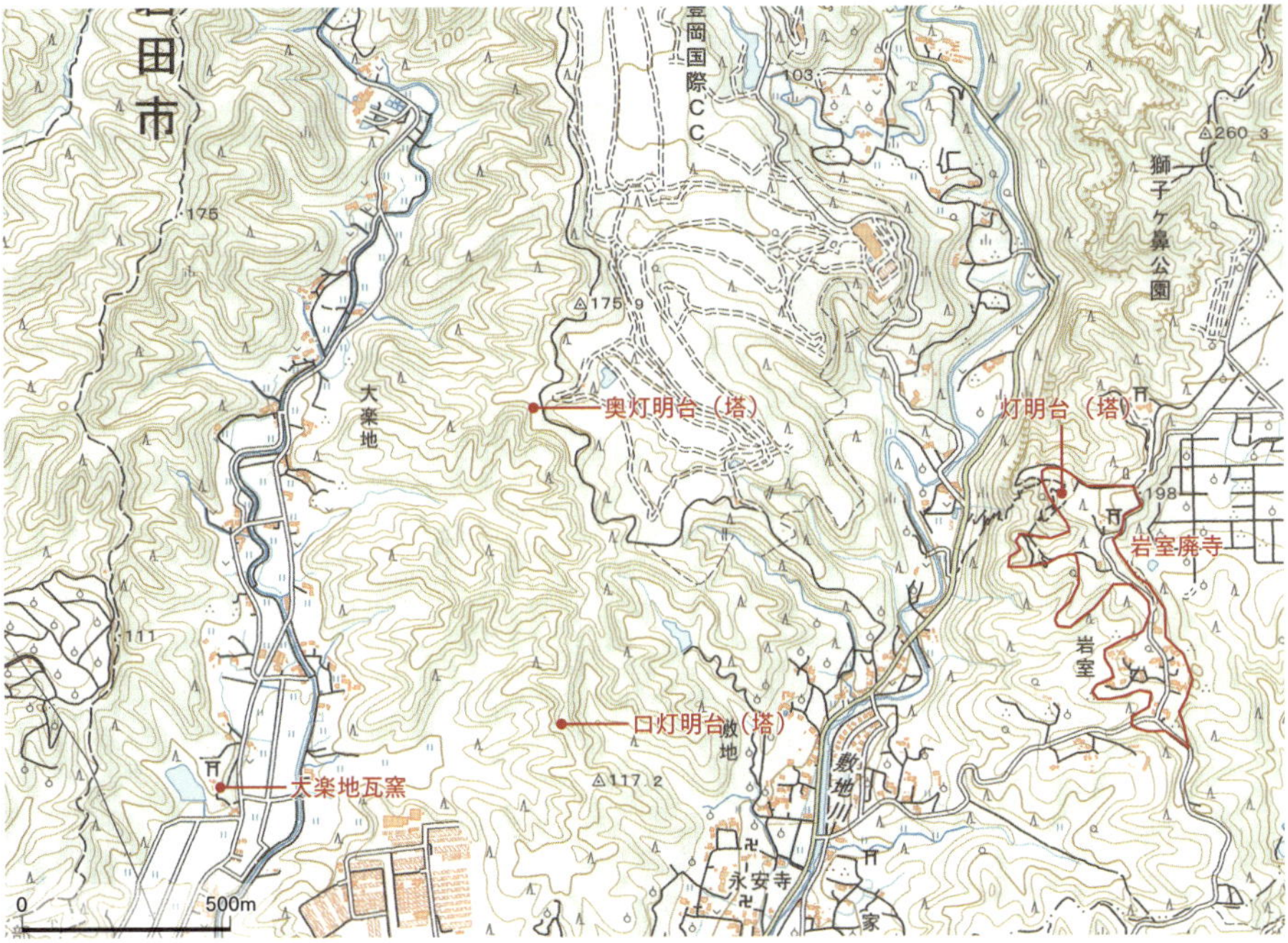

図3　1/2.5万「二俣」2015年

とから、国分寺衰退後の中世にも隆盛を保っていたことがわかる。さらに谷をはさんで、西側の丘陵地の二カ所にも塔の礎石が存在し、一つの谷を丸ごと寺院領域としていたことが判明している。あわせて、谷の入口にある寺の瓦を焼いた大楽地瓦窯跡も訪ねてみたい。

古代から法灯を保つ

最後に中遠の山寺を紹介したい。孝謙《こうけん》天皇の眼病を治したと伝えられる油山寺《ゆさんじ》は、現在でも眼病治癒の寺として有名である（図4）。山上には戦国末期から江戸時代初頭の本堂や三重塔が現存する。山麓に方丈があり、谷間にはかつて寺の施設があったと思われる平場が存在する。本堂への登口には瑠璃の滝があり、その水は眼病に効能があるとされ、修行の場としても利用されてきた霊験あらたかな滝でもある。

採集された遺物から、国分寺と同時期の瓦や須恵器があり、平安時代から中世の遺物も確認されるため、古代より現在まで法灯を保ち続けてきた山寺であることが判明した。また、瓦の存在から遠江国分寺と何らかの関係があった山寺である可能性も指摘でき、岩室廃寺とともに国分寺関連寺院として注目される。

図4　油山寺

古代～戦国

今川氏のなりたち

加藤理文

今川氏の誕生

承久の乱（1221年）直後鎌倉幕府は、西国の押さえとするため、三河守護職に武門の雄として名高い足利義氏を任じた。義氏は、矢作川東岸の吉良の地に拠点を置き、権力基盤を確実なものとしていく。その後、100年余に渡り三河守護職は足利氏の独占する所となり、庶流諸氏が矢作川流域に土着し、多大な影響力を持つに至った。

義氏の嫡子・長氏は、家督相続後に吉良氏を名乗り、吉良荘の支配を盤石なものにする。長氏の二人の息子は、西尾を満氏が、今川を国氏が継ぐことになった。やがて国氏は、今川を名乗り、今川氏の祖となる（図1、3）。今川氏は、国氏の子の基氏を経て範《のり》国《くに》の代に遠江、駿河守護職となり静岡へと領国を移したため、範国を守護大名今川家の初代とするのが一般的である。

図１　今川氏誕生の地

戦いに明け暮れた初代範国

後醍醐天皇に反旗を翻した足利尊氏に従い、中先代の乱、箱根竹ノ下の戦いの中、範国の兄達はいずれも壮絶な討死を遂げてしまう。この死により遠江守護職今川氏の家督を継いだのが五男の範国であった。

1335年（建武2）の手越河原（静岡市）の戦では、負けた足利直義を諫め、1338年（暦応元）の美濃青野原（岐阜県大垣市）の戦では、30万騎を擁し上洛しようとした北畠顕家軍を背後から襲うなど、目覚ましい軍功をあげ、駿河守護職を得た。青野原合戦に際し、使用した赤鳥（垢取り）は、以後今川家の旗印となり、当主は紺色の絹布に金の赤鳥が縫い付けられ煌びやかであったと伝わる（図2）。

図２「赤鳥」の旗印

二代範氏と貞世（了俊）

観応の擾乱では、範国と嫡男範氏《のりうじ》は尊氏方として奮戦。範氏は、薩埵《さった》峠の戦いで「一人当千」と尊氏に称賛された。次男貞世《さだよ》は、器量人との評判も高く、範国が一時家督を継がせようとしたほどである。やがて、範氏が駿河守護職、貞世が遠江守護職に任ぜられた。義満の代に、貞世は九州探題に抜擢され、たちまち九州全

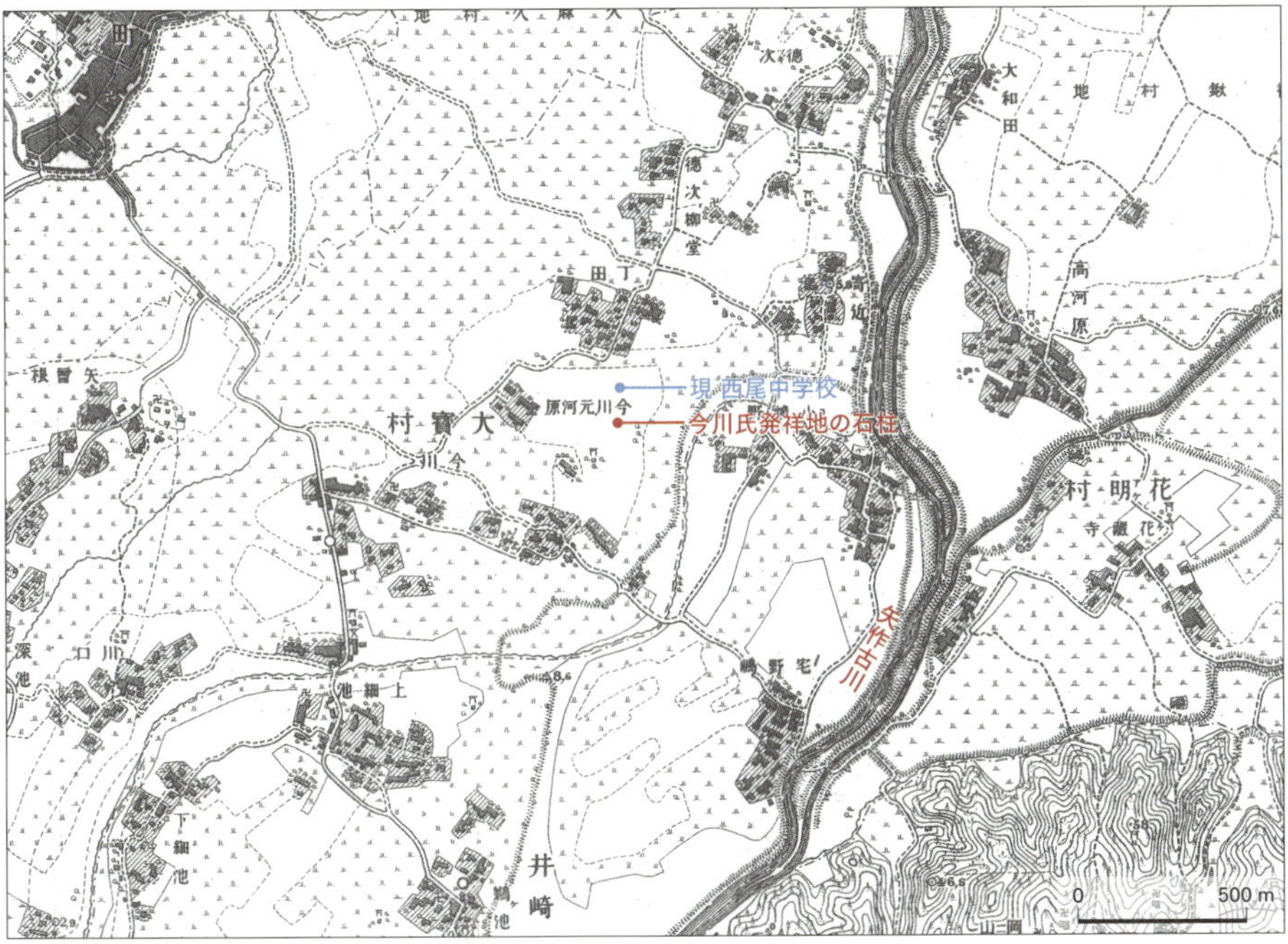

図3　今川発祥の地（現在の愛知県西尾市）1/2 万「西尾」1890 年

土を制圧、今川家きっての英才と呼ばれることになる。25年もの間九州探題の任にあったが、政争に巻き込まれ罷免。駿河・遠江各半国が与えられ、堀越（静岡県袋井市）の地で余生を送った（図4）。文人として「難太平記」、教育文書「今川状」を著すと共に、和歌の才にも恵まれ、勅撰集に四首が掲載された。

範氏の嫡男氏家が早世すると、仏門に入っていた次男を還俗させ家督を継がせた。三代泰範の誕生である。この泰範の代に、三代将軍義満が富士遊覧のため駿河へ下向している。１３９９年（応永6）に勃発した大内義弘の反乱「応永の乱」に際しては、泉州の合戦で軍功を挙げ、翌年遠江守護職に補任された。

駿府に居を構えた四代・範政

１４１６年（応永23）範政が後を継ぐと、禅秀（上杉氏憲）の乱が勃発。関東公方・足利持氏は、鎌倉を逃れ駿河へ居を移した。幕府は、持氏を援助、範政にも協力を命じた。だが、１４２８年（正長元）その持氏が幕府に反発。範政は、幕府から対応を命じられ駿河へ向かった。結局、範政は現在の駿府城内に居を構え、居住を開始する。以後、今川惣領家は、駿府を居館として成長することになる。

図4　堀越館跡の今川了俊供養塔

古代〜戦国

中世横地氏の足跡を求めて

溝口彰啓

遠江有数の名族、横地氏

横地《よこち》氏は鎌倉時代から戦国時代にかけて活躍した遠江を代表する在地領主であり、藤原氏の流れを汲む名族であったともいわれる。その本拠地が東遠江横地の地、現在の静岡県菊川市横地周辺である。

同族の勝田（勝間田）氏と並んで、鎌倉時代においては御家人、室町時代においては幕府奉公衆として時の政権とも密接な関係を持っていたとされており、本拠地だけでなく中央においても活躍していたことが知られている。しかし、1476年（文明8）、駿河守護今川義忠《よしただ》と遠江守護斯波義廉《しばよしかど》の対立が激化する中で、義廉の意を受けた横地氏は同族である勝田氏とともに挙兵するが、遠江に侵攻した義忠の攻撃を受け滅亡してしまう。その後、横地氏に連なる一族は四散し、本拠の地での活動は途絶えてしまうようであるが、丹念に見ていくと、その痕跡は現在もそこかしこに残っていることがわかる。

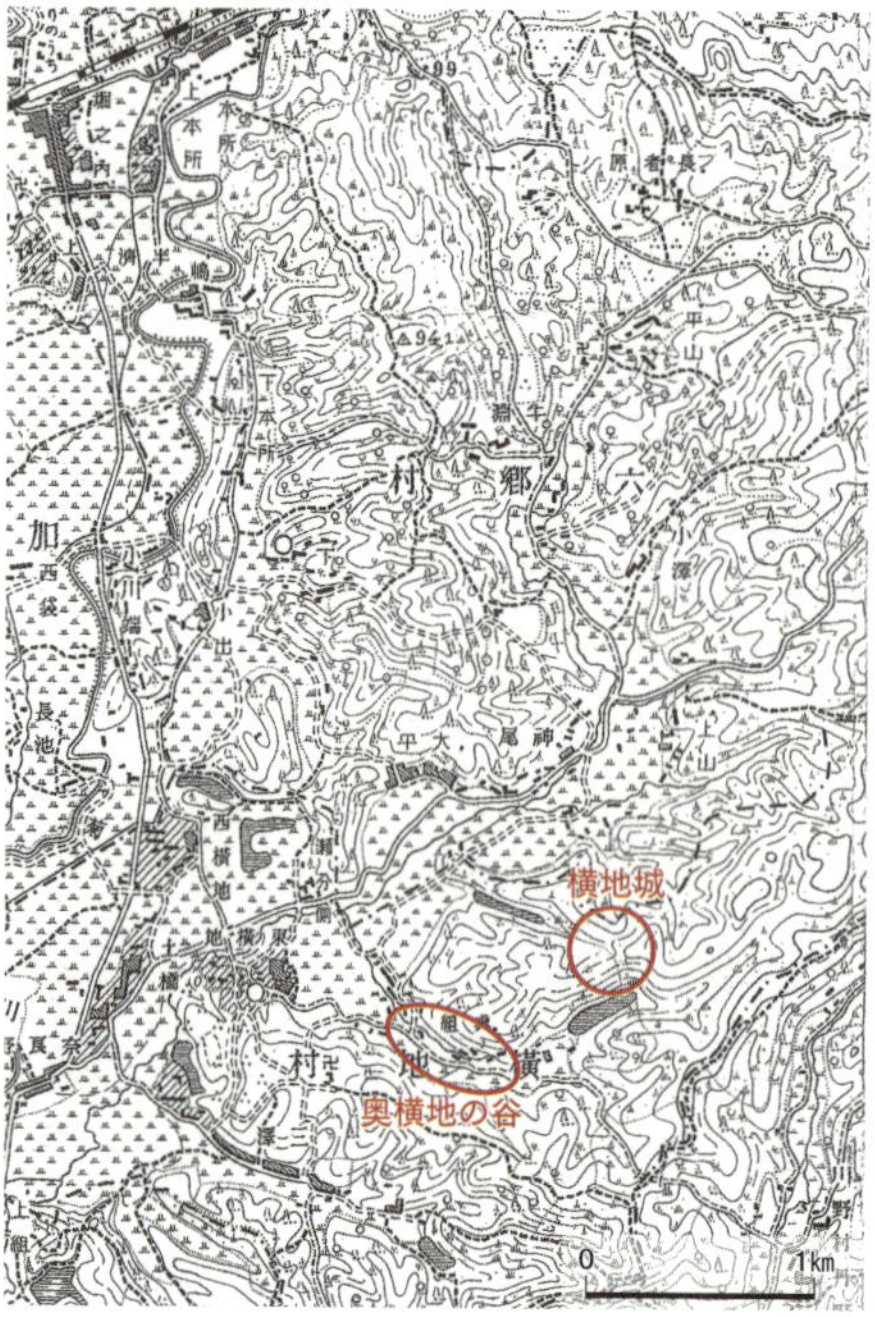

図1　1/5万「掛川」1899年

横地氏の本拠地の様相

菊川市中央東部を流れる奥横地川沿いの谷が横地氏の本拠、「奥横地の谷」である。現在も中世の面影が濃厚に残る風景が周囲に広がっている。本拠の中心となる「奥横地の谷」とその周辺では、発掘調査や文献調査などによる総合調査によってその実態が検証され、横地氏が本拠においてどのように生活していたか、その一端がわかりつつある。

谷の入り口近くには、発掘調査の成果から領主居館と推定される殿ヶ谷遺跡があり、また谷の中央南側にも居館と推定される伊平遺跡が所在している。それぞれの居館近くには三光寺、あるいは慈眼寺

図2　横地三光寺跡

といった寺院があり、さらに廃寺となっている三光寺の跡（図2）から北側山稜付近に登ると横地氏の墓とされる石塔群、また山麓をやや東にいくと、横地太郎の墓と伝わる大型宝篋印塔が所在することから、周辺には墓域が営まれたことも明らかとなっている。このように、横地氏の本拠の中には居館と寺院がいくつかセットとなる形で存在しており、それが領主や一族の者によって営まれていた可能性がある。これは横地一族による分権的な領地支配構造のあり方を反映しているものと考えられている。居館周辺には横地城下遺跡群として集落域の広がりも確認されており、本拠は居館を中心に横地氏の領地経営の拠点として発展していったものと考えられる。

本拠防衛の要害、横地城

「奥横地の谷」の北東端に所在するのが、いわゆる「詰の城」の横地城である（図3）。出土遺物の年代観などから、本拠に対する要害として15世紀中頃に創築されたとみられ、横地氏が中央から本拠での活動を活発化させた時期と重なるものと考えられる。しかし、1476年（文明8）の今川義忠の攻撃により横地城は落城し、そのまま廃城となったとされている。

横地城は牧ノ原台地の支脈から続く丘陵上に立地し、大小の浸食谷が入り込む複雑な地形を利用して築城され、東西400m、南北450mにわたる広大な城域を持つ。連続する尾根の頂部を巧みに利用し、「東の城」・「西の城」・「中の城」と呼ばれる三つの区域をL字状に配置する、いわゆる「一城別郭」の様相を呈する特徴があり、これは本拠内部と同様、同族による分権的な支配構造を反映しているとも考えられている。比較的小規模な曲輪と堀切を自然地形に則した形で配置する構造から、横地城は室町時代～戦国時代初期の城と考えられており、戦国期後半に築城、あるいは改修される城が多い静岡県にあって、貴重であるといえる（図4）。

本拠に程近い、比較的低い丘陵上に立地するのが横地城の特徴で、気軽に訪れることができる城といえる。登城口はいくつかあり、城下南側の駐車場脇から大手曲輪を経て千畳敷に至る道が最短である。お勧めなのは、城の西方、三光寺跡裏から尾根筋を伝う登城道は、横地最後の若君の館とされる「藤丸館」、また遠江守護斯波義廉がいたとも伝わる「武衛原館」などの遺構を見つつ、「西の城」まで到達できるルートである。

図3　横地城遠景（南西より）

図4　横地城「東の城」主曲輪

古代〜戦国

遠江守護所となった見付

加藤理文

遠江守護所となった見付

遠江守護となった範国が本拠を置き、守護所としたのが遠江国府所在地の見付《みつけ》（静岡県磐田市）であった（図1）。現在の見付公民館から大見寺付近であったとされる。1698年（元禄11）作成の「大《だい》見寺《けんじ》絵図」（図2）が比較的旧状を伝え、北側「古城二之丸」と記された方形区画が守護所と推定。今の浦に注ぐ中川の西側に位置し、館の南側を東海道が東西に貫く交通の要衝であった。姿かたちははっきりしないが、中川を天然の堀とし、周囲を土塁と堀で囲んだ典型的な方形館と思われ、出入口は南方一カ所とし、土橋で外部と連絡していた。当時は、「遠府城」「府中城」と呼ばれていたことが、記録や文書から判明する。

図1　現在の見付宿

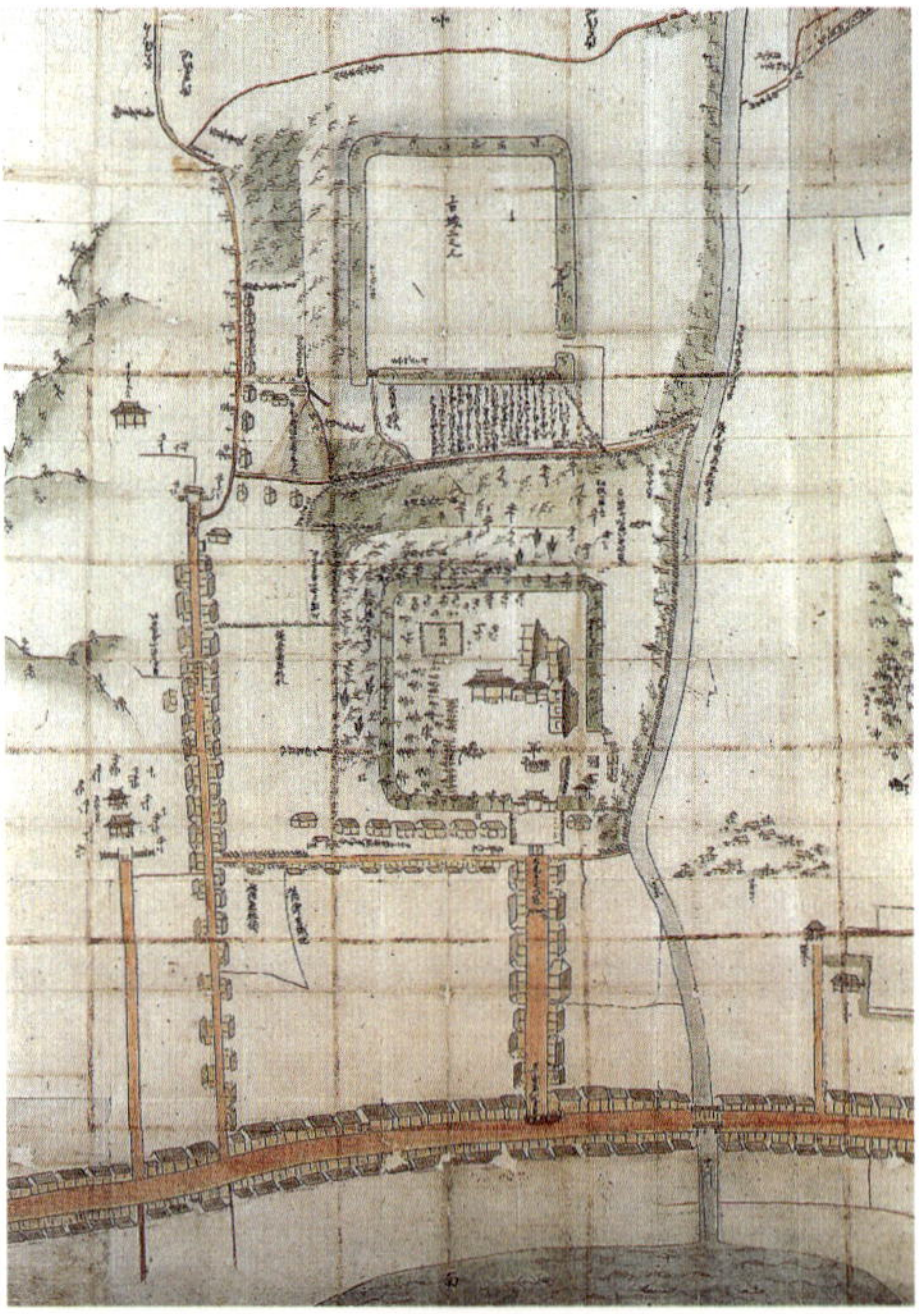

図2　大見寺絵図　大見寺所蔵

全国各地に築かれた守護所の構造はほぼ共通しているため、見付守護所もほぼ同一構造の可能性が高い。その構造は、室町将軍の居館（花の御所）を模したものであった。それらの館は、規模がほぼ方一町（約109メートル四方）で、公式の場（ハレ）と日常生活の場（ケ）とに大きく分かれていた。ハレの場は、儀礼や祭、年中行事など、特に正式・公式な対面行事が催される建物を配し、通常その奥に館主の普段の居所となる生活空間が営まれている。

伊勢宗瑞（北条早雲）の登場

範国が遠江を去ると、1419年（応永26）の斯波《しば》氏世襲までの約75年の間に、都合7人が短期間で次々と遠江守護職に付いている。

守護職を駿河一国のみとさ

図３　今川対斯波合戦図　1/20 万「豊橋」1887 年、「伊良湖岬」1892 年、「静岡」1894 年、「神子元嶋」1892 年をベースに使用

れた今川氏は、遠江奪還が悲願となった。1467年（応仁元）全国を二分する乱が勃発する。都に端を発した応仁・文明の乱は、やがて地方にも影響を及ぼした。東軍となった駿河守護今川義忠は、西軍の斯波兼康が領する遠江に侵攻。1474年（文明6）狩野氏を滅亡させ、引馬に軍勢を置き帰国するも、横地・勝間田両氏が蜂起、再出陣を余儀なくされた。その後、見付に籠る両氏を殲滅、さらに横地・勝間田両城まで落城させ凱旋するも、塩買坂《しょうかい》（静岡県菊川市）（図4）で両氏の残党に襲われた義忠が横死。遠江回復戦は中断してしまう。義忠の嫡子竜王丸が、わずか7歳であったことから家督をめぐる内紛が勃発する。叔父の小鹿範満が乗っ取りをもくろみ、堀越公方、上杉定正らが兵を派遣し干渉、竜王丸は駿府館を追われてしまった。ここに幕府の命を帯びた伊勢宗瑞《そうずい》（義忠の妻北川殿の兄）が介入「竜王丸が成人するまで範満が政務代行」との条件で和解を成立させる。

だが、竜王丸元服後も委譲を実行しない範満に対し、宗瑞らが決起、範満を滅ぼし、氏親政権を発足させる。第一の功労者宗瑞は興国寺城（静岡県沼津市）（図5）を与えられ、関東進出の足掛かりを築

図４　塩買坂跡を見る

図５　興国寺城跡の石碑

くことになる。

斯波対今川の遠江争奪戦

　1494年（明応3）、早雲率いる今川軍が、原氏討伐のため遠江に侵入。さらに西遠に侵攻すると、1501年（文亀元年）斯波氏が抵抗を開始し、信濃の小笠原氏に援軍要請を送る。今川軍は、三河の国衆の奥平貞昌を調略し、1506～08（永正3～5）にかけ三河国まで侵攻することになる。1508年（永正5）、ついに遠江守護職に氏親が補任され、90年余の悲願を達成、再び駿河・遠江の二カ国支配が実現をみた。

　1510年（永正7）、遠江を失った斯波義達は、井伊氏と大河内氏を味方に引き入れ、失地回復の戦いが開始する。義達は、三岳城および井伊谷の寺院を陣所とし、西遠で戦闘に及んだ。今川軍は、斯波氏陣所への放火を実施したようで、数カ所の寺に放火の記録が残されている。遠江における斯波氏方の主力は、引馬城の大河内氏と三岳城の井伊氏であったため、氏親は浜名湖岸の刑部城と堀川城を築き、両者を分断すると、1513年（永正10）、総攻撃にあった三岳城が落城、義達は尾張へと敗走した。だが、1516年（永正13）、大河内貞綱が再挙兵し、引馬城を占領すると、義達も遠江へと侵攻してきた。翌年、貞綱を自害に追い込み、義達は出家を強いられ尾張へと送還される。ここに、氏親による遠江平定が完遂したのであった。

堀越氏の端城増設

　永正期（1504～21）には堀越氏が守護所南側に連続する形の見付端城《はじょう》を付設。現在の大見寺が見付端城と推定され、ここで土塁の痕跡が確認できる（図6）。この絵図と磐田市が実施した1981～85年の発掘調査成果から、方形館を南北に連ねた姿が想定される。北側が守護所・見付城で、南側が堀越氏の築いた見付端城であった。両館は、堀を共有し連続するのではなく、南北にほぼ列をなすものの、まったく別物として築かれた。端城は、中川を東側の堀として取り込み、西側の堀と見付城の南側の堀を接続させ、両館の中間点に緩衝地帯のような空間を設け、ここを曲輪として利用した。発掘成果により堀幅は7～12mとかなり大規模であったことが確実だ。鎌倉時代からの伝統的な方形館ではあるが、二つの館を接続させ連続させることで、一城別郭のような形態を持つ強固な城として機能させようとした意図が見えてくる。

図６　見付端城跡（大見寺）に残る土塁

古代〜戦国

今川の都・駿府の繁栄

加藤理文

守護大名から戦国大名へ

1493年（明応2）宗瑞《そうずい》（北条早雲）は伊豆国に侵攻、足利茶々丸を追放。翌94年には、氏親方の主将として遠江侵攻を開始した。その後、両者は協力し、相模・遠江へと侵攻を繰り返し、1505年（永正2）には、遠江国を越えて三河今橋（愛知県豊橋市）に吉田城を築城、牧野成時を城主に据えた。氏親が遠江国守護職を得たのは1508年のことで、この年大納言中御門宣胤《のぶたね》の娘（後の寿桂尼）を妻に迎えている。伊豆・相模を早雲が支配、駿河・遠江を平定した氏親は、有力国衆を家臣団として統制、領国内において貫高制を確立し、2カ国の権力を掌握、戦国大名へと一歩を踏みだした。

今川の都・駿府の繁栄

氏親の死後、今川氏は氏輝、義元、氏真《うじざね》へと権力が引き継がれ、四代約90年にわたる繁栄を築き上げた。領国の安定化のために、検地を実施し、交通路を整備、商業を保護すると共に「今川仮名目録」と呼ばれる分国法を制定し、支配体制を確立していった。

この今川氏の都として繁栄した町が駿府で、戦国の三大文化に数えられる文化都市であった（図1）。駿府の町の繁栄を伝える記録として朝廷の財政の最高責任者であった山科言継《ときつぐ》の『言継卿記《ときつぐきょうき》』がある。今川家に身を寄せていた義母の中御門氏（御黒木）を訪ね、半年ほど駿府に滞在、さまざまな記録を残した。興味を惹かれるのが「酒の肴」で、蜜柑・山芋・茶子餅・柚餅子・鯛・イナダと今でも静岡の名物と呼ばれる産物が並ぶ。併せて、言継への贈答品も見ておこう。浜名納豆・蒲鉾・法論味噌・ナガラミ・田楽・串柿などで、これまた馴染みが深い食品である。今も、昔も豊かな産物に恵まれた土地であったことを伝えている。

図1　静岡県庁から望んだ駿府の町

言継が滞在中に訪れたのは、立泉寺・新光明寺の念仏、浅間社の祭礼、今林寺の名花見物、報土寺、浅間寂光院、仙幢院の庭園見物、久能寺・三保松原・貝島・清見寺・江尻への物見遊山、浅間社と清水寺への参詣、また湯山への湯治とか、前浜海岸での碁石拾いをしたことが記され、今川氏最盛期の駿府の華やかさを伝えている。

「花の御所」様式の今川館

四代・範政の頃に駿府に館を構えたと言われるがはっきりしない。1432年（永享4）将軍義教が駿河国に下向した折、府中の「富士御覧の亭」より富士見をし、範政と歌詠みを交わした記録から、この時期に駿府館が存在していたことは確実だ。しかし、その位置をしめす資料はまったくなく場所は特定されていない。

1982年（昭和57）駿府公園内で発掘調査が実施され、池状遺構や溝、井戸などが確認され、さらに守護クラスしか持てない優品の貿易陶磁器類が多数出土した（図2）。この遺構が今川館そのものと言えないが、今川氏関連の屋敷地である可能性は高い。『言継卿記』等の記載によれば、新光明寺（伝馬町）から極めて近い場所であったことがわかる。館は、現在の駿府城内の本丸・二ノ丸の中に位置していたと考えられる。

図2　今川時代の礫敷遺構

室町御所の景観

各地の守護大名たちは、室町政権との強い結び付きを誇示するため、「室町御所（花の御所）」同様の館を地方に築き上げた。それでは、室町将軍の御所とはどんな姿かたちであったのだろうか。1378年（永和4）三代将軍足利義満は、崇光上皇の御所跡と菊亭の焼失跡を併せた東西一町×南北二町の敷地に足利氏の邸宅を造営した。この邸宅は「上御所」・「室町殿」と呼ばれ、御所の二倍にも及ぶ規模を有していた。その規模

図3　洛中洛外図屏風（部分）公方邸　米沢市上杉博物館所蔵

は「室町殿は東西行き四十丈、南北行き六十丈の御地なり」と『大乗院寺社雑事記』に記録される。内部には、会所、観音殿、持仏堂、亭、寝殿などがあったと『蔭涼軒日録』は伝える。また、1437年（永享9）の花園天皇の行幸記から、四足門・中門・寝殿・台盤所・御湯殿・常御所・夜御所などがあったことが判明する。庭内には鴨川から水を引き、各地の守護大名から献上された花木が植えられた。こうした花木が、四季折々見事な花を咲かせたため「花の御所」と総称されることになる。発掘調査では、屋敷境に廻らされていた堀跡や、広い園池、庭の見映えをよくするために配された巨大な景石群などが検出されている。

　1574年（天正2）、信長が上杉謙信に贈った「上杉本洛中洛外図屏風」に描かれている室町殿（公方殿）（図3）は、義満のものではなく、十二代義晴もしくは十三代義輝が再建した新殿の可能性が高い。屏風では、建物群は桧皮葺きの大屋根を持つ入母屋造の建物群が中心で、切妻屋根の建物が付設している。主要建築は目隠塀で仕切られ、内部に広大な庭園も見られる。館を取り囲むように土塀が取り巻き、要所に門が配されていた。管領である細川邸もほぼ同一の構造で、足利一門や幕府官僚がこぞって「花の御所」を模した屋敷地を造営していたことが判明する。

駿府館の構造

　各地の守護館の中でも、周防の大内氏、甲斐の武田氏、豊後の大友氏居館跡等が調査され、その姿が判明しつつある。その内部には、主殿・本主殿・常の御座所等が建ち並び、泉水・築山が配されていた。やはり、花の御所や足利義政が築いた東山殿との類似性が指摘される。

　山科言継が義元や氏真に対面した際には、家臣が中門の外まで出迎えており、中門より内側は極めて厳重に警戒されていたことがわかる。諸記録から内部の様子も窺い知れる。館内には「北の亭」（山里的施設）、「義元亭」（政庁的施設）、「奥御殿屋敷」（奥向施設）、「義元隠居屋敷」（私的空間）等が存在していたという。やはり室町御所を模した御殿建築で、ここに茶室を伴った庭園施設が付随していた。

図4　駿府城跡から見た富士山

　元禄年間の茶道書によれば、書院の枯山水や茶室の露地庭は、富士山を望めるように配されていたという（図4）。庭は、遠景に富士山、中景に三保の松原を模した松林、手前に富士川を模した泉水を配す「駿河づくし」であった。これらのことから、館の東側を空け西側に建物群を設けた屋敷ということになり、自然地形が最も高まる二の丸未申櫓付近が屋敷地で、そこから東側に庭園と考えるのが最も妥当な考えではないだろうか。

　今川館も、守護所を中心に置いて、隣接地に連続した形で屋敷地を配す構造であったことも想定される。

古代〜戦国

女城主直虎の井伊谷をたずねて

松井一明

遠江井伊家の歴史

遠江井伊氏は、「寛政重修諸家譜」によると、利世を祖とし、1010年（寛弘7）共資の時、引佐井伊谷の御手洗井戸から生まれたとする共《とも》保《やす》を養子とし、共保が出生の地井伊谷に移住したことに始まる一族とされている。共保

図1　井伊共保公出生の井戸

出世とされる井戸は、今でも残っている（図1）。

南北朝時代の井伊氏は、宗良親王を奉じ南朝方として奮戦した。この時今川氏などの北朝方に対抗し立て籠もった城が、浜名湖北岸の三岳城や大平城である。これらの山城は、山寺の施設を再利用したものであったと思われる。

戦国時代になると井伊氏は今川氏の配下となり、1544年（天文13）直盛の時、叔父の直満・直義兄弟が今川義元に通じる家臣小野和泉守の讒言により、駿河府中の今川館にて誅殺され、直満の子直親は伊那に逃れた。残された直盛も、1560年（永禄3）桶狭間にて今川義元とともに討ち死にし、跡継ぎの男子がいなかったため、伊那に逃れていた直親を井伊家の当主とした。しかしながら、直親も1562年（永禄5）小野但馬守の直親が織田信長と徳川家康に通じたとする讒言《ざんげん》により、今川氏真の家臣朝比奈康能により誅殺された。直親亡き後その子虎松は幼少で、直盛の姫で龍潭寺に出家していた次郎法師が直虎と名乗り、後見人（女城主）として井伊家を支えたとされている。

1569年（永禄12）今川氏真は武田信玄と徳川家康の挟撃にあい、戦国大名今川氏は滅んだ。すると虎松より名を改めた直政は1575年（天正3）徳川家康に仕えることになり、以後数々の軍功をたて1590年（天正18）家康の関東移封に伴い、群馬県高崎市箕輪城に移封となった。この時の石高は18万石で、徳川家臣団の中でも筆頭格になる大名となった。関ヶ原合戦の後、軍功を認められ、石田三成の居城佐和山城に移封となるが、鉄砲傷が悪化し1602年（慶長7）佐和山城にて没した。

ゆかりの地をたどる

直政の代より井伊谷を離れた井伊氏ではあるが、現在でも井伊氏に関係した史跡や寺院が数多くある。そのいくつかを紹介したい。井伊家の館は井伊谷城跡の山麓にあったと伝えられるが、明確な遺構は残っていない。共保出世の井周辺の地蔵寺にあったという説もある。井伊氏の後詰めの山城は、三岳城であろう。三岳城は二時期の改修が見ら

れ、本曲輪を中心とする曲輪群は1537年（天正3）以前、堀と曲輪の規模が大きくなる東の曲輪群は、対武田戦に備えた家康家臣時代の増築と考えたい。

龍潭寺《りょうたんじ》は奈良時代行基により開基され、共保より井伊氏の菩提寺と伝えられる古刹である。桶狭間で戦死した直盛の戒名から、龍潭寺に改名されたとされる。本堂裏には直虎を含む共保より直政までの井伊家歴代の墓があるが、墓石の形から江戸時代に整備されたと見られる。また、寺の北側には井伊谷の地を守る井伊谷宮や、古墳時代よりの聖地である天白磐座遺跡（渭伊神社）がある（図4）。

井伊家の墓所はほかに、直親の墓所が井伊谷の南にあり、井伊直弼《なおすけ》寄進の灯籠が寄進されている。渋川にも井伊家墓所があり、これらの旧跡から国人領主井伊家の存在を感じとることができる。

図2　1/2.5万「気賀」2016年、「伊平」2016年

図4　天白磐座遺跡

図3　龍潭寺

徳川家康の来た道

加藤理文

家康の遠江侵攻

1568年（永禄11）2月、徳川家康は、松平家忠に下知状を与え、宇津山城（湖西市）（図1）への移動を命じ、いよいよ遠江侵攻に向け動き出した（図2）。4月には、家康の調略が功を奏し、二股氏、久野氏が味方になった。

図1　湖に面す宇津山城址

だが、天野藤秀は、内通を拒否、調略は順調に推移したわけではなかった。

12月、吉田城主であり、東三河家老職の酒井忠次を先鋒とし、遠江侵攻戦の幕が切って落とされた。家康は、三河勢7千余を率い、三河国境から本坂峠を越え、井伊谷筋を通り遠江へと入っている。吉美城（湖西市）、井伊谷城（浜松市の千頭峯城か?）、刑部城（浜松市）、白須賀城（湖西市）を攻略。15日には今川重臣小原鎮実《しずざね》に奪取された宇津山城も落城し、浜名湖周辺域の制圧にほぼ成功したようである。1週間後には、伊奈から遠江へ侵攻していた秋山信友を撤退させ、遠江の要衝である引馬城（後の浜松城）（図3）に入城を果たすことになる。ま

図2　家康の遠江攻略（1568年）1/20万「豊橋」1894年、「伊良湖岬」1892年をベースに使用

図3　曳馬古城跡の碑

さに怒涛の進撃であった。背景には、三遠国境を領有する井伊谷三人衆（菅沼忠久・近藤康用・鈴木重時）の内通と道案内があったからに他ならない。その後、三人衆は配下に加わり本領安堵の上加増を得ることになる。

　家康の勢力は、徐々に遠江を席捲。高天神城（掛川市）主小笠原氏助、馬伏塚《まむしづか》城（袋井市）主小笠原氏興らが家康の軍門に降ると、久野氏一門の本領を安堵し、鵜殿氏長、松井和泉守らに二俣城の防備を命じ、所領を安堵。遠江国人・土豪層の徹底した懐柔策を実施した。旧今川配下の武将たちは、西から侵攻してくる徳川につくか、北から侵攻してくる武田につくか、そのまま今川家に味方するかで、内部分裂を含めその対応に苦慮したようである。特に、信濃、駿河と国境を接する地域の領主は、三方から同一の本領安堵状を得ることもあり、生き残りにかけて必死な姿が浮かんでくる。

掛川城攻めと今川氏滅亡

　武田信玄の駿河侵攻により、駿河守護・今川氏真はわずか50騎ばかりの味方と共に、間道を利用して掛川城へ逃れた。掛川城は、今川家の重臣朝比奈泰朝が守っていたが、家康軍の行動は素早く、瞬く間に

図4　掛川攻めの徳川軍の陣城群　1/1万「掛川」1899年、「見附町」1899年をベースに使用

図5　徹底抗戦を続けた堀川城

包囲し、城下にも火を放っている（図4）。

この時期、浜名湖東岸地域の大沢氏ら旧今川勢力が徹底抗戦。家康は一族の松平（形原）家忠を派遣し、宇津山城を再奪還した。井伊谷三人衆らの活躍によって、堀川城（図5）、佐久城も落城、唯一堀江城のみが抵抗している状況となった。奥浜名湖の抵抗勢力を孤立させたものの、遠江各所の旧今川家臣を完全に掌握しているとは言い難い状況であった。そこで家康は、氏真が籠もる掛川城を陥落させることによって、遠江一円支配を確実なものにしようとしたのである。そのために、掛川城より西側一帯を領有する旧今川配下の実力者・久野氏一族衆を味方に引き入れることに全力を傾注する。「久野までもが家康に味方した」という実績がほしかったのであろう。味方に加わった領主たちには本領安堵を約し、短期間での一円支配をめざした。

久野氏を味方に引き入れた家康は、掛川城の四方に砦を構え見付へと帰陣、周辺域の国人領主や在地土豪層を調略により、次々と味方に引き入れ、掛川城を孤立させることに成功した。こうして、家康は本格的に掛川城攻めを開始。青田山砦（図6）に小笠原長忠、二藤山に岡崎衆番手、金丸山砦に久野宗能らを入れ、家康自身は本隊を率い、天王山（掛川市）に陣を布いている。今川方はただ城に籠もっていただけでなく、周辺諸将に対し調略の手を伸ばし、城から外に討って出ることもあった。徳川の本陣・天王山砦をめぐり大規模な合戦では、今川方に多数の死傷者が出たようである。掛川攻めが長引くと、家康は、氏真に使者を遣わして和睦を求めた。未だ遠江国内状況が不安定の中での長期戦は、決して家康にとって望む展開ではなかったことが、和睦による開城を決断させたのである。

図6　青田山砦から見た掛川城

今川氏の凋落により、浜名湖東岸地域の抵抗勢力も沈静傾向へと向かい、家康による遠江確保が見えてきていた。籠城6カ月ついに氏真は掛川城を家康に明渡し、義父北条氏康の兵と共に掛塚から小田原へと向かった。掛川城の開城によって、戦国大名今川氏が滅亡し、家康は遠江一円をほぼ掌中に納めることとなった。しかし、遠江の内北部山岳地帯は、信濃と国境を接しており、武田方に付く国人土豪たちも多く、完全に遠江全域の支配権が確立したのは、1576年（天正4）頃のことであった。

古代～戦国

二俣攻めと三方原合戦

加藤理文

信玄の遠江侵攻と二俣攻め

1572年（元亀3）、甲府を発し、遠江へ侵攻した武田信玄は、諸城を陥落させつつ、要衝二俣城を取り囲んだ。

二俣の地は、信濃、東三河、掛川、見付、浜松へと続く街道の合流点であり、さらに天竜川水系の水運の拠点でもあった（図1）。ここを押さえることは、遠江の交通の要衝を押さえたと同じで、浜松を居城とする家康にとって喉元に刃を突き付けられた状態となる。10月下旬より、武田勝頼を総大将に城攻めが開始されたが、城は容易に落ちなかった。規模こそ小さいものの、天竜川と二俣川の合流点の台地上に位置し、北を除く三方を川が流れ、斜面は河川によって削り取られた断崖で、取りつくことすら不可能な天嶮の城である。攻めあぐねた武田軍は、水の手を絶つ戦法に出ようとしたが、水の手が解らず手詰まりとなった。しかし、そのうち城兵たちが滑車を使って川から直接水を汲んでいることが判明。武田軍は、上流からいくつも筏を流し、井戸櫓（図2）に激突させ破壊することに成功。水の手を絶たれた徳川方の中根正照らは、2カ月近くも籠城に及んだが遂に降伏開城した。二俣城に入った武田軍は、直ちに修築を実施し、重臣・依田《よだ》信守・信蕃《のぶしげ》父子を城番とし、本隊は西に向け出発する。

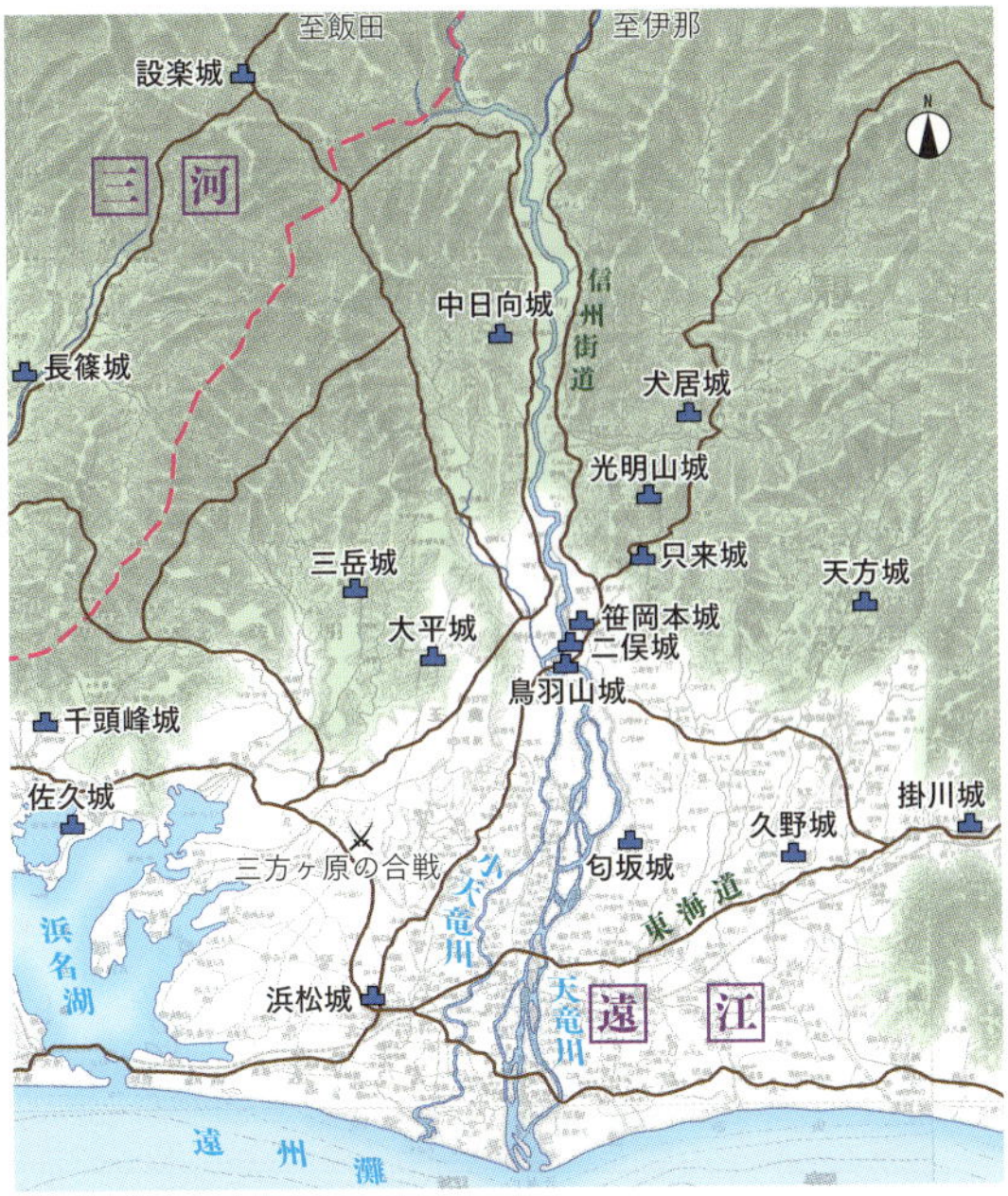

図1　遠江西部の主要城郭と交通路　1/20万「豊橋」1894年、「伊良湖岬」1892年をベースに使用

三方原の戦い

武田軍は、天竜川を渡り、秋葉街道を南下、浜松城へと

図2　清龍寺に復元された井戸櫓

図3　武田軍の遠江侵攻ルート　　1/20万「豊橋」1887年、「伊良湖岬」1892年、「静岡」1894年、「神子元嶋」1892年をベースに使用

向かうかに見えたが、途中で西に向きを変え三方原台地を登り、大菩薩山に陣を張った。その後、西進し祝田《ほうだ》から井伊谷を経て、本坂峠を越えて東三河を目指す構えを見せる。浜松城に籠っていた家康は、信玄が浜松城攻めを放棄したことで、「三河・東美濃に兵を進める」ことこそが本意かと思い始めたと『三河物語』に記されている。この武田軍の動きに対し『三河物語』や『浜松御在城記』では、「武田軍が城下近くを通るのに、それに手も出せないようでは、後世笑いものにされてしまう」と家康は激怒し、合戦に向かったとする。事態は信玄のシナリオに沿って進むことになる（図3）。

徳川軍は8000、信長からの援軍が3000、合わせて11000の兵を率い、家康は城を打って出た。地形を知りつくした地元の利を生かし、背後から武田軍を急襲しようと兵を進めたのである。これに対し、2万5000の武田軍は、根洗い松近くに本陣を置き、隊を揃え待ち構えていた。戦いは、夕方に開始され夜に及んだ。当初は、互角にわたりあっていたが、兵力差はいかんともしがたく、遂に総崩れとなり退却することとなった。武田軍の追撃を受けた家康を救うために、夏目吉信、松井忠次、松井久三郎等が身代わりとなり討死、かろうじて浜松城へと逃げ帰った。城へ逃げ帰ったものの、後から逃げ帰って来る残兵が多く、城門を開け放ち、

図4　三方原合戦石碑

篝り火を焚いて備えた。その行為が、山県昌景・馬場信房があまりの無防備さに計略を恐れ退却したとの伝承を生み、さらに酒井忠次が太鼓を打ち鳴らしたとのお鰭までがついたのであろう。徳川軍は、命からがら逃げ帰り城に籠ったが、大久保忠世・天野康景の2人が、100騎ほどで信玄本陣に夜襲をかけ、慌てふためいた武田軍が犀ヶ崖に転落し、少なからずの損害があったと言われるが定かではない。結局、三方原の合戦は、徳川軍が1000余名を打ち取られ、武田方はほとんど損害なく終わったのである（図4）。

図5　土塁と堀が残る野田城跡

　勝利した武田軍は、刑部《おさかべ》まで進み陣を張り10日ほど滞在した後、三河へと侵攻し、野田城（図5）を取り囲んだ。野田城を開城させると、武田軍は西へ進むのではなく、北に進路を変更、長篠を経て鳳来寺で2カ月余り滞在することになる。これは、信玄の療養に伴うもので、その後甲府へと帰陣するが、途中駒場（長野県阿智村）で、信玄は病没したと伝わる。遠江・駿河をめぐる抗争は、家康対勝頼に移ることとなった。

信玄侵攻に備えた築城

　信玄による遠江侵攻は、元亀年間の時点で予想されていたため、家康は対抗手段を講じている。記録等には残されてはいないものの、武田軍が、伊奈谷から天竜川を南下するルート、奥三河から本坂峠・宇利峠・陣座峠を越えるルートを家康が想定していたことが残された城跡から判明する。家康は、このルートを押さえるために、宇津山城（湖西市）、千頭峯城、三岳城、大平城（いずれも浜松市）の4城を改修、通過する武田軍の備えとした。堀江城（浜松市）も同時期の改修が推定されるが、近代のホテル・遊園地の建設により、城跡の遺構を見出すことは難しい。

図6　千頭峯城跡の堀切

　これらの城は、同時期に改修を受けたものの、地形的制約や役割の違いによって、その防御構造が異なっている。堀切、土塁によって、防御機能の拡充を図る点は4城に共通するが、土塁囲みで曲輪防備を強化しているのは、宇津山城、千頭峯城（図6）のみでしかない。しかも、両城とも主郭ではなく、城内道の要所に用いている。短期間での増強を実施する必要性に迫られたのか、階段状に曲輪群を増やすという単純増強が目に付く。これらの城は、備えとして築かれはしたが、信玄主力部隊が、大井川を越え、掛川・袋井方面を転戦しつつ、浜松城を攻撃目標とするような動きを見せたため、まったく機能を果たせなかったのである。

高天神城をめぐる攻防戦

加藤理文

図1　武田勝頼の遠江侵攻作戦　1/20万「伊良湖岬」1892年、「静岡」1894年、「神子元嶋」1892年をベースに使用

勝頼の高天神城奪取

1574年（天正2）、武田勝頼は「高天神《たかてんじん》を制す者、遠江を制す」と呼ばれた高天神城に攻め寄せた（図1）。父・信玄も落とすことのできなかった難攻不落の堅城を包囲し、激しく攻めたてた。城主・小笠原氏助（後に信興）は徹底抗戦しつつ、家康に援軍要請をする。武田軍は執拗に攻撃を繰り返し、本丸・二の丸・三の丸際まで迫った。籠城1カ月余も過ぎ、援軍到来の知らせもないため、氏助は開城を決意、勝頼は父信玄が落とせなかった堅城の奪取に成功する。氏助が、引き続き城主をつとめたが、城番として勝頼の家臣・横田甚五郎尹松が城に入った。高天神城を手にした勝頼は、中遠から東遠に確固たる基盤を持つことになったのである。家康は、高天神城に備え、馬伏塚城（袋井市）（図2）を改修し、大須賀康高を入れ、対抗する。

図2　徳川軍の基地・馬伏塚城跡

諏訪原、二俣、犬居城攻め

翌1575年（天正3）、三河長篠において織田・徳川連合軍に大敗を喫し、窮地に追い込まれた勝頼は、中遠・東遠地区を死守すべく、諏訪原城・湯日城（共に島田市）・小山城（吉田町）・滝境城（牧之原市）・高天神城の防備を固めた。特に諏訪原城・小山城・高天神城の三城を遠江防衛線の要として考えていたようで、山県昌満宛の書状の中で「諏訪・小山・高天神の用心簡要に候」と注意を促してい

る。だが、家康の勢いは、衰える気配を見せず、まもなく諏訪原城が落城、そのまま小山城へと攻め寄せている。救援に赴いた勝頼は、小山城に入城すると、防備強化のための普請を実施、高天神城に兵糧を運び入れた。諏訪原城を奪取した家康は、牧野城と名を改め、駿河侵攻の拠点とするため、松平家忠・康親を入れ、大規模な改修に乗り出した。

　一方、四方を囲い込まれ、孤立した二俣城では、城主依田信蕃以下、耐えに耐えたが兵糧も乏しくなり、半年後に開城降伏した。二俣城奪還に成功した家康は、北遠から武田勢力を駆逐すべく、再び犬居城攻めを敢行。犬居山中の樽山城（浜松市）が落城すると、犬居城主の天野藤秀は、本拠を捨て犬居山中の最北端に築かれた勝坂城（浜松市）へと籠城し抵抗を試みた。

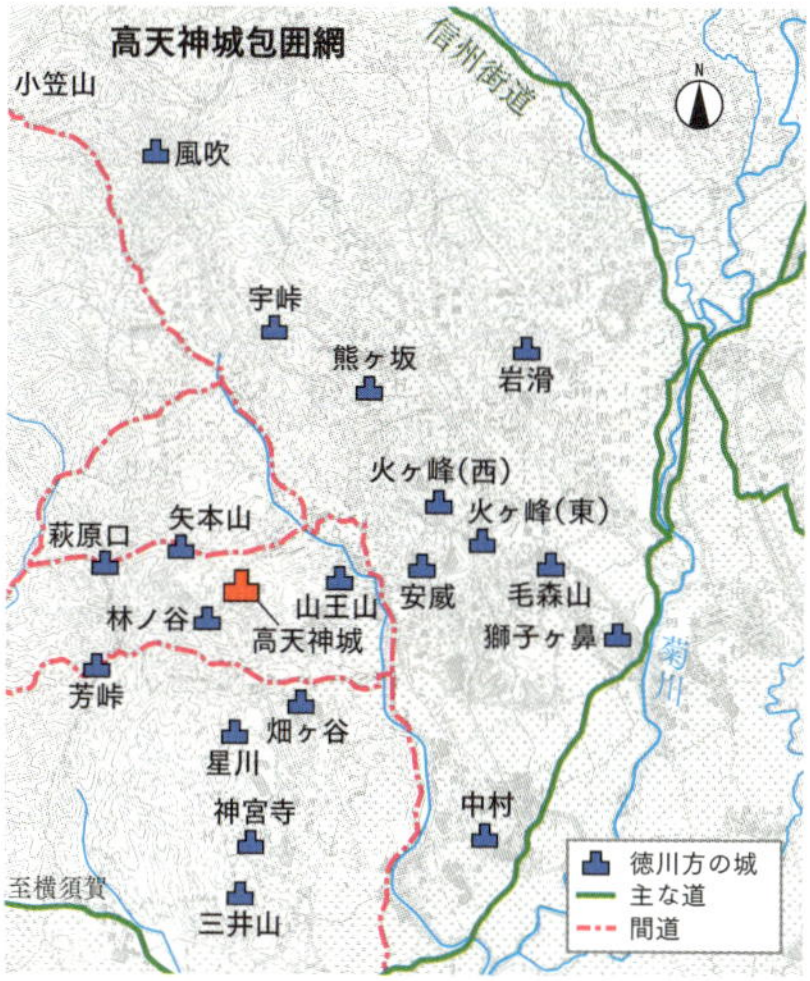

図3　高天神城包囲網　1/1万「掛川」1899年

　しかし、犬居山中の城はことごとく落とされ、徳川軍が尾根づたいに迫り来ると、城から撤退してしまう。ここに、北遠山中から武田勢力は一掃されることになる。

高天神城の落城

北遠江から武田勢力を駆逐した家康は、高天神城奪還をめざし行動を開始。馬伏塚城にあった前線基地を、岡崎の城山（袋井市）、そして横須賀城と、より敵方近くに移動し、さらに掛川城攻めの陣所にも利用した小笠山砦（掛川市）（図4）を改修し、南北から城を挟みこみ長期戦にも持ち込んだ。

図4　小笠山砦から見た高天神城跡

　1580年（天正9）、家康は高天神城の本格的奪還作戦を開始する。家康は、高天神城の周辺に六砦（小笠山砦・能ヶ坂砦・火ヶ嶺砦・獅子鼻砦・中村ノ砦・三井山砦）を構築し、孤立させる作戦に出た（六砦の他に、風吹峠砦・毛森山砦・安威砦の名も見られる、図3）。最前線基地は、1578（天正6年）完成の大須賀康高が守る横須賀城とし、家康の陣所は安全面から後方の馬伏塚城とした。1581年、勝頼の援軍到着の見込みもなく、兵糧も底をつきはじめ、遂に城主岡部長教から矢文による降伏開城の申し出があった。家康がこれを拒絶すると、兵糧が尽きた2カ月後、城兵が一気に討って出た。死者730余を数え、堀が死者で埋まったと記録される壮絶な戦いによって、高天神城は遂に落城した。城を見殺しにした代償は大きく、武田の信用は大きく失墜していくのである。

古代～戦国

志戸呂焼の窯めぐり

松井一明

古志呂焼の誕生

静岡県島田市の志戸呂焼《しとろやき》が焼かれた横岡の地に、窯が最初に開かれたのは、平安時代後期、11世紀後葉のことである。この窯は静岡県内においても平安時代の灰釉《かいゆう》陶器の一大産地であった島田市旗指古窯跡群より、横岡の地に移住してきた工人により開窯された、釜谷西古窯跡❶である。発掘調査で釜谷西古窯の規模は一基程度の生産量の少ないもので、横岡の地で本格的に陶器生産を始めたのは、平安時代末期の12世紀前葉より、鎌倉時代の13世紀の期間となる山茶碗《やまじゃわん》生産からである。山茶碗生産の中心は、横岡の北端のほろん沢❷・きつね沢❸古窯跡群と、南端のすやん沢古窯跡❹となり、二グループの工人集団の存在が確認できる。

この頃の窯は、丘陵斜面をトンネル状に掘り抜いた半地下式の穴窯であった。

その後、南北朝時代になると、山茶碗生産は廃絶し、再び窯が築かれるのは14世紀末葉のことである。この古瀬戸段階の窯は、横岡でも北西端の三ツ沢古窯跡❺、西端の川根沢古窯跡❻の二カ所において、瀬戸から移住してきた工人により開窯された。川根沢古窯跡の発掘調査により、山茶碗窯よりは大型化しているが、ほぼ同じ形態の半地下式の穴窯であることが判明した。山茶碗は素焼きの陶器であったが、この段階の製品は灰釉、鉄釉の施釉《せゆう》陶器が主流となり、瀬戸から直接技術が導入された焼き物であることも確認できた。その製品は遠江の東海道沿いや、駿河地域での地元流通が確認されており、それぞれの国の守護や家臣団が流通に係わっていたと推測されている。なお、この施釉陶器は、戦国～江戸時代の施釉陶器である志戸呂焼の前段階の施釉陶器として、古志戸呂焼と呼ばれている。

古瀬戸段階の窯は一時衰退し、戦国時代の16世紀後葉に再び瀬戸大窯段階の窯が、横

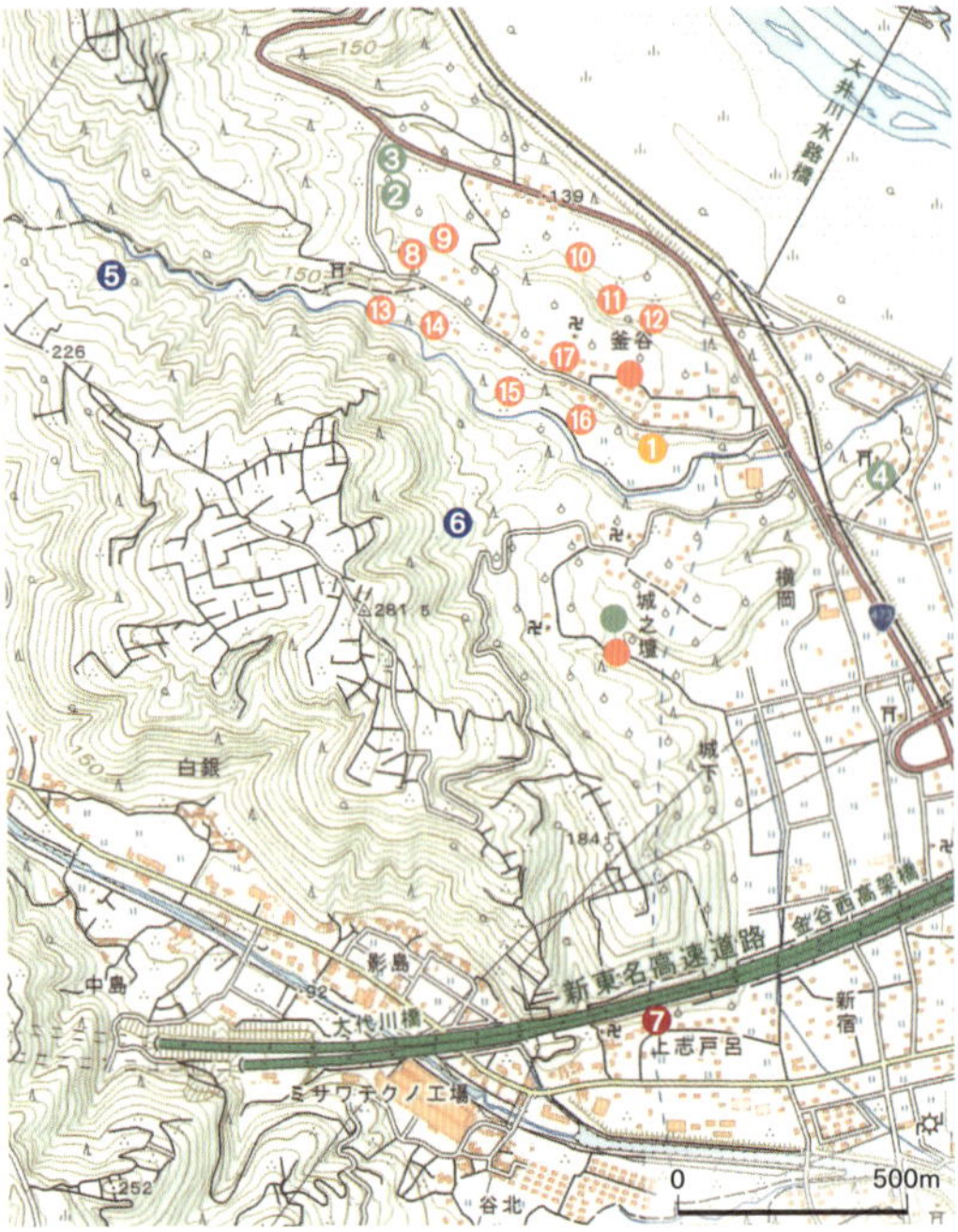

図1　忘戸呂　古窯分布図　1/2.5 万「八高山」2014 年

図２　上志戸呂古窯　静岡県埋蔵文化財センター提供

図３　上志戸呂古窯　製品　静岡県埋蔵文化財センター提供

図４　由右衛門徳利と灯明皿　島田市教育委員会提供

岡から離れた上志戸呂古窯跡⑦として開窯した。発掘調査で焼成室が扇状に開き大型化した大窯とされる構造の半地下式の窯が、二基確認された。大窯の構造は製品を入れる燃焼室が大型化しており、古瀬戸段階の穴窯よりも生産力がアップした構造となっている。上志戸呂窯の大窯製品は、古瀬戸製品と同じ灰釉と鉄釉を主体とする施釉陶器であり、黄釉の黄瀬戸や長石釉の志野などの技術は伝わらなかった。

東北沿岸部まで流通

志戸呂焼の窯元加藤家には、1588年（天正16）、徳川家康が焼物商売役を免除するなどの焼き物流通の特権を与えた朱印状が残されていることから、家康の駿河入りに際して工人が招聘され、上志戸呂の地に窯を開くことを許されたとされている。この段階から志戸呂焼と呼ばれるようになり、地元遠江や駿河国内だけでなく、瀬戸大窯製品とともに、関東の後北条領域の城館などに大量に流通し、遠く仙台までの東北の太平洋沿岸部の遺跡で流通が確認できる。

江戸時代前期の17世紀の製品は確認できるが、窯の位置は良くわかっていない。江戸時代中期の18世紀になると、ほろん沢の谷にあるほろん沢東⑧・同B⑨・土山原⑩・せど畑北⑪・せど畑⑫東古窯跡、沢根川の谷にある北⑬・新兵衛⑭・中⑮・南⑯・内藤⑰古窯跡の二グループの窯群が一斉に出現した。江戸時代の志戸呂焼も地元遠江・駿河国だけでなく、江戸でも由右衛門徳利と呼ばれた徳利や灯明皿（図４）などを中心に大量に流通していたことが、発掘調査により判明している。

明治時代になると、廃藩置県により掛川藩の庇護の元にあった志戸呂焼諸窯は衰退し、わずか二窯に減少した。そのなかで鈴木兼四郎という陶工が、第三回内国勧業博覧会に出品し、受賞するなど志戸呂焼の振興を推進し、兼四郎死後も息子の廣吉などが引き続き志戸呂焼の窯の火を守り、現在に至っている。

近世

家康の駿府城下町

前田利久

１６０５年（慶長10）4月、徳川家康は将軍職を嫡男秀忠に譲ると、大御所と称して徳川政権樹立の総仕上げに入った。その大御所政治の拠点として選んだのが駿府の地であった。翌年からどこに居城を築くべきか候補地選びを始めた結果、従来の駿府城の位置が適地と決まった。さっそく家康は、諸大名を動員して町割り・安倍川の築堤工事に入り、１６０７年に入るといよいよ大がかりな駿府城の大改修となった。大御所家康の駿府城と城下町の特色について、古地図を中心に探ってみよう。

駿府城縄張と城下の町割

最初に駿府城の位置に注目してみたい（図1）。方形を

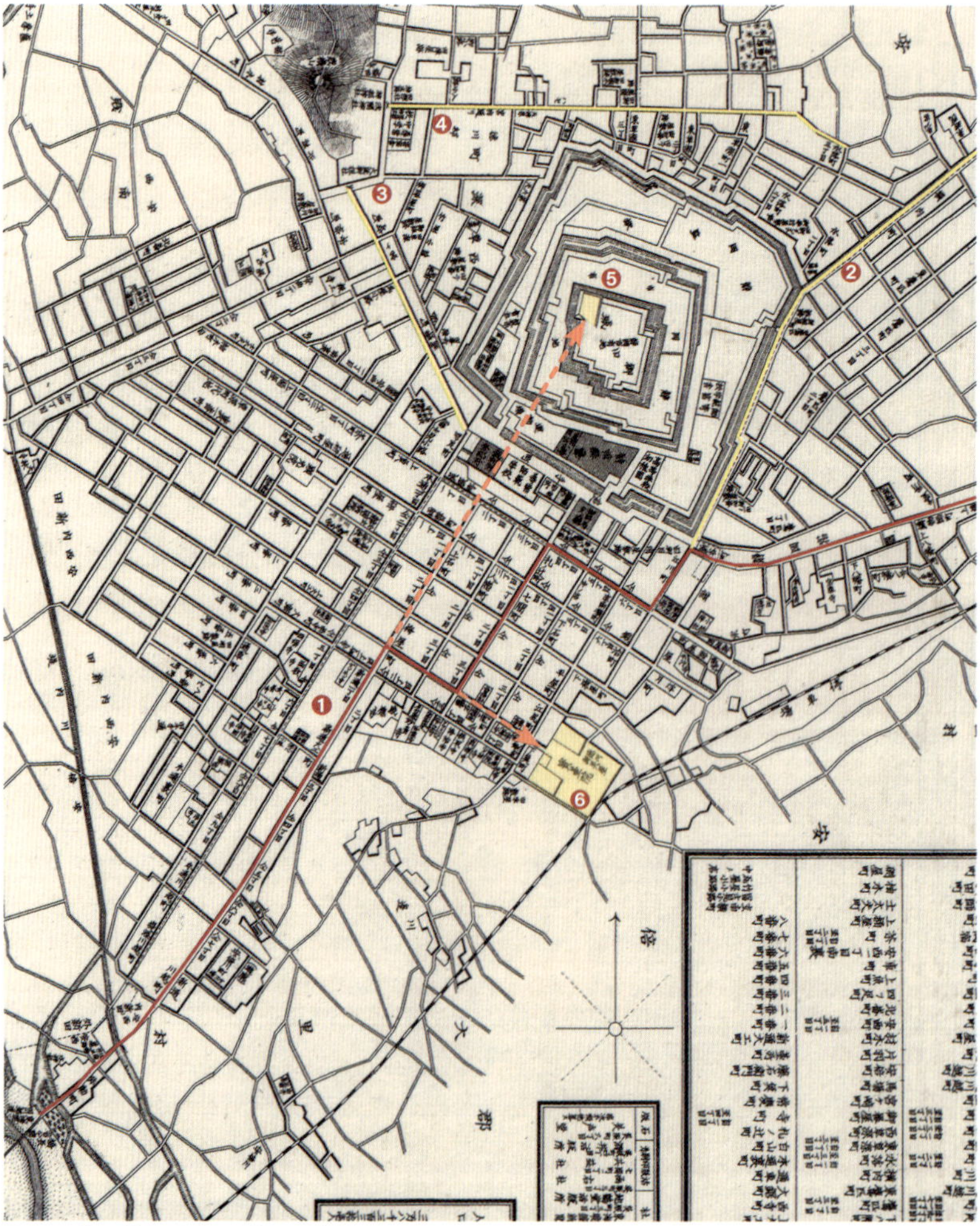

図1　改正 静岡市全図（1896 年）
①東海道　②北街道　③浅間通　④長谷通　⑤駿府城天守台　⑥宝台院

した三の丸の南東隅には東海道が接し、北東隅には旧東海道といわれる北街道が接している。また南西隅は浅間神社内で最も古い奈古屋社（現大《おお》歳《とし》御《み》祖《おや》神社）への参道・門前町である浅間通が接し、北西の隅は熊野神社・長谷寺・国分寺前を通って浅間神社の新宮（現浅間《あさま》神社）と惣社《そうじゃ》（現神部《かんべ》神社）に至る参道、長谷通が近接している。このように駿府城は四方に重要な街道や通りを置く交通の要衝に位置していた。

　次に駿府城の縄張りに注目してみよう。方形の本丸を中心に置き、その外側に方形の二の丸・三の丸を順に配置している。こうした縄張りを輪郭式縄張りというが、駿府城はその典型といえる城である。本来平地に造られた平城であるので地形に左右されずに縄張りを形成できるはずだが、本丸・二の丸の四辺がほぼ平行して同心状になっているのに対して外側の三の丸は軸がずれている。これに関連したものとして『当代記』のなかで、家康の命により従来の城より南・東・北へ拡張したという記述が見られる。輪郭式縄張りは兵の移動が比較的容易だが、反面本丸以外の曲輪が横長で単調となってしまう。このためスペースの確保や防備の面で支障が生じやすい。そこで今回の大改修は、拡張と軸をずらすことにより三の丸内にまとまった広い場所が確保でき、南西側を二の丸に接近させたり二・三の丸の水路を利用したりして仕切りとした。また直線で単調になってしまう塁線に凹凸をつけて敵を横から射掛けるための横矢掛りとした。一方で三の丸をずらす角度は、すでに進められていた町割に合わせなければならなかったと思われる。というのも大手側の城下は碁盤状に区画されたが、その中に東海道を通すに当たり従来の城の向きに合わせると、安倍川の渡し場とかけ離れてしまうという不都合が生じてしまうからである。

　さらに三の丸に注目すると、北東の角が斜めにカットされ、本・二の丸の角が凹んでいることに気づく。さらに対角の南西側も3つの曲輪とも凹んでいる。これは陰陽道で忌み嫌った鬼門《きもん》（北東＝丑寅《うしとら》の方角）と裏鬼門（南西＝辰巳《たつみ》の方角）を避けるための鬼門除けで、鬼門にあたる角を削ってなくすことを隅欠《すみおとし》とよぶ。

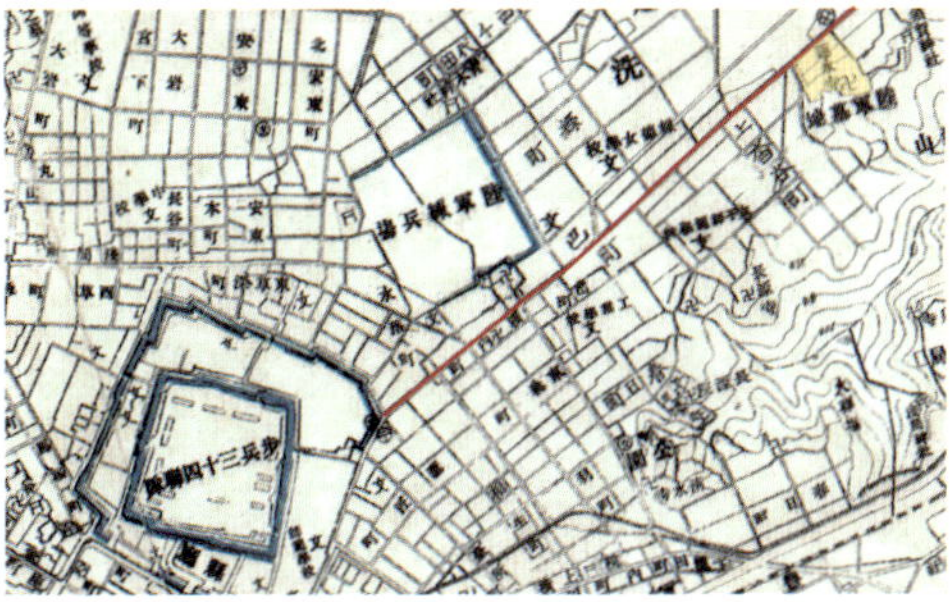
図2　1/3万　静岡市全図（昭和初期）

　ちなみに駿府城の鬼門の方角にあたる谷津山《やつやま》のふもとには、養珠院（お万の方）の菩提寺である蓮永寺がある（図2）。養珠院は徳川家康が55歳ごろに側室とした女性で、紀州徳川家・水戸徳川家の家祖となった徳川頼宣・頼房兄弟の生母として知られる。彼女は家康が没する前年1615年（元和元）に松野（富士市）にあった永精寺《えいしょうじ》をこの地に移し、蓮永寺と改めた。蓮永寺の奥に続く墓地内に養珠院の大きな宝篋印塔《ほうきょういんとう》（供養塔）がひときわ目立って立っている（図3）。ところがこの宝篋印塔

図３　蓮永寺の養珠院宝篋印塔（背面より）

は視界が開けた本堂の方ではなく、間近に迫る谷津山の尾根に向かって立っていて違和感を覚える。塔の向いている先は尾根がさえぎって見えないが、方位磁石で測るとその方角は南西、まさに駿府城の鬼門の方角に向いている。養珠院は死後、みずから駿府城の鬼門除けとなって城を守護しようとしたのである。

　駿府城の大手方面には城下町が広がっていたが、この方面だけ碁盤状に整然と区画されていて、駿府城下町の大きな特色として挙げられる。城下の区画といえば、敵の侵攻を想定してわざと複雑にしたという例を多く聞くが、家康はあえて1区画50間四方（約90m）ほどの正方形とし、両側から奥行20間の町並みを取って、間に「会所」「せり」とよぶ空き地を残した。こうした碁盤割は同時期に行われていた名古屋城下とも共通し、徳川式町割の先がけとなる。戦乱の世が終われば、こうした町割が都市の発展に大きく寄与する。当時まだ豊臣家との緊張状態にあるなかで、家康は先を見据えた城下町づくりをおこなったのである。またこのことは、家康が豊臣家に対して敵意を抱いていないという一つの証しともなった。

　しかし名古屋城との差も顕著であった。名古屋城の場合は外郭三の丸から東海道まで6㎞あまりも離れていたのに対し、駿府城の場合は安倍川が外堀の役割を果たしていたとはいえ、東海道は大手門の間近を通っていた。また、名古屋城の本丸は駿府城よりもやや小さいが、名古屋城は三の丸だけでも駿府城の総面積の１・５倍もある。このため本丸から大手側の外堀までの直線距離を比較すると、名古屋城は７３０ｍもあるのに対して駿府城の場合はわずか２５０ｍと、格段の差が生じている。そればかりでなく名古屋城は本丸を3つの曲輪と2つの巨大な馬出《うまだし》で守り、さらに北側には湿地帯が広がっていて厳重な備えとなっている。天守の高さや意匠面では名古屋城に勝っていたと思われる駿府城であるが、軍事面においては名古屋城の方が立地・規模・曲輪配置等ではるかに勝っている。

　つまり両城はほぼ同時期に家康が諸大名を動員して築いた天下普請の城でありながら、名古屋城は明らかに大坂方に対する備えの城として築かれたが、駿府城はあくまでも家康の隠居城として築かれた城であって、ここで大軍を迎え撃つことは最初から想定されていなかったのである。

城下で旅人が目にしたもの

　今度は西から駿府の城下に入ることを想定してみよう。東海道を西から安倍川に向かって進むと前方に富士山が望める（図4）。駿府はまさしく富士山が在る町だった。家康が大御所として駿府に隠居していた頃には、安倍川に至ると富士山と並んで駿府城の天守がそびえ立っており、この天守が駿府のもう一つの顔となっていた。

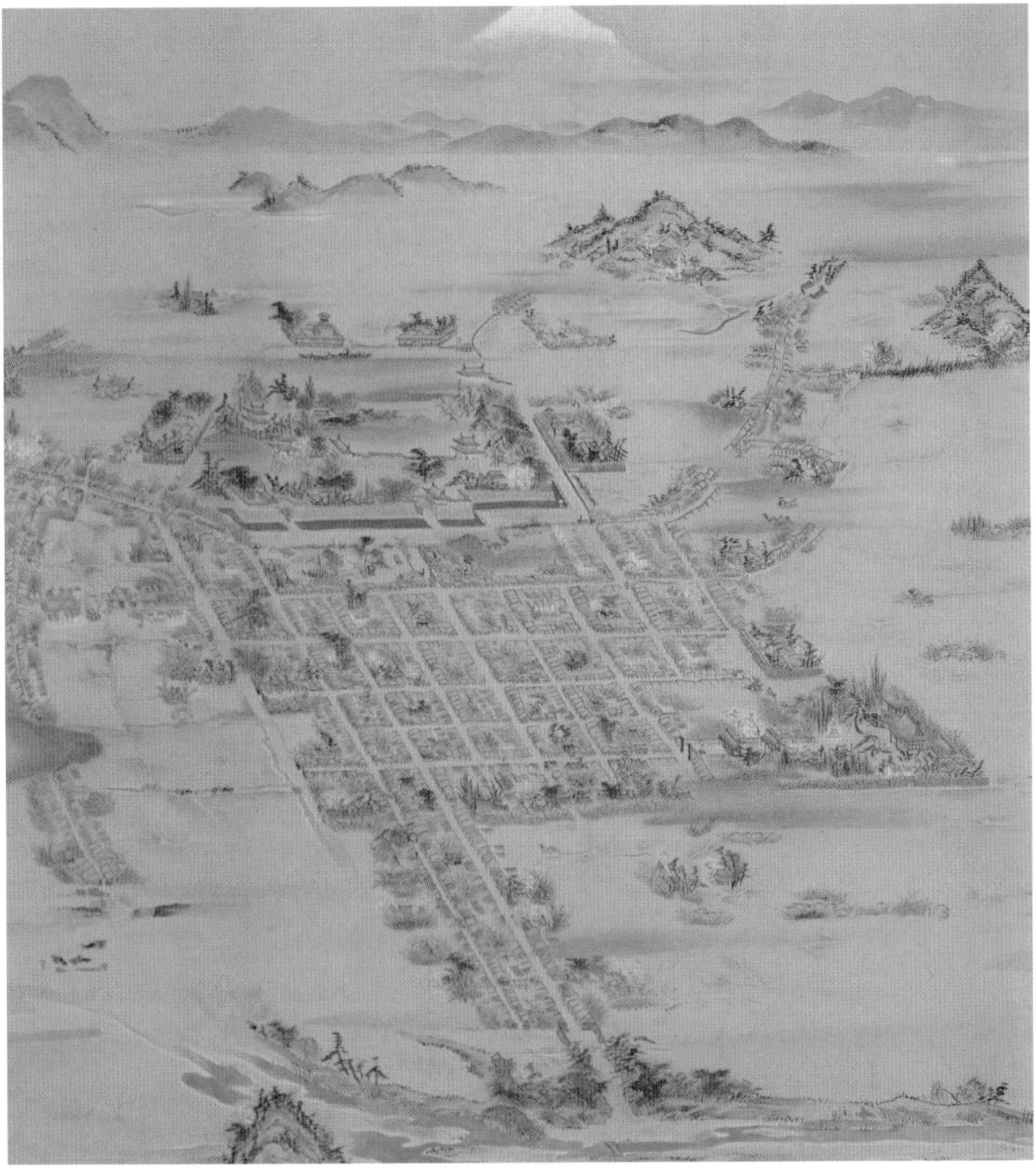

図4　1707年（宝永5）頃の駿府城下　土佐光成「駿府鳥瞰図」（部分）駿府博物館所蔵

家康は駿府城の改修とともに城下の整備も同時におこない、このとき東海道もルートが変えられた。安倍川を越えて駿府に入るルートは、これまでの本通から東へ100m近く移動した新通となった。新通を地図上で北に向かって線を引いていくと、駿府城の天守台に突き当たる（図1）。このことから、かつては安倍川を渡って駿府の城下へ入ろうとする旅人は、真正面に駿府城の天守を目にしていたことがわかる。しかも新通の町屋にさえぎられて富士山は見えず、左右に続く家並によって真正面の天守は遠近法でいう消失点となる。つまり西からの旅人は、天守一点に向かって進むようになっていた。

その天守は建造途中、1607年（慶長12）暮れの本丸火災で焼失し、翌年から1年余りかけて完成したもので、6重7階の巨大高層建築であった。さらに屋根瓦に初めて金属製の瓦を用いた斬新なもので、初重と2重は土瓦葺であったが、3重めから5重めは鉛瓦葺、6重めは銅瓦葺と変化に富んでいた。残念ながらこの天守は1635年（寛永12）の城下からの火災により焼失し、以後再建されることはなかった。家康が建てた豪壮な天守が駿府にそびえ立っていたのはわずか25年間であった。

さて、場面を再び新通にもどそう。天守に向かって伸びる新通りは呉服町で突き当りとなる。東海道はそれよりも手前の梅屋町を右折するが、その1本手前を右折したところが寺町通で、名前のとおり町割にともなって寺院が集められ、駿府城の方に向かって10以上もの寺院が並んだ。このあたりが寺町としてより色濃くなったのは、将軍が2代秀忠から3代家光に代替わりした直後だった。寺町通と1本北側に並行して東海道は東進するが、景観が一変した。前方に朱塗の豪華な薬医門、さらに後方に大屋根の建物が出現したのである。大御所秀忠の生母である西郷局《さいごうのつぼね》の菩提寺、宝台院の総門と本堂であった（図5）。秀忠は1625年にこれまでの菩提寺龍泉寺を紺屋町から移転させ、2年後には亡き母のために朝廷に働きかけて自身と同じ従一位の位階を贈られ、贈られた法名「宝台院殿一品大夫人」に合わせて寺号を宝台院と改めた。宝台院は寺領300石を誇る駿府最大の寺院となり、境内には華麗な「宝台院殿」の御霊屋《おたまや》、大きな本堂と大小の書院が建てられ、中門内には6つの塔頭《たっちゅう》寺院が並んだ。参勤交代で江戸に向かう大名たちが、敬意を表さなければならない寺であった。

駿府城の天守が焼失するまでのわずか8年間だが、かつて西国からの旅人が主流だった江戸初期の東海道で、旅人は駿府城下に入ってすぐに正面にそびえる駿府城の天守を、さらに右折した正面に壮大な宝台院を目の当たりにし、ここが徳川家の権力の強大さを象徴する町であることを思い知ったことであろう。

図5　金米山宝台院之図（1892年）前田利久所蔵
総門は現在菊川市の応声教院に現存（国重文指定）

近世

久能山図

前田利久

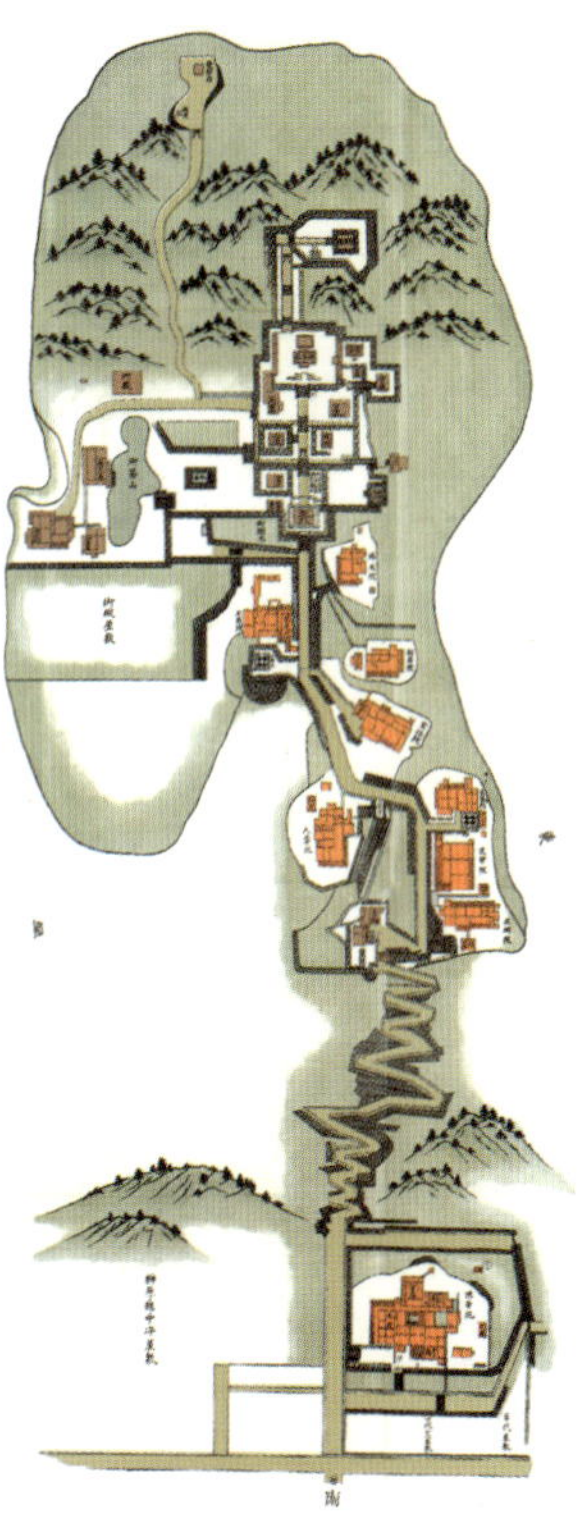

図1　境内にあった寺院（オレンジ色：原図は『駿国雑志』所収「久能宮御山内之図」）

神仏習合の東照宮

1616年（元和2）4月17日、大御所徳川家康は駿府城にて75歳の生涯を閉じた。遺体は遺言により同月20日に久能山に埋葬されると、将軍秀忠は直ちに社殿の造営にかかり、翌年には本殿・石の間・拝殿（いずれも国宝）が完成した。以後諸施設は順次建造されていったが、創建から10年ののち3代将軍家光によってふたたび造営が始められた。20年におよぶ家光の造営により五重塔の新築、檜皮葺《ひわだぶき》屋根の銅瓦による葺き替え、宝塔（家康廟）の石製での建て替えなどがおこなわれ、徳川家の威光を示す荘厳な建物群が整った。

久能山図を見ると、今日存在しない建物が多いことに気づく、これは明治の神仏分離令にともない山内から仏教色が排除されたからである。日本では奈良時代以来、神仏習合思想にもとづき神と仏を一緒に祀ることはごく自然なことであった。久能山東照宮でも東照大権現（家康）の本地（本来の姿）である薬師如来を祀った本地堂や五重塔・鐘楼などがあった。さらに山上には8つもの「坊」とよばれる寺院があり、これら8カ坊を久能山のふもと、参道の入口にあった別当職《べっとうしょく》の徳音院が統括していた。

神仏分離令を受け、東照宮では本地堂を末社日枝神社本殿に、鐘楼を鼓楼として残したが、五重塔は競売にかけられて解体、護摩堂も払い下げられた。また徳音院と8カ坊はすべて廃絶した（現在は徳音院跡地の隣に残った元三《がんさん》・慈《じ》限《げん》の両大師堂を徳音院と称している）。これにより山内の雰囲気は大きく変わり、江戸時代を通じて山内に響いていた鐘の音や僧侶たちの読経の声は消えてしまった。

久能山の軍事的価値

久能山といえば、1159段の石段が話題となる。登るだけでも一苦労な険しい山に、大量の木材・石材を運び上げた当時の人足たちの苦労は計り知れない。改めて東照宮を建立させた幕府権力の強大さを知らされる。しかしなぜ家康は久能山を選んだのだろうか。久能山の歴史を振り返ってみたい。

久能山は有度山《うどやま》の南、太平洋を崖下にそそり立つ標高216mの孤立した山で、戦国時代まで山上には平安・鎌倉期に栄えた天台宗の古刹、久能寺があった。その久能寺はたびたび軍事利用されることがあった。古くは南北朝期の観応《かんのう》の擾乱《じょうらん》の際、駿府を占拠した足利直義《ただよし》方の軍勢が今川軍によって攻められ、久能山に引き籠った。戦国時代には今川義元の家督相続時に生じた家督争いに、相手側の軍勢が駿府で戦ったあと久能山に引き籠った。さらに、今川氏を攻めて駿府攻略に成功した武田信玄は、撤退の際に兵を久能山に残して8カ月間籠城させた。

このように久能山は駿府が戦場になった際に劣勢となった兵士たちが立て籠もる場所として使われてきた。籠城に必要な条件はそこが敵の攻撃から長期間耐えられるだけの堅固な場所であること、水・食糧などの兵糧、煮炊きをするための薪《たきぎ》と竈《かまど》、多くの兵士たちが雨露をしのげるだけの建物があること。この条件をすべて満たしていたのが久能山であった。戦国時代、山上の久能寺には18もの「坊」とよばれた塔頭《たちゅう》寺院があった。兵士たちはこれらの施設を接収すればよい。その時点で寺は城となるのである。駿府は今川氏が滅亡しても経済・文化の中心地であったが、信玄は東西の敵を考えたとき駿府は軍事拠点にはならないと判断し、久能山から久能寺を移転させて「久能城」とした。

こうした経緯から家康も久能城の軍事的価値を十分認識していた。大御所となった家康は駿府城を隠居城として大改修をおこなったが、駿府城はもとより大軍を迎え撃つことを想定しておらず（本書54ページ参照）、有事の際には久能山に拠点を移すことを考えていたであろう。大坂の役《えき》で家康は出陣にあたり、家臣の榊原清久（のちに照久）に久能城の守備を命じた。

しかし山城は平時には必要なく、しかも維持管理が大変である。そこで家康は、かつてあった久能寺に代わるものとして自身を祀る神社組織をつくって管理させたのである。

榊原清久は、家康の遺命により久能山での葬儀の祭祀を務めたあと、東照宮の祭主と警固役を命じられた。以後榊原家は交代寄合の旗本として久能の地で警固にあたった。

久能山東照宮の優美な社殿は徳川家の威光を示すものであったが、境内の8カ坊は有事の際に軍事利用できる施設でもあった。

図2　山上の坊の跡

図3　旧照久寺（現宝台院別院）の榊原照久墓石。榊原家歴代の墓石のなかで、唯一照久の墓石だけが久能山を向いて立っている

近世

駿府城と清水湊

椿原靖弘

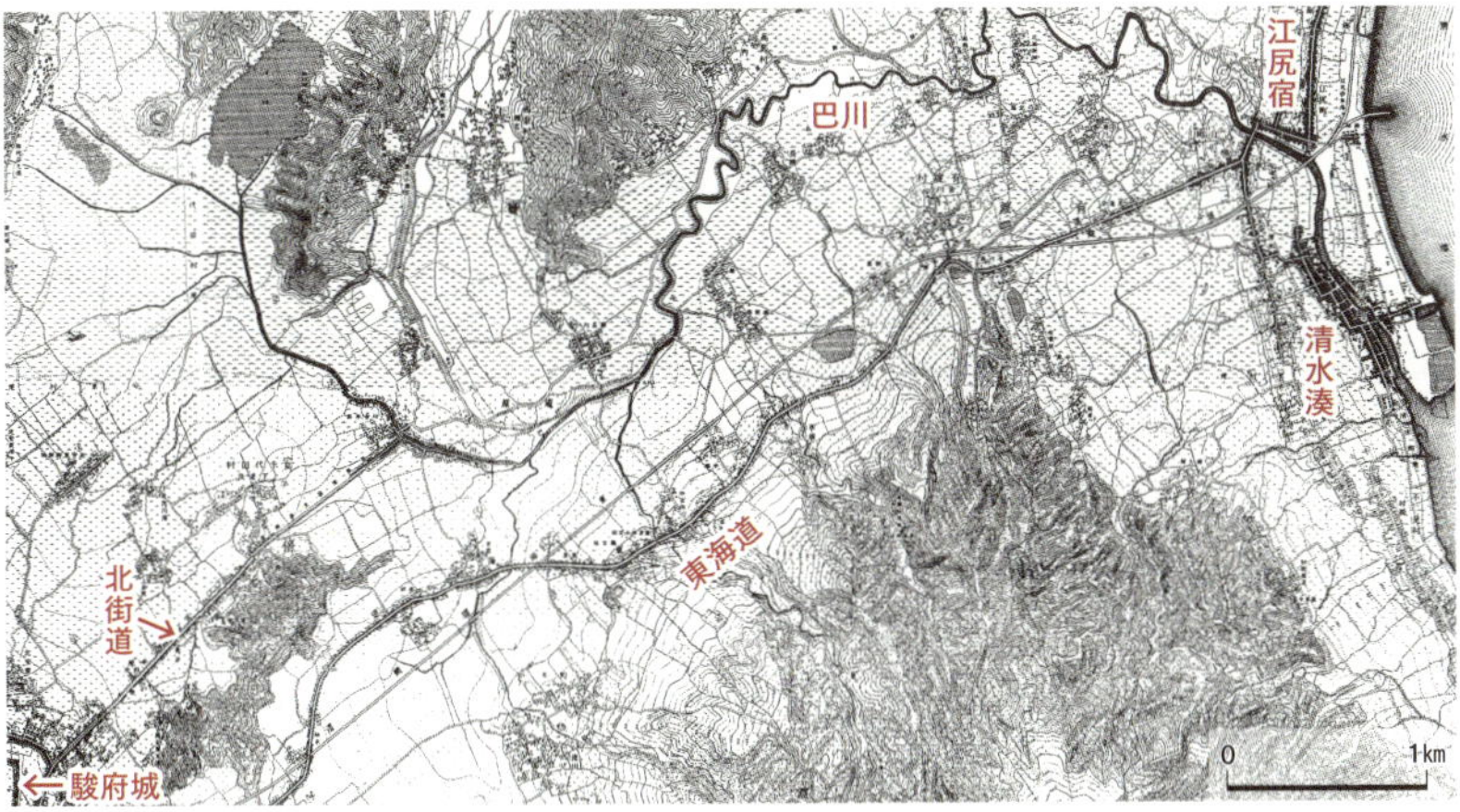

図1　1/5万「静岡市」「清水町」1889年

江戸時代の駿府城絵図を見ていくと、多くの絵図には城の左から下に流れる安倍川が描かれ、薩摩土手と呼ばれた土塁とともに城下街を形作っていたことが示されている。これを総構えといった。

城と湊をつなぐ道

ここに挙げたのは1889年（明治22）の地図である。左下に駿府城の東側部分が見え、右に巴川河口部と清水湊がある。駿府城の東南から北東にくねくねと延びているのが東海道で海の近くで巴川を渡り、砂浜沿いに横砂、袖師、興津へと続いている。巴川を越え、鈎型に屈折している部分が旧江尻宿である。

注目したいのは、駿府城北東部からまっすぐに延びる道で、現在の北街道に相当する（赤矢印）。約5㎞で巴川に接続している。この巴川は麻機沼から湧き出した水を集め、平地部を蛇行しながら清水湊へ流れ落ちる約18㎞の短い河川で、清水の湾へ流れ込む川の中では最も大きな河川である。北街道と接した地域は上土《あげつち》といい、いかにも土の上に荷揚げした場所に似つかわしい地名である。『徳川実紀』の1607年（慶長12）の記述に「駿州清水より水口谷辺へ船入の津を開かるべしとて湟《ほり》をほらしむ。水多くしてそのことならず。疏鑿わずか一日にしてやみぬ」と、徳川家康が巴川を水路として整備しようとして失敗したことが載っている。これ以降も何度か掘削は決行されたようである。

一方、1611年（慶長16）の記録には「家康の十男の頼宣は美穂神社参詣後に三保から乗船して、江尻・高橋・船越川より上げ土川岸へと着岸」と記されていることから物流以外の舟の通いはあったのであろうか、詳らかではない。また、『駿国雑志』に載る鳥羽屋源八の家記では、1609年（慶長14）に家康の命により伏見より牛車で運送に携わる27家が駿府に移り住んだと伝えている。現在で

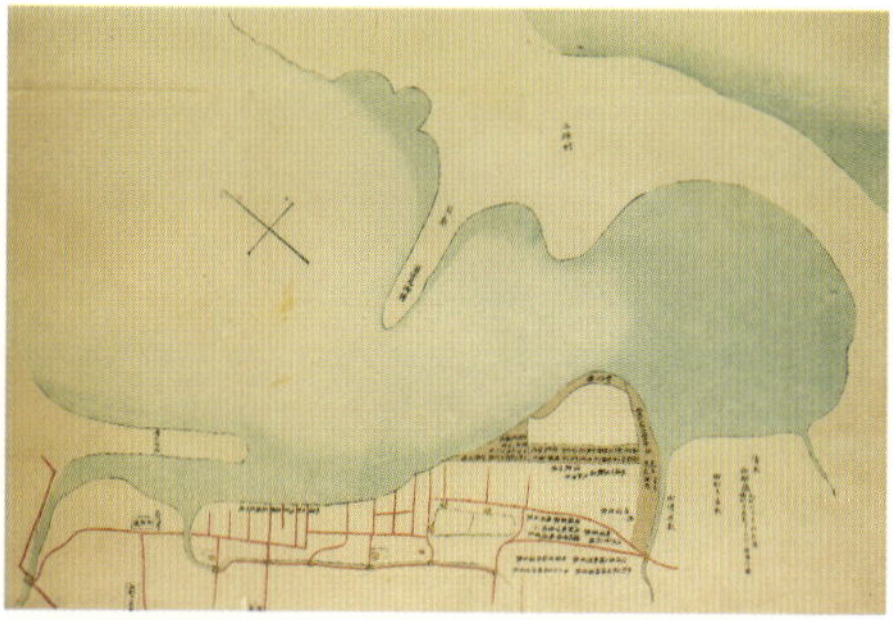

図2　江戸時代初期の清水港　石野友也氏所蔵

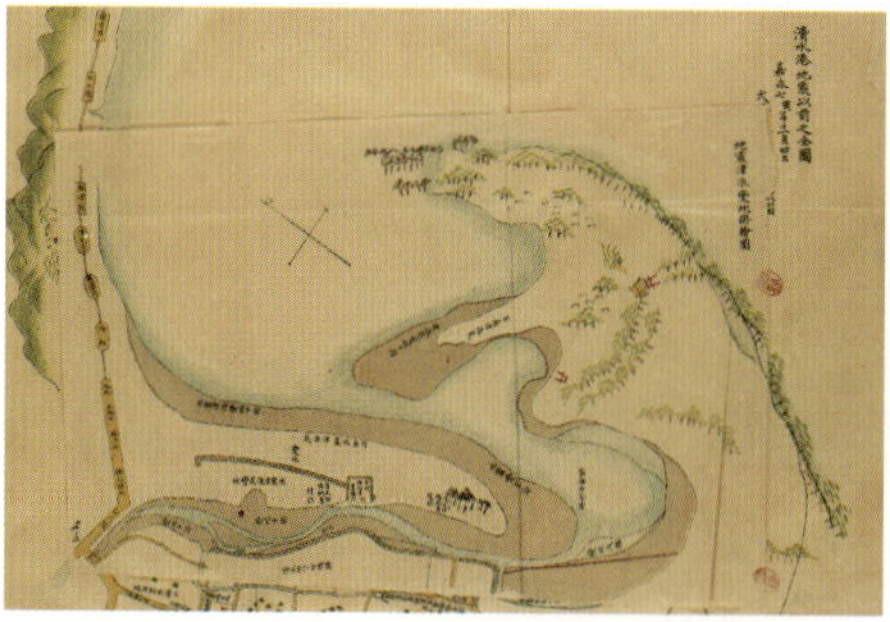

図4　安政の地震後の清水湊（出典：『駿国雑志』）

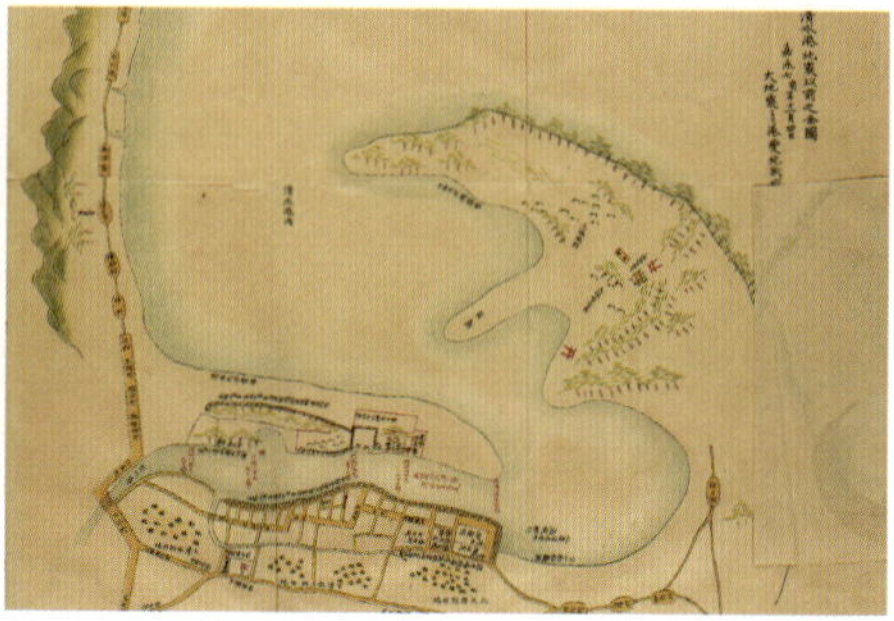

図3　1854年」（嘉永7）の清水湊　石野友也氏所蔵

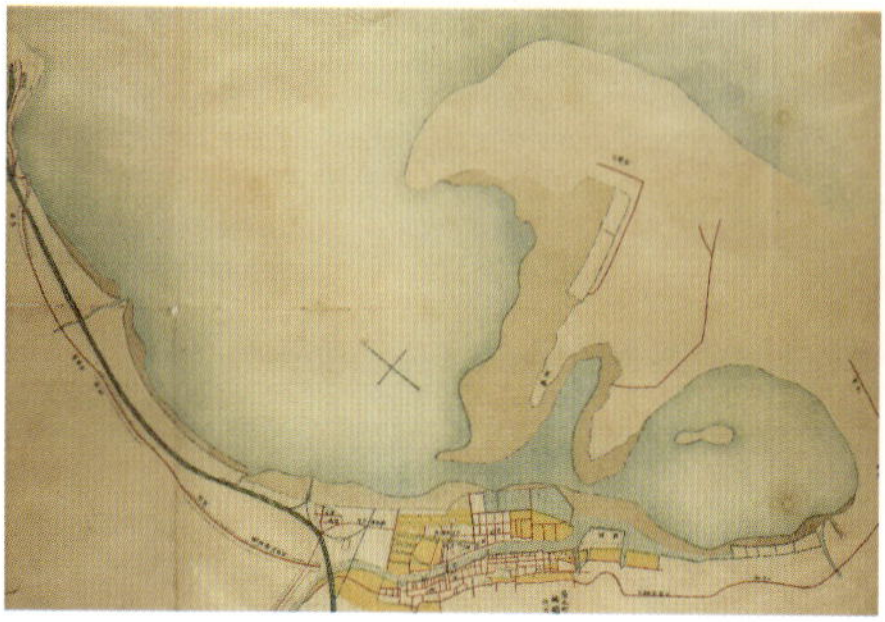

図5　1892年（明治25）の清水港　石野友也氏所蔵

も清水港近くには「牛道」の伝承が残っており、駿府と湊間の荷物を牛が運んでいたと考えられる。

いずれにしても、清水湊は駿府の城と街の港として発展していたのである。

清水湊の変遷

さて、もう一度地図を見てみよう。江戸時代の江尻宿の主要部は巴川の北側に沿うように位置していたことがわかる。地名を考慮すると、今でも江尻は巴川の北側で、巴川の南側は入江、清水となる。したがって、旧宿場街は巴川の北に位置したので江尻宿と名が付いたのである。

また、中世の港は江尻湊と記録に出ているがおそらくは巴川の河口部の北側にあったのであろう。なお、巴川は江尻宿の辺りで急激に流路を南に変えているが（図1）、屈折部が中世の河口部と考えられる。南側に長く垂れ下がるように延び、後に「向島」と呼ばれる部分は江戸時代の初めから堆積により出現し、安政の地震の隆起により現在のようになった。この向島の対岸で人家が密集しているのが江戸時代の清水湊である。

清水湊の廻船問屋の記録には徳川家康との由緒が記されている。大坂の陣の折に豊臣方が駿府城を襲撃することを警戒した家康は清水の湾に水軍を配置し、同湊の廻船問屋に水主《かこ》を命じたという。

戦後、その恩賞として安倍川から富士川までの船による問屋業を42軒の廻船問屋に認めたと伝える。江戸期の湊は巴川をやや遡った西岸にあり、現在の本町を中心に北側は清水上一丁目から南は美濃輪町までおよそ800ｍであった。

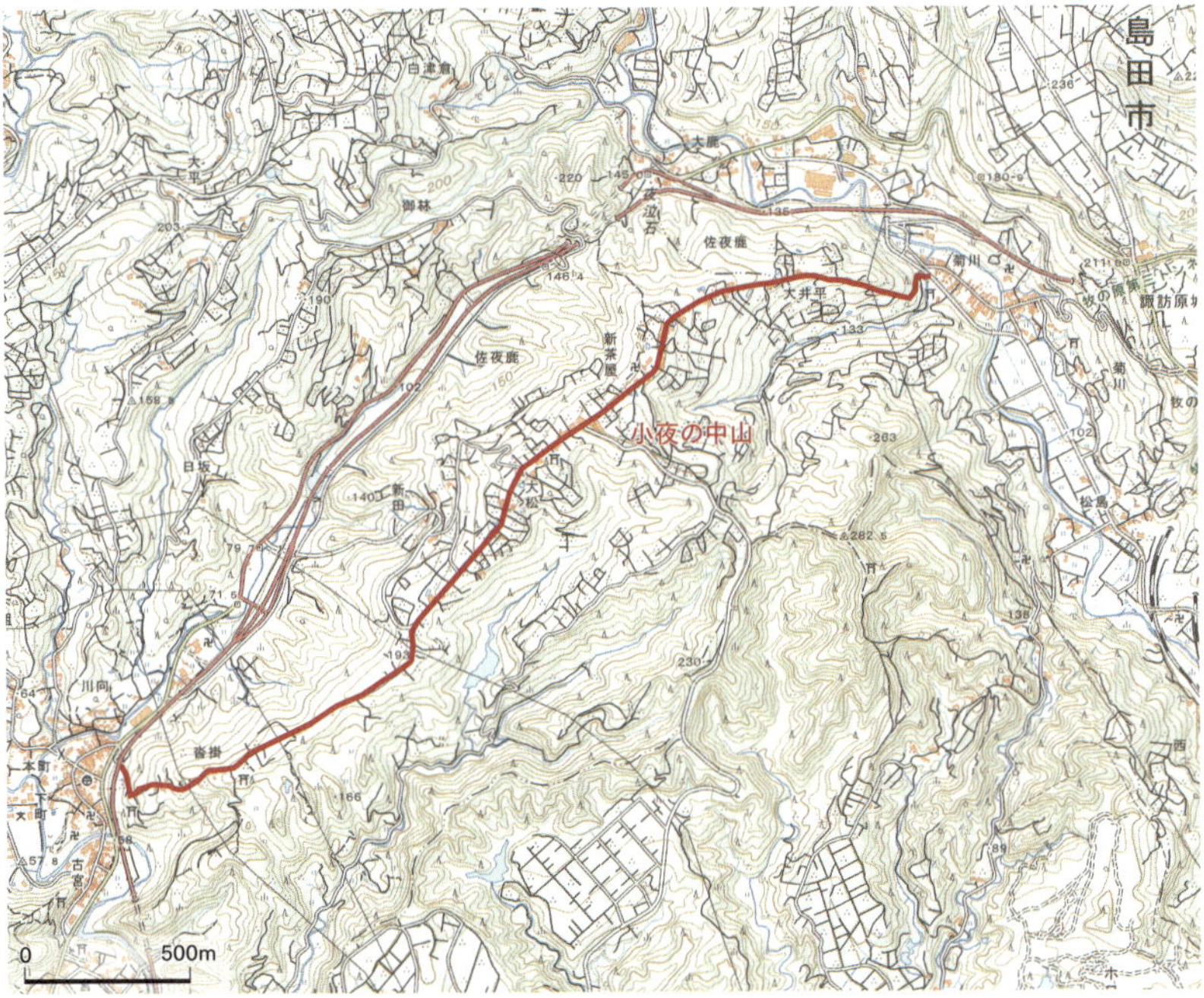

図1　1/2.5 万「掛川」2016 年

Topic

小夜の中山をゆく

戸塚和美

東海道の三大難所の一つ

小夜の中山は掛川市佐夜鹿に位置する峠で、箱根峠や鈴鹿峠とともにその険しさから東海道の三大難所といわれてきた。金谷宿《かなやしゅく》と日坂宿《にっさかしゅく》の間にあり、急峻な坂が連なる峠道の中でも東の青木坂、西の沓《くつ》掛《かけ》は多くの旅人を悩ませた。

小夜の中山の地名の由来について、小夜とは佐夜、佐野、佐益などとも書き、旧掛川市の領域名でもある佐野郡のこと、もしくは峡谷にある狭い峠の意味をもつなどといわれてきた。また、中山は長山の転訛《てんか》とされてきた。近年の研究によれば、小夜は遮るの意味の塞《さい》で、中山は境の意味を示す言葉とされ、邪鬼を遮る「塞」の神を祀る峠であり、旅の安全を祈念する「手《た》向《む》け」の神を祀る峠を示す地名と考えられている。

古くから紀行文や和歌に登場

日坂宿から小夜の中山への東口はかつて坂口町と呼ばれ、旧国道を横断しバイパス高架をくぐり坂道に入る。坂道の山側には江戸時代の石垣と水路跡（図2）が残され、町の入口として整備されていたようだ。最初の難所「二の曲り」（図3）は、S字状に曲がりくねった急坂が連なり、舗装され歩きやすくなっているものの、現在のハイカーにとっても難所であることに変わりない。

「二の曲り」を経ても「沓《くつ》掛《かけ》」（図4）と呼ばれる難所が続く。「沓掛」の由来は、峠の急坂にさしかかる箇所で草鞋や馬の沓《くつ》（馬用の草鞋）を山の神などに手向け、旅の安全を祈願するという古い慣習によるものといわれる。難所であるがゆえに一気に登ることなどできず、この場所で小休止を取りながら草鞋の紐を締め直し覚悟を新たに出立したのであろう。

沓掛稲荷まで来るとゆるやかな坂となり、街道脇の杉木立と茶畑に混じって一里塚、夜泣き石、祠《ほこら》、馬頭観音などの石塔類（図5）が点在する。また、小夜の中山は古くから数多くの紀行文や和歌に登場し、小夜の中山を詠った歌碑と句碑が点在しハイカーの目を楽しませてくれるとともに、いにしえの旅人の息づかいがしのばれる。

とくに著名な歌は、平安時代末期から鎌倉時代初期にかけ活躍した西行法師が詠った「年たけてまた越ゆべしと思ひきや　命なりけりさやの中山」（新古今和歌集）であろう。1186年（文治2）齢六十九の二度目の京から奥州への旅、往事の年齢を考えればほとんど死を覚悟しての旅であり、若い頃の峠越えに思いを馳せながら、生きて再びこの険しい峠を越えることができたことへの感慨がひしひしと伝わる。

1676年（延宝4）、松尾芭蕉の二度目の帰郷の折に詠った「命なりわずかのかさの下涼み」は、芭蕉が師と仰ぐ西行の「命なりけり」を踏んだもので、盛夏の峠道、宿る木陰もわずかな笠下を命の頼りとする歌である。句碑の傍らには芭蕉の歌にちなんで松が植えられている。かつて芭蕉が涼をとった松があったともされ、「芭蕉の涼み松」（図6）として整備されており、今日でもハイカーに一時の安息を提供してくれる。

図2　坂口の石垣と水路跡

図3　二の曲がり

図4　沓掛

図5　一里塚

峠の頂周辺は公園として整備されており、眼下の山稜の南には遠州灘まで望める。あらためて峠の高さが実感されるとともに、無事、峠に立ったいにしえの旅人の束の間の安堵もよみがえる。

伝説と逸話に彩られた峠道

峠にある古刹久遠寺《きゅうえんじ》は、掛川城主山内一豊《かつとよ》が徳川家康に茶亭を建てて饗応した場所として、また夜泣き石伝説に関わる古寺として著名で、今でもそこかしこに往事の面影を漂わせている。また、峠には夜泣き石伝説に因んだ「子育て飴」を売る、江戸時代から続く茶店があり、かつては二十軒余の茶屋が建ち並び賑わいを見せていたという。

茶店となりにある日坂宿を中心に東海道周辺宿の浮世絵を収集ならびに展示する美術館「夢灯《ゆめあかり》」にも立ち寄りたい。歌川広重の「東海道五十三次　日坂　小夜ノ中山」（図8）では、険しい急坂の続く街道と、夜泣き石として知られる巨石を題材としている。デフォルメされた急坂の構図と実際の急坂との対比もまた一興であろう。

小夜の中山は数多くの歌に取り上げられるような文学的な響きをもちつつ、中世から戦国時代にかけしばしば合戦場（図7）として歴史の舞台ともなった。民俗学的には日坂宿にとっての小夜の中山とは、古代から近世に至るまで他の峠や坂と同様に村や宿等から異界へ通じる境界と認識され、そんな中でも小夜の中山は主街道にある象徴的な峠であった。峠とは、山賊、乞食、遊女、呪術宗教者などのいわゆる異類異形の人々が往来する怪しげな場所であり、山路に浮遊し旅人を悩ます憑き物、霊気、神霊、妖怪が跳梁跋扈するまさに境界として映った。実際に盗難や強盗に遭う者、病や怪我に見舞われる者、命を落とす者、この峠道で災難に見舞われる者の数は決して少なくなかった。その悲哀を慰霊するかのように、さまざまな逸話とともに夜泣き石や蛇身鳥《じゃしんちょう》など伝説が生み出されていったのであろう。

図６　涼み松

図７　鎧塚

図８　東海道五十三次　日坂　小夜の中山

近世

掛川城下町を歩く

戸塚和美

東西南北の交通の要

近世城郭としての掛川城と城下町の形成は、1590年（天正19）の豊臣秀吉による天下統一後、山内一豊《かつとよ》により進められた。その後、徳川幕府の麾下《きか》になると徳川家康の異父弟の松平定勝が入城すると、地震により倒壊した天守を再建、その後も徳川譜代大名の居城として城内、城下の整備が続けられた。

掛川城と城下町は、江戸時代には惣構《そうがまえ》（総構え）と呼ばれる城と城下町一帯を含めた外周を堀や土塁で囲む城郭構造をもっていた。明治以降の廃城令により、二の丸御殿や太鼓櫓《たいこやぐら》の一部の建物を残しほとんどが撤去され、あわせて惣構に関する遺構の多くも時代を経るごとに撤去、消滅していった。

1644年（正保元）、幕府は全国の大名に城絵図、国絵図、郷帳《ごうちょう》の作成と提出を求めた。その内、城絵図は「正保城絵図」と呼ばれ、幕府による城郭を中心とした軍事施設と城下の把握を目的としたものであったが、城下の町割りや山川の位置と形状も描かれていることから、惣構の多くが失われた現在においては往事の様相を今に伝える貴重な史料であり、国の重要文化財に指定されている。掛川城の正保城絵図は「遠州掛川城絵図」と題される（図2）。

掛川は遠州平野の東隅にあり、東、南、北の三方を山稜に囲まれ、牧之原台地を経由しての駿河への山越えの際の遠江側の入り口となっている。東海道においては、平野部から山間部へと地形が大きく変化する箇所であるため、古来より要衝とされてきた。古代の横尾駅から中世以降、掛川が宿としての機能を持つようになり、鎌倉時代には源頼朝が京都往来の帰路、掛川に宿泊している。戦国時代、今川氏重臣の朝比奈氏により城（掛川古城）が築かれ、宿は城下町としての性格を色濃くしてゆく（図1）。

江戸時代、城下町は参勤交代の武士や町人らの往来と集住により賑わいに拍車がかかる。さらに年貢米を中心とした物資は、船運により逆川《さかがわ》から福田湊を経由し江戸や大坂へ送られた。物資の集散により経済面においても繁栄していった。また、東西交通だけでなく、駿河湾の塩や海産物は相良《さがら》湊から信州へ送られる南北交通である「塩の道」も掛川を経由しており、名実ともに東西南北の交通の要衝であった。

図1　掛川古城大堀切

正保の絵図から城下を読む

まずは、「正保城絵図」か

図2　遠州掛川城絵図　国立公文書館所蔵

ら城としての縄張り配置と城下のようすを見てみよう（図2）。独立丘陵とも言える天守をいただく天守丸を中心に本丸をその前面に配し、さらに二の丸、三の丸をはじめとする諸曲輪《しょぐるわ》がそれらを取り囲んでいる。城山の南を貫流する逆川を外堀として取り込み、その内側にも曲輪（松尾曲輪）を配し、主要曲輪の防御を強固なものとしていたが、明治時代の河川付け替えにより松尾曲輪は消滅した。城郭部の東西並びに北側には内堀を巡らし、その周囲に侍町を配しそれらを外堀が囲繞《いにょう》している。

　掛川城下の特徴として、城下町と宿場町の関係は興味深い。城下の南を流れる逆川が天然の堀となっていたことは先述のとおりであるが、この逆川を境に北岸には侍町（武家屋敷）、南岸には町人町（宿場町）とに分けられていることである。本丸や二の丸、三の丸をはじめとする諸曲輪の周囲を家臣の居宅域である侍町とし、逆川の南には町人町が形成され、領域内の経済活動の中心地となっていた。

　江戸時代の初めには、木町《きまち》（現在は喜町《きまち》）、仁藤町《にとうちょう》、塩町、連雀町《れんじゃくちょう》、肴町、紺屋町、中町、研屋町《とんやまち》、瓦町、西町の十カ町であったが、1620年（元和6）に木町の東に新町、1806年（文化3）に西の

図3　七曲り

図4　掛川城大手門付近

方に十九首町《じゅうくしょちょう》、下俣町《しもまたちょう》ができ十三カ町となった。肴町、塩町、紺屋町などの町名から職人の生業ごとに区画して居住させていたことがわかる。

城下町の痕跡を訪ねて

次に「正保城絵図」を参考にしながら、掛川城下に残る惣構の痕跡を訪ねてみよう。宿場の東の入り口（東番所）は木町、西の入り口（西番所）は西町にあり、それぞれ宿場の東西の入り口を守っていた。

東から宿場町に入るには逆川に架かる馬喰橋《ばくろうばし》をわたり、まずは新町に入る。ところが、新町から木町の番所にいたるまでには「七曲り《ななまがり》」もしくは「七つかど」と呼ばれる七カ所も折れ曲がった道を通ることになる（図3）。これは、城郭同様、城下町も防備の一貫として設計されたことによるもので、道に複数の折れ（角）を設けることで有事の際の敵の進攻を遅らせる効果があった。この時期には政情も安定しており、戦国期のような軍事的防御と言うよりも城下町内の危機管理のための施策と言える。六つ目の角を曲がると新町（宿場外）と木町（宿場内）の境をなす細い溝があり、そこを越えると番所があった。現在でも広くなっており、往時の面影を残している。

この「七曲り」の他にもクランク状に折れ曲がる道、T字状の行き止まりとなる「丁字路」、交差する箇所をわざとずらした「食い違い」と呼ばれるような防御を考慮した箇所が絵図上ではいくつも見られるが、そのほとんどは区画整理などにより消滅しており、現存する「七曲り」は貴重な痕跡と言える。

木町の番所から仁藤町の神《かん》代地川《だいじがわ》を渡り西に進むと、北に折れる道が現れその先には掛川城の表玄関である大手門が目に入る（図4）。絵図によれば大手門両脇には堀が迫り、白塀で囲まれた、二階建ての楼門《ろうもん》造りの大手門（大手一の門）が描かれている。大手門を入ると小規模ながら枡形が配置され番所も見える。枡形からさらに北に進み、逆川に架かる大手橋の手前でクランク状に折れ、橋を渡ると侍町に入るための大手門（大手二の門）が控えている。大手一の門から大手二の門のルートは城内への主要ルートであり、枡形とクランク状の折れを設けることで敵の進攻に対する効果的な防御を担うとともに、大手門の勇壮な造りは掛川城の表玄関にふさわしい迎賓としての性格もあった。

大手門周辺から大手橋に至る枡形や折れの道筋は、区画整理により真っ直ぐな道に整備されてしまったため往事の攻守に重きを置いたルートを体感することはできないが、大手門（大手一の門）は発掘調査成果をもとに1995年、50mほど南に復元され、今でも勇壮な姿で掛川城への来城者を出迎えてくれる。

宿場町への西の入り口である西町には、絵図によればクランク状に折れ曲がった道と南北に堀を入り込ませ、番所を併設した門（木戸）が描かれているが、現在ではその面影はほとんど残っていない。出入りを監視するためのクランク状の道と門に加え、西町に隣接する十王町《じゅうおうまち》には、宿場への邪鬼等の侵入を阻止する魔除けのための十王堂がある（図5）。これは閻魔大王をはじめとする十王を祀ったもので、現在でも住民の篤い信仰を集めている。

木町と西町は宿場内への主な入り口であるが、それ以外にも宿場内への出入りを監視する箇所があった。宿場町の東端を遮るように比高差10m程の小丘陵があり、絵図には妙見山《みょうけんやま》と神明山《しんめいやま》の記述がある。妙見山と神明山の両丘陵に挟まれるように宿場に通じる切り通し状の道が通っており、絵図では柵と冠木《かぶき》門が描かれている。現在、神明山には神明宮、妙見山には不動院が鎮座、切り通し状の道も残されおり（図6）、江戸時代から続く往事の様相を伝えている。ちなみに、神明山には戦国時代の1568年（永禄11）、徳川家康による掛川城攻めの際に陣城が置かれ、社殿周辺は後世の改変を考慮しなければならないが、布陣したであろう本曲輪の位置と考えられ、丘陵南西側には城兵に守備させた複数の小曲輪を見ることができる。この小丘陵と切り通しが戦国時代、江戸時代を通じ、守備並びに監視としての要地であったことがわかる。

掛川城下は、明治以降の近代から今日に至るまで中東遠地域における政治経済の中心でもあったことから、公共施設の建設、区画整理等による町並の整理や道路拡幅により、明瞭な惣構や町割りの痕跡をはじめ江戸時代の風情を見出すことは難しくなってしまった。しかし、絵図を手に子細な目を投じれば、往事を彷彿させるに十分な痕跡がそこかしこに見られる。

図5　十王堂

図6　神明宮と不動院の切通（西から）

近世

横須賀城下町を歩く

戸塚和美

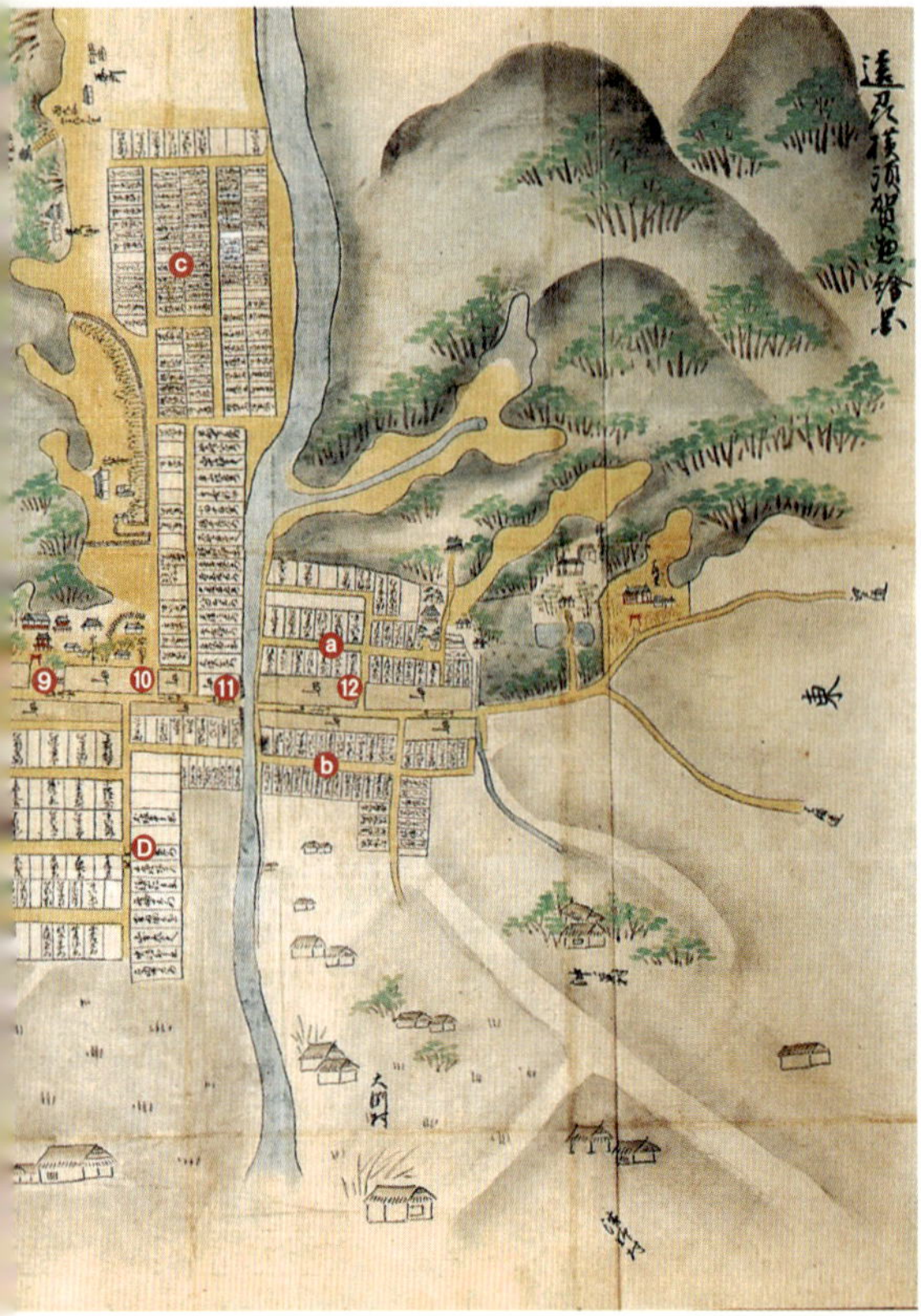

かつては海運の要衝

戦国時代後期、静岡県西部の遠江は、今川氏の旧領を狙う武田氏と徳川氏の草刈り場と化していた。とくに、東遠江は武田、徳川両勢力の境界地域にあたり、高天神城《たかてんじんじょう》をめぐる攻防が繰り返されていた。当初、徳川方の拠点城郭として長きにわたり武田方の攻撃に耐えていた高天神城であったが、1574年（天正2）武田方の猛攻により奪取されてしまう。徳川家康はこれを奪還するために、兵士と物資の補給のための兵站《へいたん》基地として横須賀城を築いた。

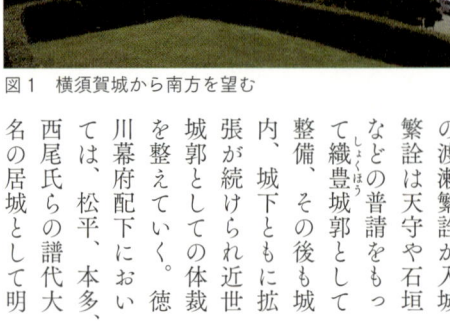

1581年（天正9）徳川方は、圧倒的兵力をもって難攻不落の高天神城を奪還するものの、間もなく廃城にしてしまう。代わって、掛川、浜松、相良《さがら》に通じる陸上輸送と横須賀湊から江戸への海上輸送による交通の要衝として、地勢的かつ経済的に有利な横須賀城を遠江南東部支配の拠点とした（図1）。

図1　横須賀城から南方を望む

1590年（天正19）豊臣秀吉による天下統一後、家康が関東に移封されると、横須賀城には秀吉配下の渡瀬繁詮《わたらせしげあき》が入城、繁詮は天守や石垣などの普請をもって織豊《しょくほう》城郭として整備、その後も城内、城下ともに拡張が続けられ近世城郭としての体裁を整えていく。徳川幕府配下においては、松平、本多、西尾氏らの譜代大名の居城として明

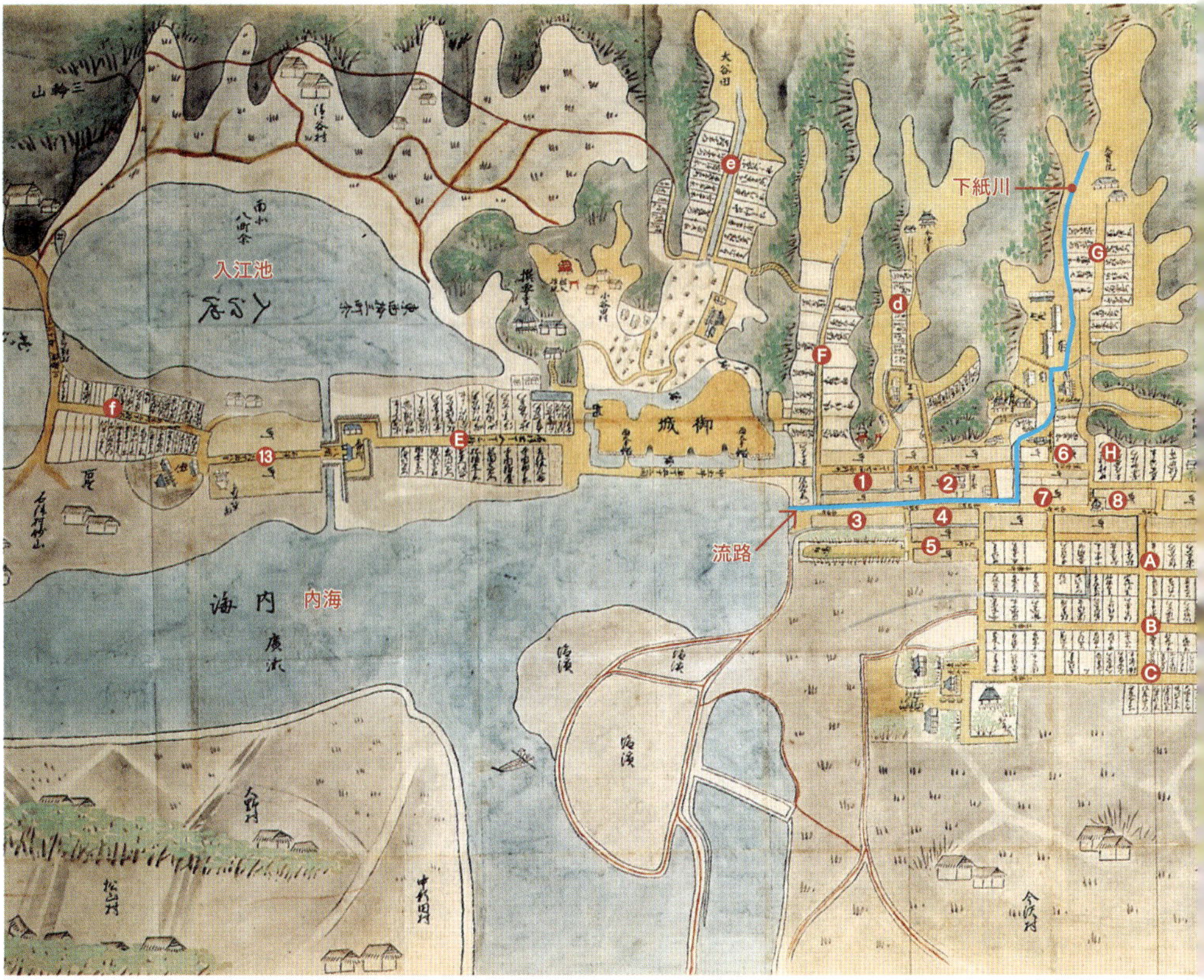

図２　遠州横須賀惣絵図　個人所蔵

町名（図の番号との対照表）

町屋　❶西新町　❷東新町　❸西田町　❹東田町　❺大工町　❻軍全町　❼西本町
❽中本町　❾東本町　❿新屋町　⓫十六軒町　⓬川原町　⓭石津町

侍町　Ⓐ一番町　Ⓑ二番町　Ⓒ三番町　Ⓓ枕町　Ⓔ横砂　Ⓕ坂下ノ谷　Ⓖ樹木ケ谷　Ⓗ愛宕下

足軽町　ⓐ山畔　ⓑ南町　ⓒ大谷町　ⓓ大倉之谷　ⓔ小谷田　ⓕ石津

治維新まで続いた。

横須賀城は、小笠山から西南に派生した丘陵と、そこから西に延びる砂州《さす》を利用して築かれ、城の西には「入江池」、南には「内海《うちうみ》」と呼ばれる潟湖《せきこ》があり、その潟湖を天然の堀として利用していた。また、「内海」から弁財天川《べざいてんがわ》を通じて遠州灘《なだ》に至る運河として機能させ、河口には湊が整備されていた。

このように横須賀は陸路と湊による要衝《ようしょう》にあったが、1707年（宝永4）南海トラフで発生した宝永地震は大規模な地殻変動を引き起こした。その結果、潟湖と入江は後退し干上がり、湊としての機能は大きく衰退、経済活動にも大きな影響を及ぼした。ちなみに付近の堆積層調査では、宝永地震の際の津波堆積層が発見され「内海」にはアシ・ヨシが繁茂し、シジミが生息する淡水と海水の混じり合った汽水域《きすい》であったことが判明している。

横須賀城下は城下町として整備される以前、三社《さんじゃ》市場と呼ばれる馬継ぎの宿場が置かれ、東西道と谷筋を北上し東海道に至る街道が交差する物資集散の町場が形成されていた。本格的に城下町の整備が始められたのは二代城主大須賀忠政の治世とされ、三社市場の町場を中心に城下の町割がおこなわれた。その後、十二代城主本多利長《としなが》の治世の17世紀後半頃までに完成したと考えられる。城下町としての完成期の様相を示す正保期から天和期にかけての17世紀後半に描かれた「遠州横須賀惣絵図」(図2)を参考にしながら、宝永地震前の横須賀城下をみてみよう。

東西に長い城下町

城下町の中でも町屋は城郭から東に向かって細長く伸び、それを囲むように北と南に侍町が配置されている。寺院は、北側の谷筋と三番町の南西に集中して配置されており、明確な寺町が形成されていたとまでは言えないが、寺院を同地区にまとめる計画的配置があったことがうかがわれる。

侍町の配置については、最上級家臣屋敷が城に隣接する横砂の東や坂下ノ谷の南に配置され、それに続く上級家臣屋敷も石津、坂下ノ谷、一番町、二番町の比較的城の近くに配置された。それ以外の家臣屋敷は、愛宕下《あたごした》、枕町、三番町に、さらに外縁部に足軽町が配置されていた。城主の居城を中心とし、その周囲に家臣団を身分と格式によって分けて配置していたことがわかる。一般的には城を中心とした同心円的配置となるが、横須賀城下のように地形上の制約から東西に長い城下においても、城主の居城を頂点とする求心性をもった城下整備の指向が見て取れる。

図3　横須賀城下食い違い

町屋と侍町を区画し往来する街道には、交差する箇所をわざとずらした「食い違い」(図3)、直交させない「丁字路」と呼ばれる部分がいくつか存在する。これは町中に敵が進攻した際、敵を攪乱させその進攻を遅らせる効果として設けられた。時代は戦国の世を経て江戸時代、この時期には政情も安定しており、戦国期のような軍事的防御と言うよりも城下町内の掌握と危機管理を高めるたの施策であった。

前述のように、往事の横須賀城下町の特徴を語る上で内海を利用した湊の存在は大きく、現地形から湊があったことを想像することは難しいが、絵図と数少ない痕跡から湊町としての様相をうかがい知ることができる(図4)。絵図を見ると、町屋の西田町《にしたまち》、東《ひがし》田町《たまち》や侍町の坂下ノ谷などでは大小の流路が内海に向かって東西に走っていることがわかる。その流路の一つ沢上町の北谷筋から流れる下紙川《げしがわ》は、城主本多利長により17世紀後半頃、東田町付近で流れを変え町中を横貫する流路として整備された。残念ながら現在

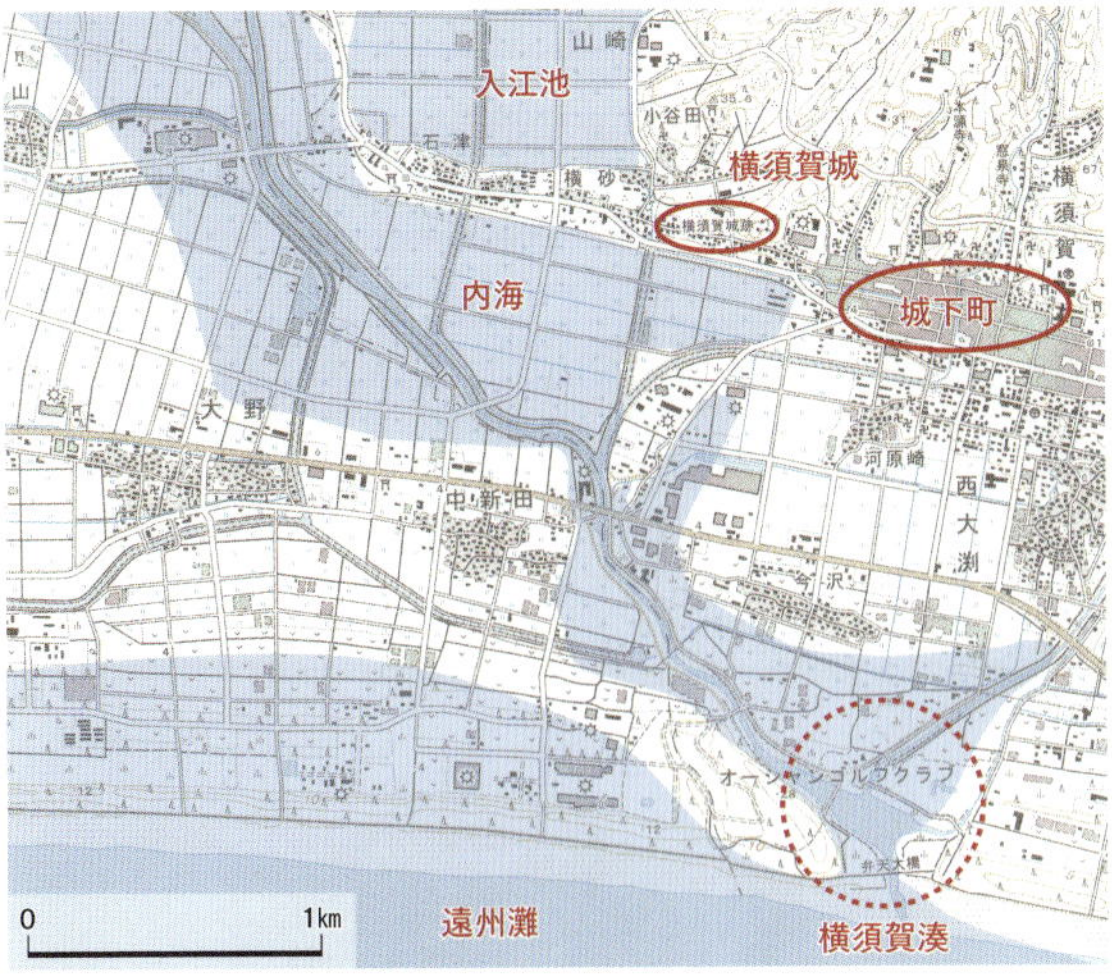

図４　1/2.5 万「袋井」2016 年
横須賀城周辺（宝永地震前の地形図）

図５　東田町運河跡

図６　清水邸入口

では暗渠となっており湊に通じていた流路としての面影はうかがえないが、かつてこの流路は内海を経て横須賀湊へと通じ多くの小舟が往来する運河として機能していた（図5）。東田町周辺では、運河を利用し年貢米や特産物の海上輸送を取り仕切っていた清《し》水《みず》家（図6）、柴田家をはじめとする多くの廻《かい》船《せん》問屋が軒を連ね賑わいを見せていたようだ。横須賀の城下町はこの湊から年貢米や特産物を江戸へ海上輸送する湊町として繁栄、その中心が西田町、東田町、東新町周辺であったと考えられる。

震災からの復興

横須賀城下町にとって横須賀湊の役割は大きいものであったが、先述した1707年（宝永4）の大地震により湊機能は大きく衰退し、城下町にも大きな変化をもたらした。大地震後の18世紀初頭の城下絵図によれば、大谷《おおや》町や南町などの侍町、足軽町の敷地に大幅な減少がみられる。この時期、石高も急激に減少しており、それが家臣数の減少につながり、絵図にみられるような侍屋敷地の減少となって表れたのであろう。

ところが、潟湖や入江が干上がるほどの大きな地殻変動だけでなく町屋においても多くの家屋が倒壊する等の被害を受けたものの、城下では同じ場所において被災からの復興を果たしている。横須賀同様、海浜付近に立地していた白須賀《しらすか》、新居《あらい》、舞阪《まいさか》では地震後、同じ場所での復興を断念し移転せざるをえないほどの被害を受けたのとは対照的である。横須賀の町屋は、池や干潟を埋め立てた脆弱な地盤上ではなく砂州や扇状地上の比較的安定した地盤上に立地していたためで、それが幸いし大地震後も移転することなく同じ場所で存続し、江戸時代の風情を今に伝えることになった。

江戸の面影を探して

多くの建物は昭和初期にさかのぼるものであるが、南北に長い短冊形の敷地は江戸時代の町屋を踏襲しており往事の風情を感じさせる町並みとして認知されるようになった。代表的な景観と建物を見てみよう。

横須賀城下町の代名詞とも言える三熊野《みくまの》神社大祭（以下、三社祭礼）を主祭する三熊野神社は、文武《もんむ》天皇の皇后に由来する神社で、城下町のシンボル的存在となっている。三社祭礼は、地固め舞、田遊びの神事と、祢里《ねり》（山車《だし》）巡行と狂言などの付祭《つけまつり》に分けられ、付祭は十四代城主西尾忠尚《ただなお》の家臣が江戸天下祭の文化を伝えたものだとされる。毎年4月の第一金曜日から日曜日の3日間にわたり開催され、神輿の渡御《とぎょ》とそれに従う勇壮かつ華麗な13台の祢里の曳き廻しは圧巻の一言、町は祭り一色に染まる。

街道沿いで軒を連ねる古い商家群の中でも一際特徴的な建物が老舗割烹旅館の八百甚《やおじん》である（図7）。現在の建物は昭和初期のものであるが、入母屋《いりもや》屋根の下に廻る庇《ひさし》、二階の高欄《こうらん》、意匠を凝らしたガラス戸など往事の建築の流行をよく伝えており、横須賀城下町のランドマークともなっている。

図7　八百甚

江戸時代の横須賀城下の隆盛を物語るのが廻船問屋を営み藩の御用商人でもあった清水家住宅である。町屋特有の南北に長い短冊形の敷地内に主屋、離れ、土蔵などの建造物がよく残されている。先述のようにかつてはここに下紙川の運河の船着き場があった。屋敷の南には江戸時代中期にさかのぼる回遊式庭園が整備され、今でも湧水による清らかな園池とそれを取り囲む樹木が織りなす四季折々の風情は、来訪者を和ませるとともに御用商人としての風格を漂わせている。

横須賀城下においては、このような町並み景観の保全とともにその景観を生かしたまちづくりが進められている。前述の下紙川を運河として利用していた本町橋から東の西大谷川に架かる新橋までの街道区間は、市の景観条例に基づき景観形成重点地区に指定されている。「祢里の似合う街道の継承と創造」というテーマのもと、江戸時代の風情を感じさせる町並みの保全とともに、建築物の屋根の形状や壁の位置、高さや色彩、屋外広告物などを、町並みにふさわしい景観として取り込もうとするまちづくりである。単なる保全にとどまらず、住民主導による新たな継承の作法として育み、保全と営みの持続を同次元で取り組まんとする積極的な試みとして期待される。

近世

宇津ノ谷峠をゆく

椿原靖弘

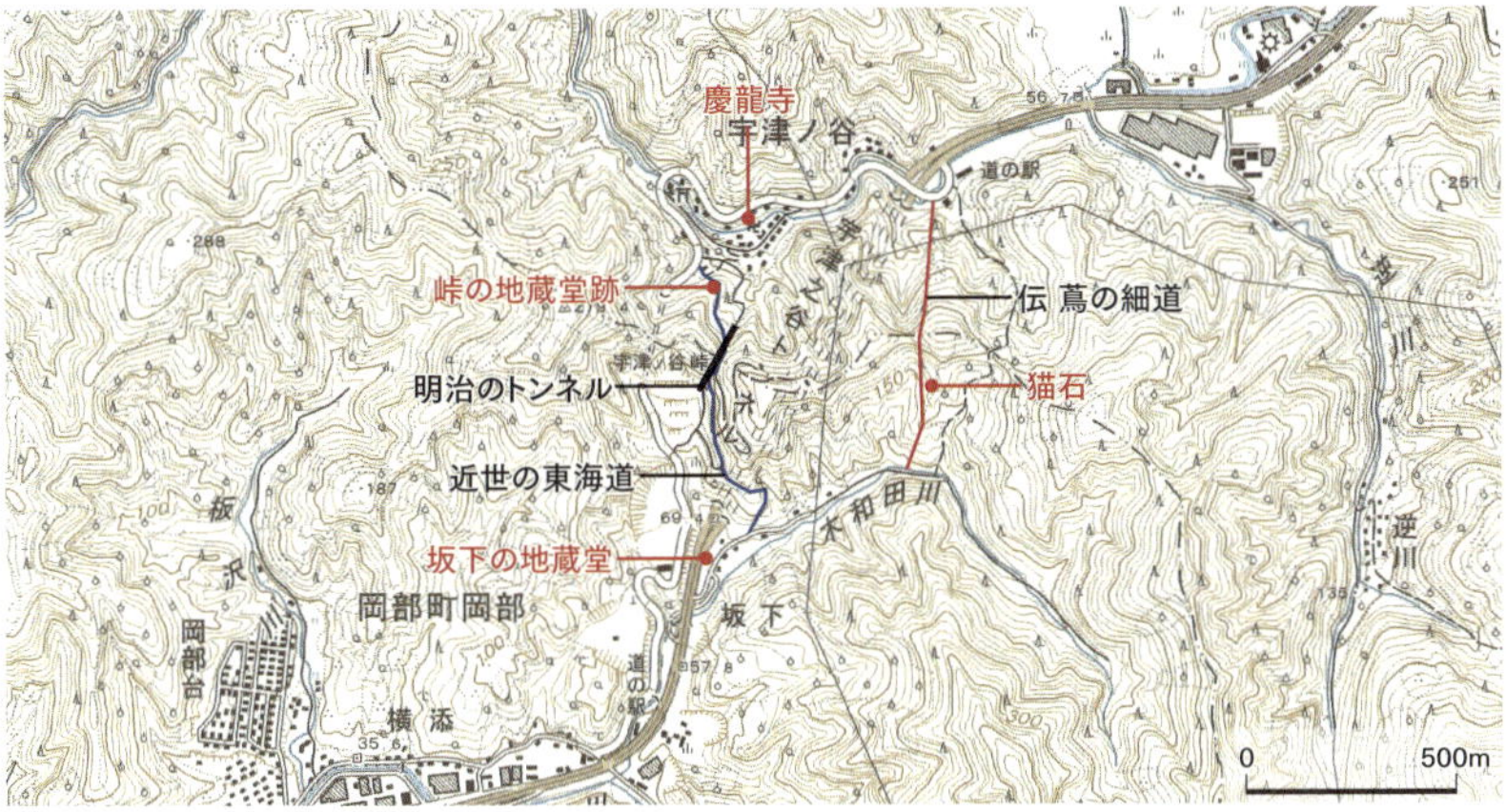

図1　宇津ノ谷峠位置図　1/2.5 万「静岡西部」2013 年

無縁の地域

静岡市と藤枝市を分ける宇津ノ谷《うつのや》峠は静岡市街地から丸子《まりこ》川沿いに西に向かい、藤枝、島田市がある志太平野とを分岐する峠である。古くから東海道はこの峠道を越えていた。東側にある蔦の細道と呼ばれた峠道と豊臣秀吉が小田原戦のために整備したとされる江戸時代の峠道、明治時代から平成まで各時代に掘削された四代のトンネルがあり、古代から現代までの峠越えの変遷を見ることができる。

宇津ノ谷峠は『伊勢物語』の在原業平《ありわらのなりひら》の峠越えにより人口に知られている。業平は宇津ノ谷峠で偶然にも知り合いの僧侶に出会ったので、「かく道はいかでかまいらせる」と問いかけ、都にいる女性に別れの歌を詠んで僧に託したのである。歌詠みの業平が宇津ノ谷峠を越えたということから、峠は「歌枕」として様々な歌に詠みこまれ、紀行文にも記されることとなった。しかし、現在、蔦の細道として知られる峠道は、秀吉が整備した近世の道より前に使われていた峠道を文学上の〝蔦の細道〟へと対応させたものである。

さて、宇津ノ谷峠は地名の「うつ」が「うつろ」や「うつつ」に通じることから、なにもない〝無〟の空間として考えられていた。鎌倉時代以降に記された文献を紐解いていくと、浄土宗の僧侶が粗末な草庵を建て隠棲したようすが『東関紀行』や、仏教説話に語られている。

図2　峠を望む

描かれた峠

江戸時代の後半になると、宇津ノ谷峠は文学だけでなく、浮世絵や歌舞伎など一般民衆の娯楽の中にも浸透するようになる。宇津ノ谷峠が「岡部宿」の題名で浮世絵に描かれたことはよく知られるところだが、その中に「猫と老婆」を描いたものが何種類もある。これは、年を経た猫は尻尾がいくつにも分かれて、老婆に化けて人をたぶらかす「猫又」という妖怪のことで、日本の各地に伝説が伝わっている。宇津ノ谷峠の「蔦の細道」に鎮座する「猫石」は、この伝説に由来するものであろう。また、今でも国立劇場などで上演される歌舞伎『蔦紅葉宇都谷峠』（図3）は、座頭の文弥が宇津ノ谷峠の地蔵堂で殺害されてしまう場面がクライマックスになっている。この他にも、麓の慶龍寺に伝わる十団子の伝説には、鬼が出現して民衆を困らせていたところ、弘法大師が神通力により小さな十個の団子にして退治したと語られている。江戸時代まで「うつ」な場所の宇津ノ谷峠は、妖怪や鬼、強盗などがはびこり、人が殺される〝恐ろしい空間〟と考えられていた。

ところが、江戸時代の後半の『東海道中膝栗毛』では、宇津ノ谷峠を越えるやじさん、きたさんは「ふりしきる　雨やあられの十団子　すべって腰をうつの山道」としゃれて笑い飛ばしている。寺社参りブームの到来とともにイメージはずいぶん変わってきたようだ（図4）。また、現代では怖い鬼の伝説も、道中安全や厄除けのお守りの十団子となってしまった。今では宇津ノ谷峠は格好のハイキングコースとなり、何も怖いことは起こりません。

図３　蔦紅葉宇都谷峠　藤枝市郷土博物館所蔵

図４　東海道名所之内　宇津谷峠　十団子店
藤枝市郷土博物館所蔵

近世

金谷坂と菊川坂

戸塚和美

難儀を極めた峠道

「箱根八里は馬でも越すが、越すに越されぬ大井川」と詠われた大井川は東海道において、箱根以上の難所として認識されていた。その大井川の西岸にあるのが遠江で、西岸には川越しの川会所《かわかいしょ》（料金所）、番所（人足の待合所）などを備えた河原町がある。河原町に隣接し川越しに関わる人々の往来で繁栄したのが東海道24番目の宿場、金谷宿である（図2）。

金谷宿の西端の長光寺を過ぎて県道（旧国道）を渡ると金谷坂に至る。金谷坂は、金谷宿と日坂宿の間にある峠道で、古来、金谷坂は急坂なうえに「青《あお》ねば」と呼ばれる粘土層が露出していたため、雨が降るとぬかるみ大名行列や旅人は難儀を極めた。江戸時代末期の文政年間（1804～30）頃、幕府の命により、約400間（約720m）にわたり山石を敷き詰めた石畳が整備された。この山石は、牧之原台地の耕作土下に厚く堆積する牧之原礫《れき》層（古大井川の堆積層）に含まれる丸石で、現在の大井川の河原石より表面がザラついた滑りにくい山石が用いられた。

明治以降は石畳は荒廃、30mほどを残し舗装路となっていたが、1991年、旧金谷町の町民参加による道普請事業として整備が進められ、7万1千余の山石を使い430mに及ぶ石畳が整備され

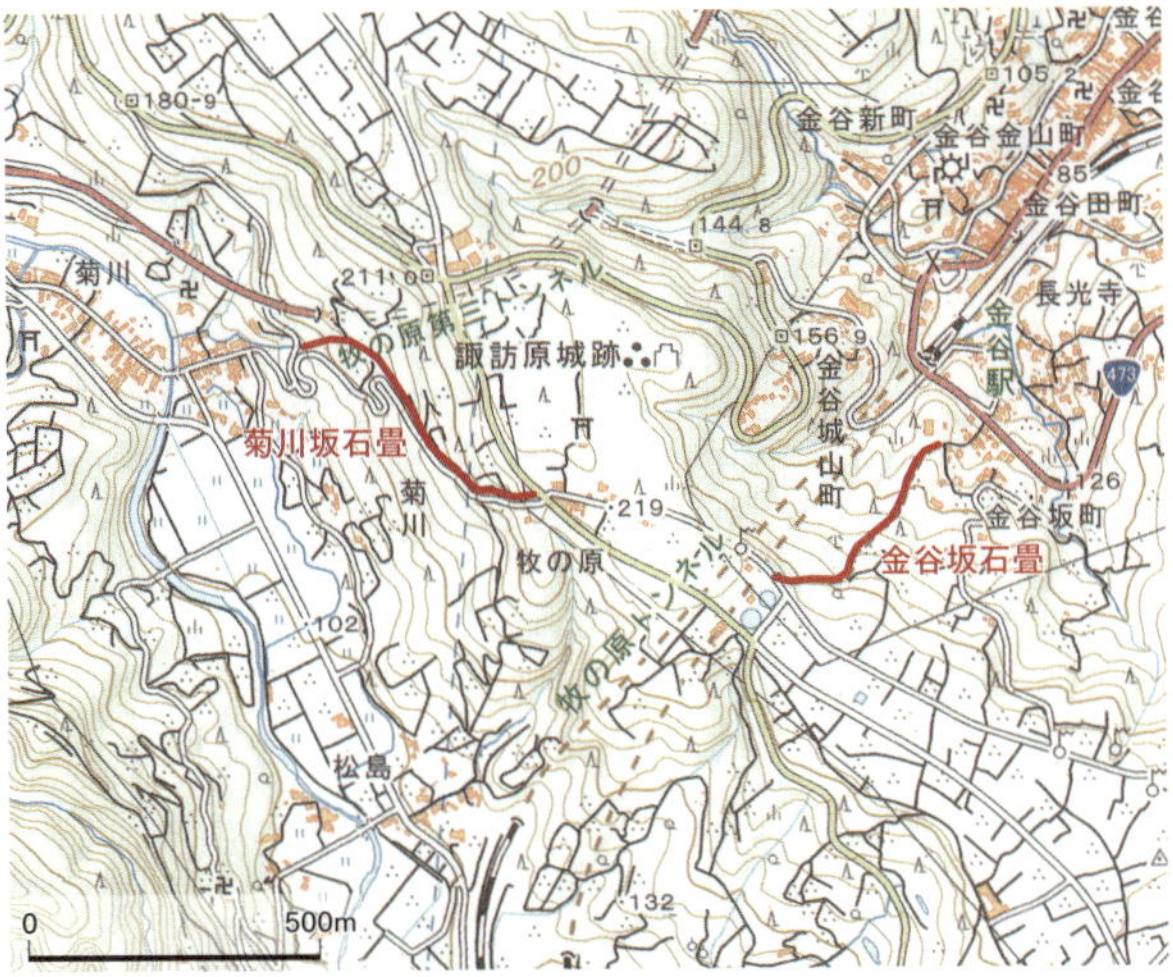

図1　1/2.5万「掛川」2016年

図2　東海道名所図会　金谷

た。静謐でうっそうとした杉木立の中に整備された石畳路により、旧東海道の面影が見事によみがえり名所となっている(図3)。ちなみに江戸時代の道幅は2m、復元された石畳は幅3・5mで、道の両端には江戸時代にはなかった側溝が設けられ雨天でも歩きやすくなっている(図4)。さらに旅人の足元を守る滑らない山石にちなみ坂の中腹には「すべらず地蔵尊」が祀られている(図5)。今でも滑らず、転ばずを掛け合格祈願や健康長寿祈願に多くの人が訪れる。

坂の途中にある「鶏頭塚《けいとうづか》」は、蕉風《しょうふう》(松尾芭蕉とその門流の信奉する俳風)を広めた俳人巴静《はじょう》にちなみ、彼の教えを受けた金谷の門人たちが師の徳を慕って建てた石碑。塚名は巴静が唄った「曙も夕ぐれもなし鶏頭華」から取られている。なお、石碑裏手のには庚申堂があり(図6)、江戸時代の大盗賊日本左衛門が夜盗の身支度に使ったといわれる。夜に関わる信仰の庚申と相反する夜盗の組み合わせは、偶然とは言えシニカルでおもしろい。

金谷坂の杉木立と石畳路を抜け、舗装路を500mほど西に進むと諏訪原《すわはら》城に至る(図7)。諏訪原城は是非とも立ち寄りたい旧跡である。諏訪原城は、1573年(天正元)武田方が徳川領であった遠江侵攻のために築いた城郭で、牧之原台地の先端にあるため三方が急崖に囲まれた要害の地にあるとともに、旧街道沿いにあることから街道を押さえるために築かれた城であることがわかる。諏訪原城の代名詞ともいえる丸馬出《まるうまだし》を形成する三日月堀や曲輪を囲繞する空堀の規模は圧巻(図8)。国指定史跡として発掘調査結果に基づいた整備が進められている。

図3　金谷坂石畳(上り口)

図4　金谷坂石畳

図5　すべらず地蔵尊

図6　庚申堂

江戸期の貴重な遺構

諏訪原城から西に進むと県道交差点を経て菊川坂《きくがわざか》の下り口に至る。菊川は西の日坂宿と東の金谷宿の間にあった間《あい》の宿で、菊川坂は牧之原から菊川の宿に至る700mほどの坂道を指す。

諏訪原城側の下り口には観光用に石畳が整備されている。急坂が蛇行して続く坂の中腹からは、2000年の発掘調査により江戸時代後期に比定される石畳が発見され、160mほどが往時の姿で残されている。金谷坂同様、「青ねば」と呼ばれる滑りやすい地質であることから、幕府の命により近隣12カ村に割り当てられる助郷制度によって石畳が整備された。金谷坂と菊川坂は、江戸時代の街道において石畳が残されている東海道の箱根と中山道の十曲峠《じゅっきょくとうげ》と並ぶ貴重な遺構といえる。

菊川坂の石畳を終えると間の宿、菊川宿に至る。菊川宿には、承久の変(1221年、承久3)と元寇の変(1331年、元寇元)、それぞれ往事の上皇、天皇らとともに幕府倒幕に加わった、中納言藤原宗行と日野俊基《としもと》がこの地で詠んだ辞世の漢詩と歌が残されている(図9)。どちらも京から鎌倉へ護送される途中この地で死期を覚《さと》り詠んだもので、俊基は宗行の故事を追懐《ついかい》したものである。二人にとって東国への入口とも言える小夜《さよ》の中山《なかやま》の峠越えは生死を分ける峠であり、菊川宿はそんな悲哀を受け止めた町並みとして里山風景を織り交ぜながら現在も静かに佇んでいる。藤原宗行の漢詩は、菊川宿を一望できる丘陵中腹に石碑と歌碑が建立されており(図10)、日野俊基の歌は町中の菊川の里会館前に歌碑がある。

図7　諏訪原城二の曲輪中馬出

図8　諏訪原城外堀

図9　宗行・日野俊基歌碑

図10　宗行塚

Topic

西行伝説を歩く

椿原靖弘

西行と西住の伝説

歌聖と称された西行法師ゆかりの名勝は各地に伝わるが、岡部宿の本陣跡から望む岩鼻山の丘陵上に「西住笠懸けの松」と呼ぶ古跡があり（図1、2）。この由緒は『西行物語』や伝説にも語られている。西行の東下りに同行した兄弟子の西住は天竜川の渡しで西行に無体をした侍を辱めたことにより同行を許されず、なおかつ病を得て岡部宿で没した。村人は旅僧の死を憐れんで松の根本に葬ったという。西行は東国からの帰りに岡部宿のとある松に懸る笠に『我不愛身命　但借無情上道』と西住へ自らが書き与えた笠を見つけてかの人の死を悟ったという。

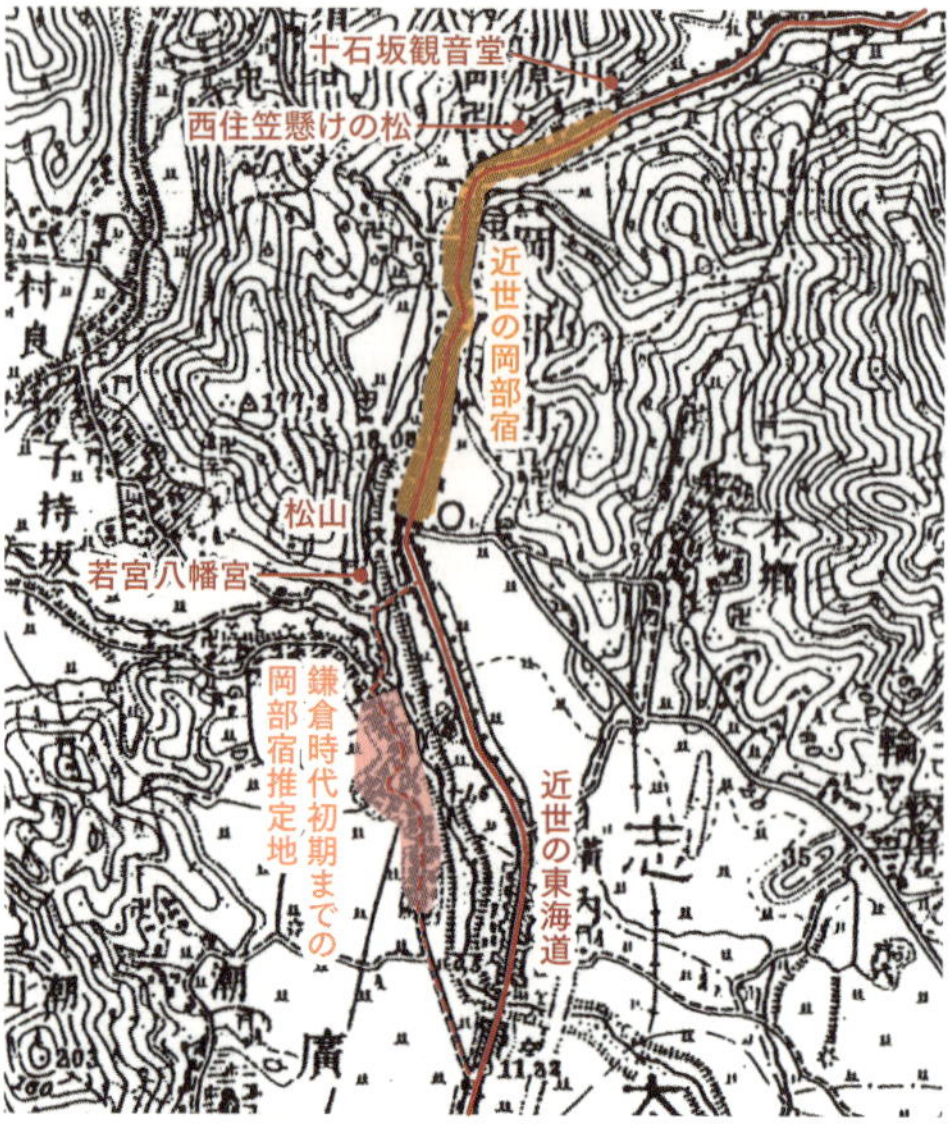

図1　笠懸けの松と岡部宿の移動

図2　昭和30年代の笠懸けの松
藤枝市郷土博物館提供

西住笠懸けの松

西住笠懸けの松の根本には今でも西住の墓と伝えられる朽ちかけた宝篋印塔の一部が置かれている。この他、岡部宿の周辺には西行に関わる史跡が多い。山号を〝西行山〟とする寺院に最林寺（廃寺）、三星寺、専念寺があり、3寺とも笠懸けの松の周辺に位置していた。最林寺は岡部宿東木戸の外にあった浄土宗寺院で、旅姿の西行坐像が奉納されていた。現在は観音堂のみとなったため西行像は専称寺に保管されている（図3）。目を伏せて静かに休む旅僧は、右ひざを立て、左に笠を置いている。1726年（享保11）に江戸の湯島天神西に住んでいた御普請役・柑本南

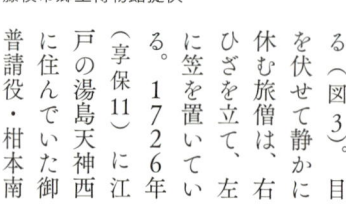

図3　専称寺の西行木像　藤枝市郷土博物館提供

浦が西行ゆかりの寺に寄進したと伝える。ちなみにこの寺は二代将軍徳川秀忠の生母の菩提寺・宝台院（静岡市葵区）の末寺である。盗難により阿弥陀如来像や千手観音像は失われたが、二体を安置していた厨子は彫刻、彩色ともに見事なもので、宝台院末寺を首肯させる作品である。

岡部宿には松がよく似合う

さて、岡部宿と文学を紐解くと、意外にも〝松〟を詠み込んだ作が多いことに気づく。

『東関紀行』

これぞ此たのむ木の下岡部なる松の嵐よ心してふけ

中務卿親王

身のうさのまたともしなきたぐひかな岡べの里の松の一もと

中務實望

朝つく日さすや岡べの里人よこれもしるしか松の一もと

少なくとも室町時代には、岡部＝松、のカテゴリーが成立していたのではないだろうか。ところで、江戸時代の地誌『駿国雑志』には、「…岡部の宿は三度変われり」と記されており、江戸時代の岡部宿の位置は本来の岡部宿ではない、と主張している。中・近世の文献を紐解くと最初の岡部宿は現在の藤枝市仮宿地域と推定している（図1）。しかし、鎌倉時代の1249年（建長元）に記された訴訟の判例集である「関東下地状」の表題をみると「久遠寿量院領駿河国宇都谷郷今宿傀儡…」とあり、鎌倉時代前半には岡部宿は岡部郷から宇都谷郷（近世の岡部宿は宇津ノ谷郷内にあたる）に移っていたと考えられる。これらを考慮して、岡部宿の古地と朝比奈川を挟んだ若宮八幡宮の裏山を現在の地籍図で確認すると、字は〝松山〟という（図4）。はたして西住が葬られ、西行が笠を見つけた笠懸け松の伝承地は本来はこちらであったのだろうか？『西行物語』で語られた西住の墓は岡部宿の内になければならなかった。故に、宿場が移れば宿場とともに笠懸けの松も移動し、宿の景勝となっていたのであろう。

図4　字松山から見た岡部宿の古地（橋の右上）

現在は忘れ去られてしまったが、岡部に松が縁深かったのは歌聖西行への憧憬によるものであったのであろう。

近世

東海道図屛風

前田利久

図1　東海道図屛風　右隻（静岡市所蔵）

伝来不明の名品

「東海道図屛風」（図1）は6曲1双の金箔・金泥《でい》を用いた豪華な屛風で、17世紀後半に狩野派の絵師によって描かれたものと推定されている。美術品としてはもちろん、そのきめ細かな人物描写から風俗画としても高く評価され、静岡県文化財に指定されている。

　この屛風は戦前に来静した茶貿易商のダンカン・J・マッケンジー氏のコレクションの1つで、1972年に未亡人によって静岡市に寄贈されたものだが、それ以前の来歴は不明である。

江戸前期の東海道

屛風には東海道沿いの城郭がきっちりと描かれ、長く続く街道のアクセントとなっている。ただし1652〜54年（承応年間）に建立した増上寺の五重塔が描かれているにも関わらず、すでに当時失われていた駿府城や亀山城の天守が描かれている。城の存在を強調するために、その当時存在しなかった天守を描くことは珍しくない。

　しかし当屛風には家康存命中に焼失した清水の浜御殿までも描かれている。また、川越し制度が確立する前の大井川や「六郷の渡し」になる前の多摩川に架けられていた六郷橋が描かれていたり、新居の関所や尾張藩の御茶屋（東浜御殿）が初期の状態で描かれていたりする。このように当屛風は、参勤交代や寺社参詣者など過客の増加にともなう街道の整備や宿場が繁栄する以前の東海道が描かれている。

　そのため、他の東海道を描いた屛風にくらべて名所旧跡の描写が控えめだが、1360余名にも及ぶ人物描写はそれぞれ存在感があって魅力的である。宿場内での日常的な暮らしから、もめ事や事件、旅人のトラブル、さまざまな階層とその生業《なりわい》など実に細かな描写で見ていて飽きない。江戸前期の東海道の様子を知ることができる貴重な歴史資料と言えよう。

駿府城に向かう行列

　なかでもとくに目を引くのは右隻《うせき》である。中央に富士山を置き、富士の上の上段には右端に描かれた江戸城に向かう朝鮮通信使の一行が描かれている。富士のふもとの中段では左端に描かれた駿府城の方向に足早で向かう武家の行列がみられる。この武家の行列は、三島宿から興津宿に至る7宿にわたって描かれ、右隻の中心を占めている。三島宿では元服前の少年が乗った駕籠が見られ（図2）、左右には2列ずつ警護の武士が付

図２　駕籠に乗る若君（右隻の三島宿）

いていることから少年はかなりの身分で、この行列の主と思われる。一方、江尻宿では一行の到着を今や遅しと待っている裃《かみしも》姿の侍たちがおり、先頭の毛槍《けやり》持ちが興津宿に到着したことを彼らに伝えようとしている侍の姿も見られる。さらに駿府城下（図3）では町人たちが道を掃く様子が描かれているが、こうした光景が描かれているのは駿府だけであることから、行列を迎え入れるために沿道の掃除を命じられたのであろう。このことから行列が目指すのは駿府城で、駕籠に乗る少年は徳川家ゆかりの若君であり、この屏風の主人公と推測できよう。残念ながらこの若君が誰なのか特定できない。

それではこの屏風は、いつごろのことを想定して描いたものだろうか。その手がかりとして朝鮮通信使の描写がある。通信使の行列を描いた図は多数伝わるが、当屏風では正使が乗る輿に屋根がなく、正使にかざす天蓋《てんがい》（日よけの笠）も見られない。また、輿《こし》の担ぎ手が日本人ではなく朝鮮人である点も大きな特色と言える。これらの特色が確かなものであれば、1636年（寛永13）の通信使であった可能性が高い。ところがこの時点で駿府城はすでに城代が

図３　駿府城と城下（右隻の府中宿）

置かれた幕府直轄の城となっており、徳川家の若君が急いで向かうようなことは考えられない。朝鮮通信使は数十年に1度来日して街道を賑わした大イベントであったため、いつでも街道風景の画材になりやすかったが、若君の駿府入り風景は記録として残したかったのであろう。このように考えると、この行列の年代推定範囲を家康の大御所時代にまで広げることもできよう。

近年当屏風は補修がなされ、以前の修理によってずれてしまった継ぎ目が修正され、また隠れてしまった箇所が明らかになった。今後の多方面からの分析、研究が期待される。

近世

近世見付宿を歩く

木村弘之

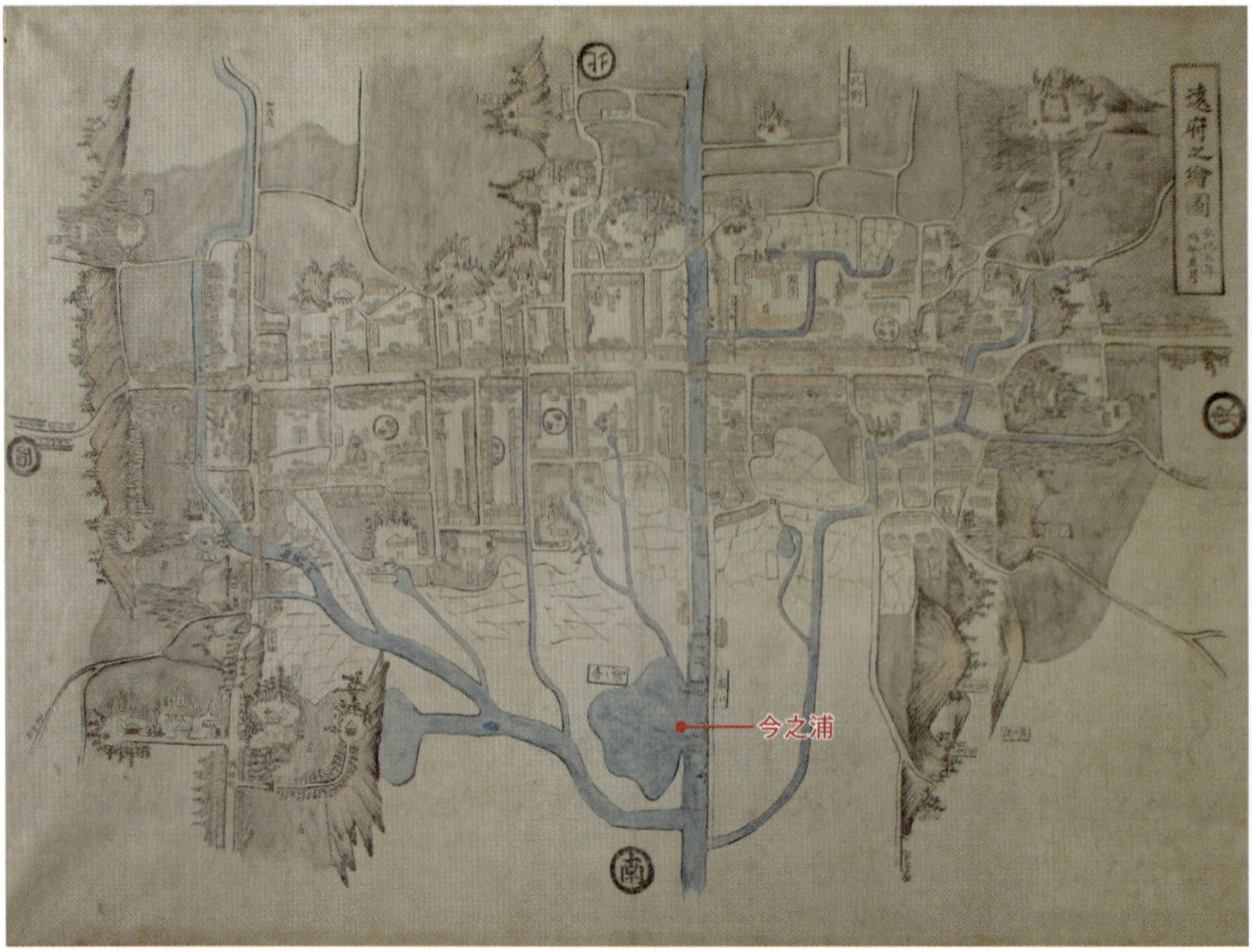

図1　遠府之絵図（1846年）赤松範一模写　赤松家所蔵

古代・中世から続く宿駅

見付宿《みつけ》は、平安時代には遠江国府所在地として、中世には戦国大名・今川氏から自治権を与えられ、町衆による自治都市として発展してきた。

近世には、東海道五十三次のうち、江戸から数えて二十八番目の宿駅として栄えた。

見付宿は三方を低丘陵に囲まれ、南は今之浦という潟《かた》湖《こ》と接する。このような地形条件から「入海着《いりうみつ》き」の宿、「見付」宿になったという。東西に長い（約900m）宿の中央には遠江国総社（淡《おう》海国玉《みくにたま》神社）が位置する。俗に、「中のお宮」と呼ばれ、国の重要無形民俗文化財「見付裸祭」の神事（旧暦8月10日直前の土・日）がおこなわれる聖地でもある。猿神退治「しっぺい太郎伝説」を発祥とする神事というが、民俗学的には、淡海国玉神（男神）のもとへ土着神・矢奈比売《やなひめ》（女神）が渡る成女式を表現しているとされる。

図2「遠々見ます」
磐田市歴史文書館所蔵

七代目・市川團十郎《だんじゅうろう》は1832年（天保3）6月、宣光寺境

内の興行と重なり、この裸祭を見聞した。この奇祭の見聞録が「遠々見《とおとおみ》ます」(遠江と市川家紋「三枡《みます》」の懸詞)である(図2)。宣光寺《せんこうじ》は中川の左岸にある平安時代からの寺院で、家康が寄進した梵鐘《ぼんしょう》など多くの文化財がある。

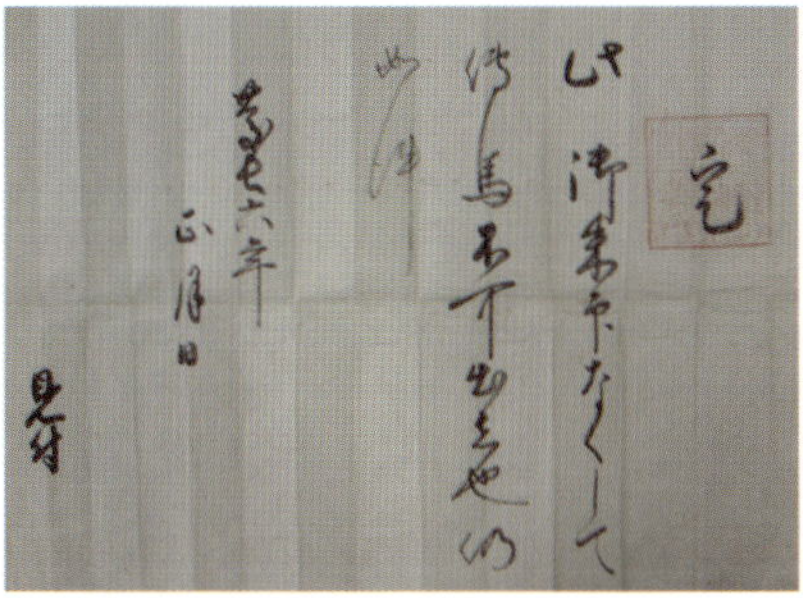

図3　伝馬朱印状　磐田市歴史文書館所蔵

宿駅の成り立ち

見付宿の町衆・米屋弥九郎宛てに、1601年(慶長6)に「この御朱印《ごしゅいん》なくして伝馬不可出者也《いづべからざるものなり》、仍如件《よってくだんのごとし》」(この朱印状を携帯していないものは伝馬を出してはならない)と記された『伝馬朱印状』が与えられた(図3)。これにより伝馬の管理が命じられ、東海道宿駅の一つとして制定された。

近世の宿場の街道には、本陣(大名の宿泊所)や旅籠《はたご》(庶民の宿泊所)、商家が並び、その東西にはうどんやまんじゅうを売る茶店があった。街道の南北には民家や寺院・神社が建ち並び、これらの狭間の小道から街道に出た。この小道を「小路《しょうじ》」と呼び、玄妙小路、寺小路、宮小路など古寺や神社を由来した名が付けられた。「小路」という読み方は中世的な呼称とされる。

1843年(天保14)には本陣2軒、脇本陣1軒、旅籠56軒、人口3935人の記録(『宿村大概帳《しゅくそんたいがいちょう》』)がある。県内22宿のうち、見付宿の人口は、9番目の規模である。

遠府之絵図《えんぷのえず》

1846年(弘化3)に描かれた宿場絵図を明治時代に、赤松則良海軍中将の長男・範《はん》一《いち》が摸写した(図1)。原図の所在は不明である。遠府とは遠江国府、すなわち、見付宿を指す。

絵図は真上から見た俯瞰図で描かれている。

「今之浦」は、現在埋め立てられ、商業地帯となり、かつての面影はないが、古代・中世を通じて宿場近くまで舟が出入りすることができた潟湖であった。後のことになるが、1875年(明治8)、「中のお宮」境内地に開校した旧見付学校の基壇石垣は、元は当時払い下げとなった横須賀城(現・掛川市)の石垣である。横須賀湊から川伝いに今之浦まで舟で運搬し、中川河岸で陸揚げした。この輸送路は物資搬送に欠かせなかった。

近世東海道は南から見付宿に入る手前までが南北直線路で、中世の街道「姫街道」との合流点で東に90度折れる。

家康は中泉に御殿や陣屋を設置(現・磐田駅南側)したことで、中世の街道を廃止し、直轄地を治める陣屋までの街道を延長し東海道とした。

このことが、後世、見付宿・中泉村を軸とした両町の発展の礎を築くこととなった。

図4　旧見付学校(国指定史跡)
基壇は、横須賀城の石垣に使われた丸い河原石を積み上げている

Topic

朝鮮通信使の足跡

椿原靖弘

図 1-1　南蛮船駿河湾来航図屏風（右隻）九州国立博物館所蔵

公式な外交使節

江戸時代の初め、長崎の平戸での通商に限定していた日本へ公式に訪れた外交使節が朝鮮通信使だった。通商だけでなく信義をもって両国が交流する、という意味で〝通信使〟と名乗り、1607年（慶長12）から1811年（文化8）まで12回にわたり実施された。九州から江戸までの道中は当時の文献や絵画に多く描かれた。日本と朝鮮は15世紀から16世紀半ばまでは友好関係にあり、互いに使節を派遣し合うほどであった。しかし、豊臣秀吉の朝鮮出兵により戦争状態となり、国交も断絶した。徳川家康が江戸幕府を開くと対馬藩宗氏の働きもあり、早くも1607年（慶長12）には第1回目の朝鮮通信使が来日し、両国は国交正常化へと向かっていった。1636年からは正式に「朝鮮通信使」となり、ほぼ将軍の代替わりの際に来日することとなった。12回の来日の内、江戸まで来たのは10回（3回は日光まで）、京都までが1回、最後の1811年には対馬で帰国し、その後は財政難で実施されなかった。

通信使の記録は幕府の御触れの他、行列を見た地方の人々が記した地誌や記録、その他、画にも描かれた。また、通信使が通ったルートの地域には通信使関連の資料が数多く伝わっている。これらの資料を見ると、朝鮮通信使を迎えることが国家事業であり、庶民にとっては巨大イベントとして大きな関心の的だったことを教えてくれる。

絵画に残る南蛮人との交流

朝鮮通信使の痕跡は駿河、遠江にも遺っている。

1607年の第1回来日時の慶七松の記録『海槎録』には、「〇十九日　曇、あるいは雨。清見寺に逗留する。…景直が人を寄越して言うには「家康が船五隻で駿河州から送り、ただ今到着しましたが、使臣を待って海中の松林の鑑賞に出かけたいという」とのことであった。板屋根に乗り島主・景直といっしょに前の海を渡った。その船は家康が

乗る船で、金銀で装飾し、左右にそれぞれ艪が三十六挺設けられていた。海上に一艘の

図 1-2　南蛮船駿河湾来航図屏風（左隻）九州国立博物館所蔵

南蛮船がいたが、その構造ははなはだ巧妙で、また、きわめて宏壮であった…」

と記されている。興津の清見寺（図2）に逗留した一行は、家康が36挺立の御座船で三保の松原見物に出かけたことを知り、興津から舟で三保へと渡ったと記している。海上には南蛮船がいたとされているが、おそらくこの景色を元に描かれたのが、「南蛮船駿河湾来航図屏風」（図1）であろう。右隻には三保半島の先端近くの南蛮船と半島に上陸した南蛮人やそれらを見物する人々が描かれ、左隻には興津の清見寺と江尻宿とともに南蛮人や日本人が描かれている。

当時、このような情景が見られたかは詳らかではないが、府中周辺が国際色豊かであったろうことは予想される。

また、1719年（享保4）の『海游録』では駿府の宝泰寺のことを「寺はそのきれいなること国中第一、庭園には上下二つの池があり、石を削って堤としている。奇嶺を仰ぎ見れば噴瀑があり、その長さ十尺にして池に落ちる」と記している。現在は寺域も限られてしまったが、宝泰寺は東海道線の南側まで広大な敷地をもっていた。一方、興津の清見寺は1994年に「朝鮮通信使遺跡興津清見寺境内」として国史跡に指定された。朝鮮通信使通行に伴う膨大な資料が伝わるとともに、重要な場所・記念物として評価されている。現在でも、朝鮮通信使が記した臥竜梅を見ることができる。

図 2　清見寺（興津）

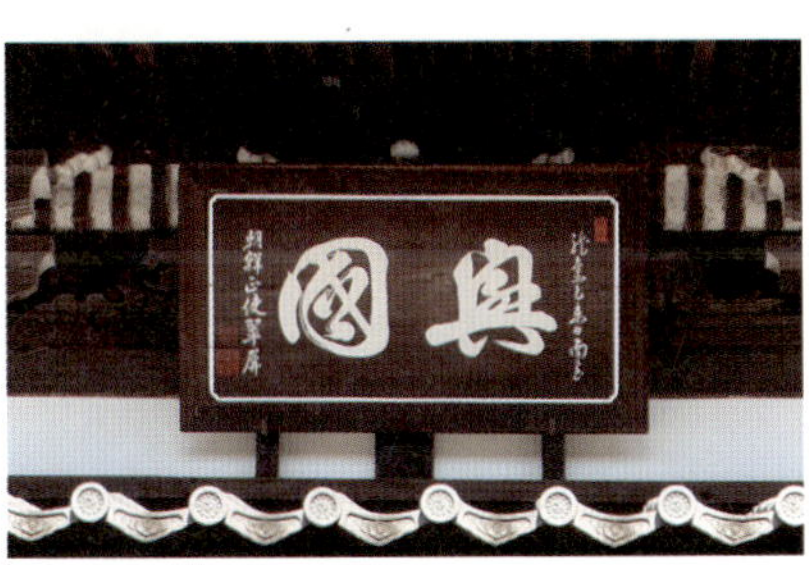

図 3　清見寺の朝鮮通信使正史・翠堺による扁額

田沼意次が開いた田沼街道

海野一徳

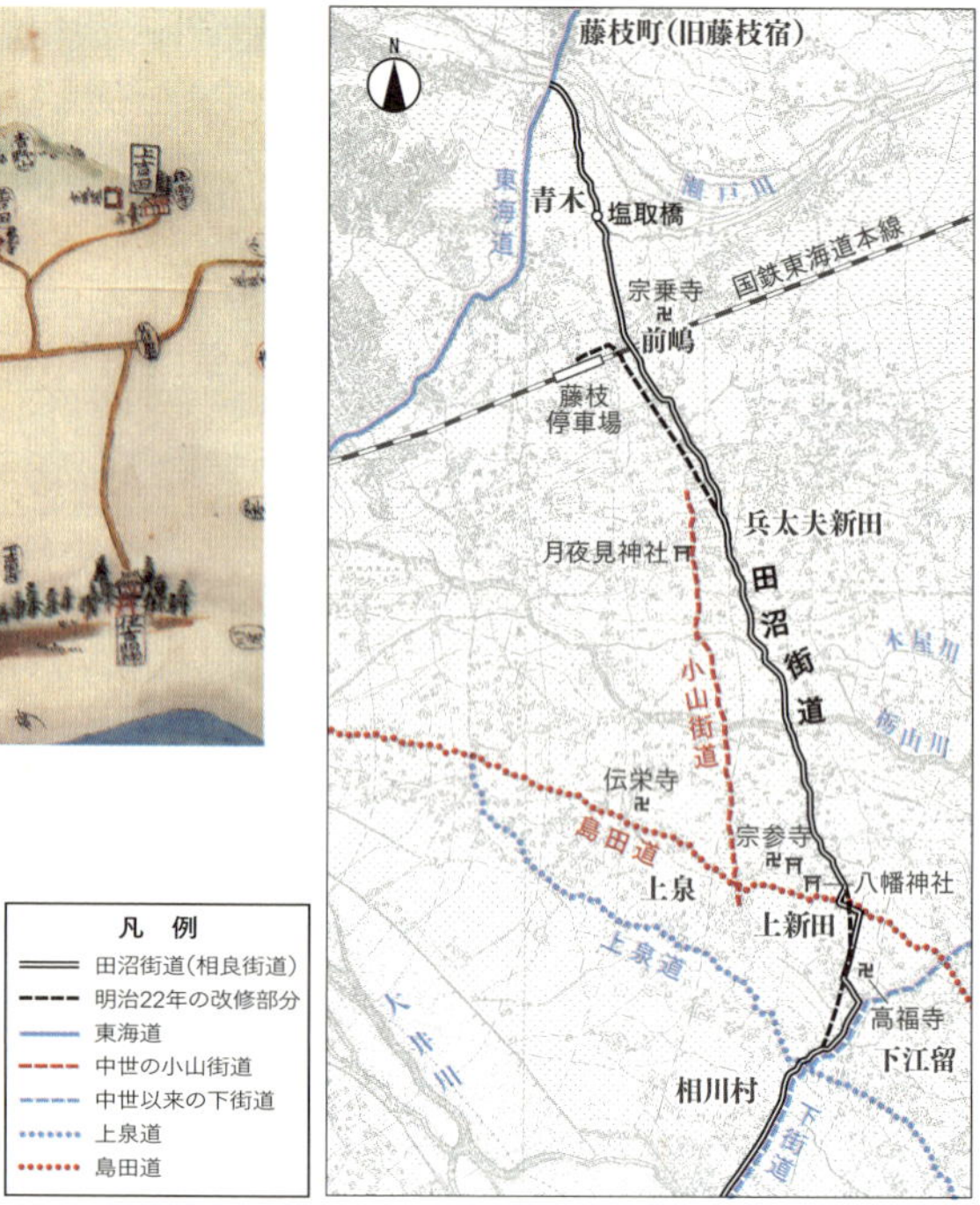

図1　大井川以東の田沼街道ルート
大日本帝国陸地測量部発行の明治22年測量地図「青島村」に加筆（海野一徳「田沼街道と藤相鉄道」『しずおかの文化』97号、静岡県文化財団、2009年）

老中田沼意次と田沼街道

現在も藤枝市には田沼街道の愛称で呼ばれている幹線道路がある。現道の正式名称は県道藤枝・大井川線であり、国道1号線と150号線をつなぐ南北道路として車の往来が激しい重要幹線である。田沼街道の通称は、江戸時代後期18世紀後半に9代将軍徳川家重、10代将軍・家治に仕え、側用人から老中に出世し幕政で実権を振るった田沼意次《おきつぐ》（1719―1788）の名前にちなんでいる。意次は1758年（宝暦8）から最晩年の1787年まで約30年間、遠江国相良藩主（現在の静岡県牧之原市相良周辺）であり、1780年（安永9）4月、13年の歳月をかけて築いた壮大な相良城の落成に伴い、検分のため相良へお国入りするときに整備した街道を一般に田沼街道と呼んでいる。江戸時代には相良海道とも田沼海道とも呼んでいた。

江戸時代の田沼街道古道は近代以降の河川氾濫や区画整理などによって現在ではごく小区間を除いてしか残っていないが、古道の道幅は1間（1・8m）であり、場所によっては三尺幅（0・9m）の所もあるなど、東海道に比べて狭隘な道であった。これは田沼街道が完全新規に開かれた街道ではなく、中世以来の古道（戦国期の小山街道や近世初頭の下街道）を接続して、足りない区間を里道などで補いながら貫通させた道だからである。正確には田沼家が、内

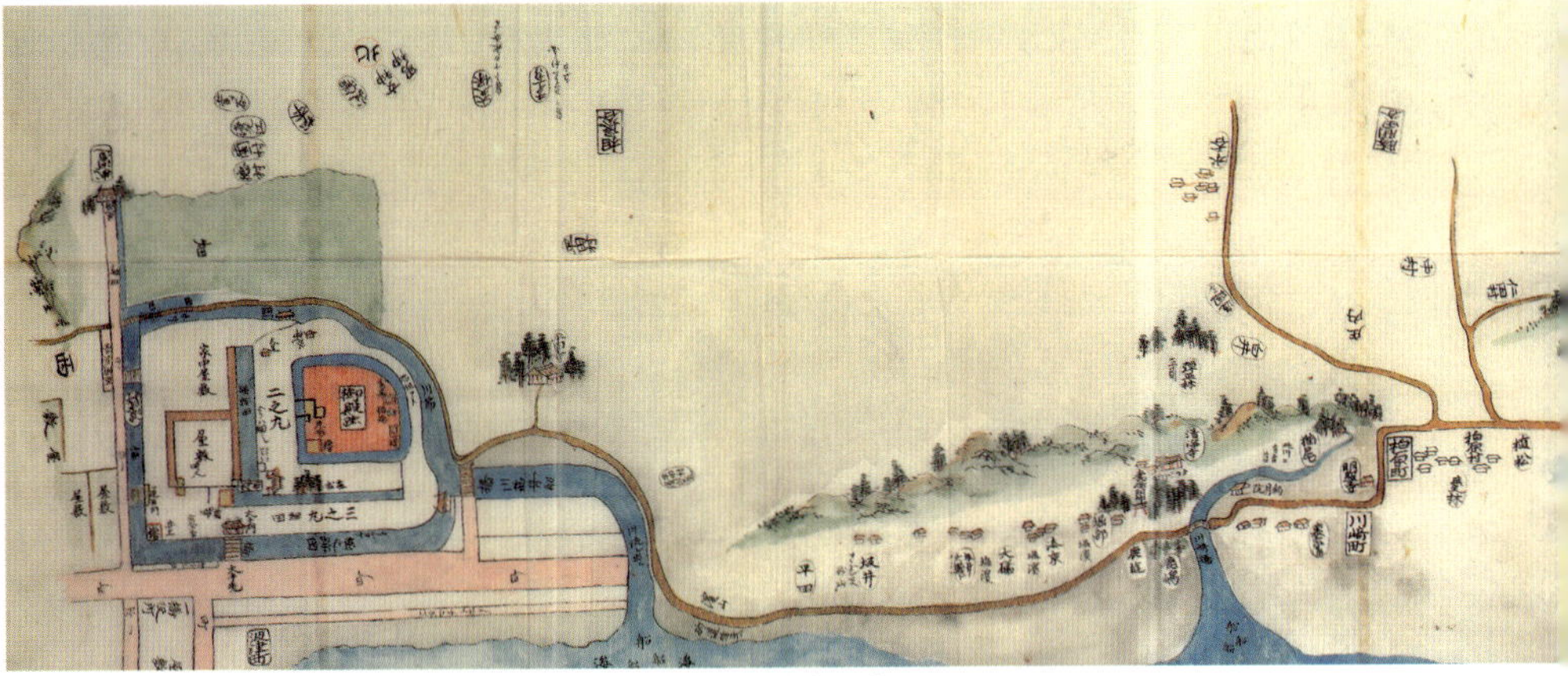

図2　山中豊平編著『遠淡海地志』（1834）「相良城図」山中家所蔵
相良城東側を流れる萩間川に架かる湊橋を起点に、黄色い線で東西に描かれているのが田沼街道（相良街道）である。絵図中には「藤枝道」と書いてある（山中真喜夫編『遠淡海地志』付図より、1991年）

陸部を通る東海道と、駿河湾沿いの浜海道（＝下街道）をつなぐための連絡道路として整備・改修した街道が田沼街道である（図1、2）。

田沼街道は、明治時代以降、路線変更や拡幅がおこなわれ、1889年（明治22）、東海道鉄道の藤枝停車場開業に伴い、停車場以南の道幅が2間に拡幅され、屈曲部の直線化がはかられた。1908年には県道に編入されて、横須賀街道となり、藤枝から遠州横須賀（現在の静岡県掛川市横須賀）まで延伸した。そして、1970年には従来の田沼街道にほぼ並行するルートで、前述した県道藤枝・大井川線が新しく開通し、現在ではこの新道路を田沼街道と通称している。

さて、江戸時代の田沼街道のルートは、相良城下の萩間川に架かる湊橋を起点とし、大江・片浜・静波・細江（牧之原市内）、住吉・上吉田（吉田町内）という駿河湾海岸伝いの遠江国榛原郡の平野部を通り、大井川を高島〜西島間の下流で渡り（下瀬越えという）、上新田（焼津市）の鍵の手道路（クランク）で進路を北向きに変え、兵太夫新田・前島・青木（藤枝市）と志太平野の田園地帯を北上し、瀬戸川西岸の堤防に達して終わる全長7里（28㎞）の街道である。終点である瀬戸川の堤防を110m上がると、東海道の藤枝宿西入口に合流する。瀬戸川のすぐ対岸は東海道五十三次の宿場町・藤枝宿であり、そこから東へ宿の町並みが約2㎞続いていた。田沼街道は、田沼家の居城・相良城と東海道藤枝宿を勾配の少ない平野部を通り最短でつなぐ街道であり、古文書に「藤枝宿よりの順路」（順序のよい道筋）と書いてある。

意次の田沼街道通行

田沼意次は将軍の厚い信任を受け側用人・老中として幕政を切り回す立場にあったため、定府を義務づけられ常に江戸詰めだったため、生涯でわずか2回しか、領地の相良へ下っていない。1回目は相良藩主になった翌年の1759年に領内巡視のため相良へお国入りしたときである。最初のお国入りのときは、田沼街道も開通しておらず東海道金谷宿から牧之原台地を南下する通常ルートで往復したと考えられている。

2回目は、前述した1780年4月で、竣工した相良城の検分のため、将軍家治の許可を得て江戸から下り、10日間相良に滞在した。このとき、往路は東海道の島田宿〜金谷宿間で大井川を渡河して牧之原台地を南下する正規ルートをとったが、江戸へ戻る復路では、田沼街道を通行した。『相良町史』収録の古文書には「大井川下大日村前にて御渡川、田沼海道より御帰府」とある。意次自身による田沼街道の通行は、生涯でこのときの1回だけであった。意次としては、相良城が完成し、今後、田沼家として江戸と領地の相良を往復する機会がますます増えることを予想して、築城と街道整備を一体として進めたものと思われる。しかし、田沼家の栄華は長くは続かなかった。1784年、若年寄に就任した息子の意知《おきとも》が江戸城中で佐野政言《まさこと》に斬り殺され、1786年には後ろ盾だった将軍家治が死去し、意次は老中を辞職し2万石を没収され謹慎の身になった。翌年には領地の大半を没収のうえ隠居・謹慎を命じられ、1788年7月、失意のうちに江戸で死去した。

田沼街道整備の目論見

田沼意次が田沼街道を整備した理由を考えてみよう。先進的な商業資本・経済政策を重視し、先例にとらわれない合理主義者の意次らしく、東海道から領地相良までの効率的な最短ルートとして田沼街道が理にかなっていた。正規ルートである東海道本道の島田宿〜金谷宿間の大井川川越しと牧之原台地の通行では、大井川の影響による移動日数と相当な経費が余分にかかる。大名行列の川越し費用に加えて、川留めになれば島田宿に滞在を余儀なくされる。また、牧之原台地の上り下りは勾配がきつく難儀であった。これに対して、田沼街道では平坦な道のりを進めるうえ、大井川の下瀬越えでは相良藩領内の住民たちに川越しの手伝いをさせれば経費も安く済む。田沼街道は、江戸からの順路として時短・節約の近道であった。

なお、田沼家中の往来は頻繁におこなわれていたらしく、江戸・神田橋門内の上屋敷と相良城との間を使者や荷物が行き来していたことを示す道中手形も残されている。

田沼意次の威光によって開けた田沼街道だが、意次の失脚によって一旦は野道同然となり荒れてしまった。しかし、東海道沿いの藤枝と、遠江国榛原郡の城下町・相良を結ぶ田沼街道は、経済・物流上必要不可欠な街道であるため、近代以降も重要視され、時代ごとに経路改修・拡幅・新道開通がおこなわれ、平成の世になっても重要幹線として機能し続けている。

近世

秋葉山参詣道をゆく

坪井俊三

火防の神　信仰の道

1840年（天保11）に発行された「大日本神社佛閣参詣所角力」に秋葉山《あきはさん》は、東方前頭4枚目で、全国的に有名な伊勢神宮・善光寺・宮嶋・金比羅等と共に登場する。火《ひ》防《ぶせ》に御利益があるとして全国から多くの旅人が訪れたのである。「秋葉山参詣道絵図」（図1）は、1850年（嘉永3）、尾張名古屋で発行されたもので、江戸後期の道筋がよく描かれている。一般的に秋葉山街道といえば、東海道掛川宿と同三河御油《ごゆ》宿を結ぶ28里をいい、その間を2～3泊ほどで通行した。しかし、それ以外にも東海道浜松・同袋井・同御油から遠江本坂峠越（俗に「御姫様街道」）で、今の「天浜線」に沿い二俣経由の道もあった。さらに信濃国から伊那谷を南下する街道もあった。ここでは掛川～御油の街道を見ていこう。

図1　秋葉山参詣道絵図（部分）

掛川から三河の鳳来寺へ

掛川から少し西の大池に鳥居があり、秋葉山道の入口であった（図2）。この道筋を東北や関東地域の伊勢講の参詣者が往路を利用した（図3）。この街道で一番大きな町は森町村で、1830年（文政13）家数358、人数1395、旅籠24とある。そこから山道に入り、秋葉山麓坂下（領家村）の道の両側に旅籠が軒を連ねた。図4は旅籠中村文吾の引札で「らんかん橋より登り三軒目」にあり、そこから50丁登ると秋葉山があった。

図2　掛川　秋葉街道追分之図（広重）

1892年（明治25）大日本帝国陸地測量部「秋葉山」

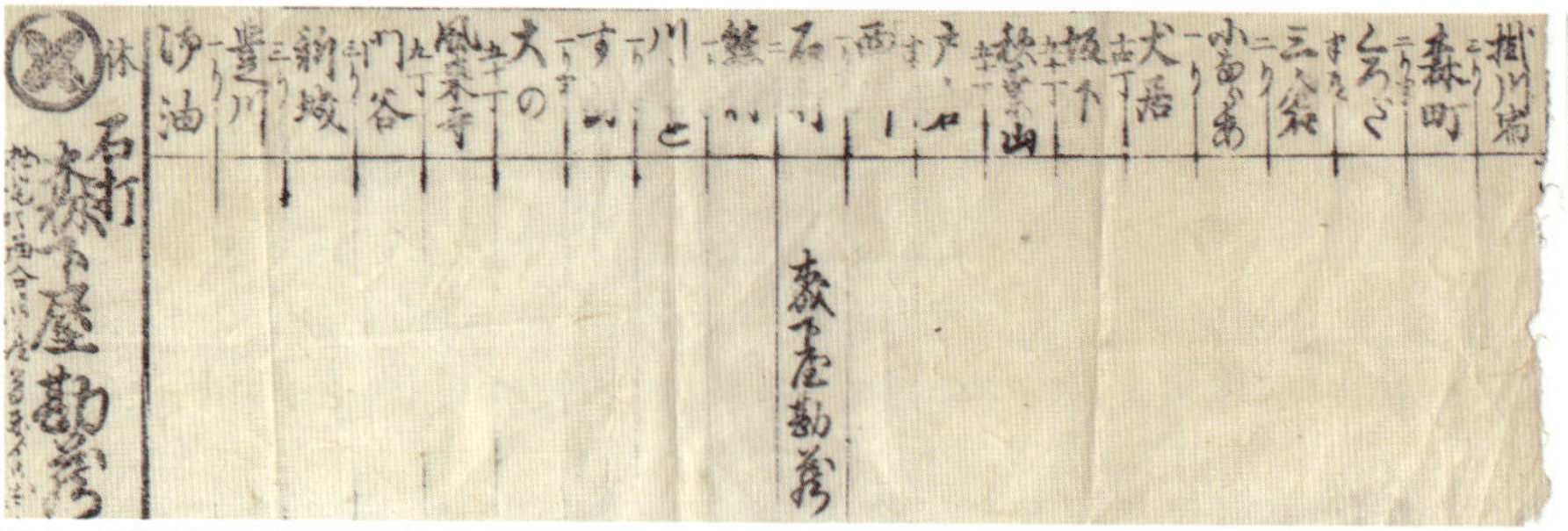
図３　秋葉山道の宿と距離（江戸時代後期）石打森下屋勘蔵の発行したもの

の道を一部掲載したが（「信州街道」とある、図5）、今も往時を偲ぶことができる。約2時間ほどで秋葉山に到着する。神社からの景色は素晴らしい。秋葉山から戸倉村（龍山町）に降り、そこで天竜川の渡舟を利用して西川（大嶺村、龍山町）に渡る（図6）。1772年（明和9）この渡しの1年間の利用者は2万5千人であった。また、1852年（嘉永5）秋葉山の開帳期間（60日）の利用者数は14万人余り（1人12文として売上額から推測）であった。西川から石打村（熊村枝郷）を経て、熊村を通り神沢《かんざわ》村を通り、霊山鳳来寺（三河国）に向かう。

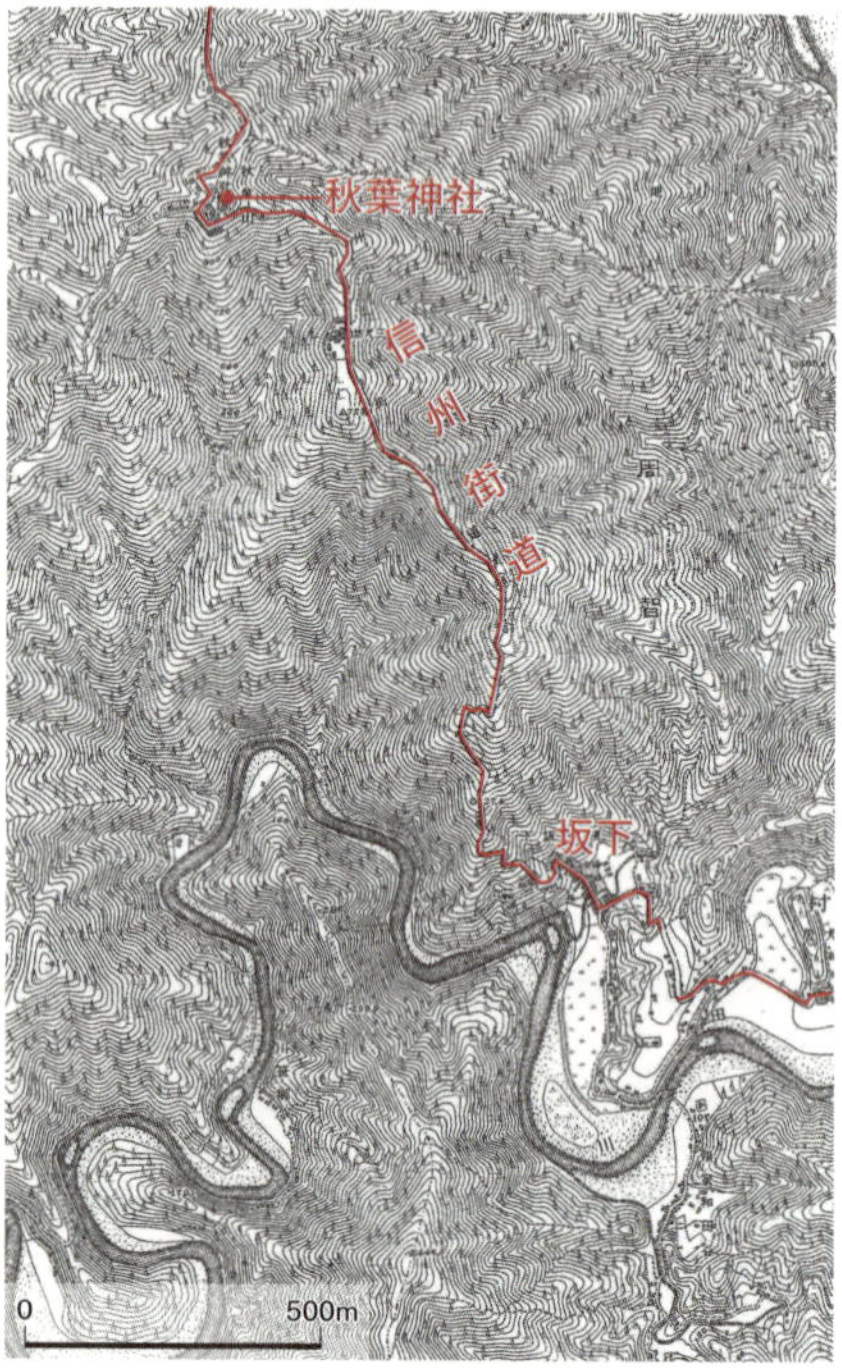

図５　1/2万「秋葉山」1892年

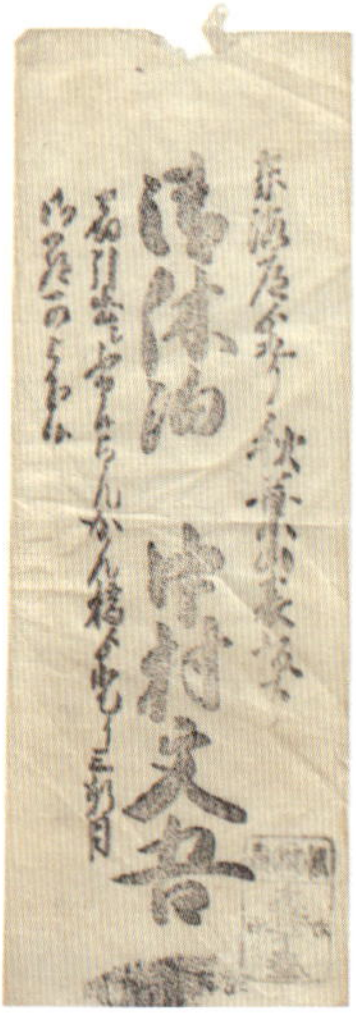
図４　旅籠中村文吾引札（江戸時代後期）

図６　秋葉ダムの所に渡舟があった（西川～戸倉の渡）

描かれた街道

　1788年（天明8）、司馬江漢は、この道の印象を「山々高く、杉・松の木茂る。秋葉参詣の往来なれば、山中といえど酒等あり。泊りをす

図8　遠三両国神社仏閣道法并ニ休泊所按内

る家もあり。樵婦も田婦も山中といえど、ひんさしを入、髪を結うなり」と記している。江漢は熊村辺の山中の猪よけ（ワチ）を描き、『東海道名所図会』は旅人の荷物を運搬する「女強力」を紹介する（図7）。

図7　女強力（出典：『東海道名所図会』）

「遠三両國神社佛閣道法并ニ休泊所按内」（図8）は一新構社発行で、これは森町大黒屋源五郎の配布したものである。年代は1882年（明治15）頃つくられたものだろう。秋葉山道の所々に講加入の旅籠が必ず1、2軒あり、宿と宿の距離も明記されている。また、電名のところでは「当初ヨリ天りゅう川下り舟、見付はま（浜松）杢江便利よし」と注記してある。この国は江戸時代のものと較べると略図ながら彩色刷で大変わかりやすいものである。

近世

秋葉山道・信州へ向かう道

坪井俊三

旅のガイド絵図

浜松を基点とする秋葉山を見ていくが、途中の二俣にも触れることにしたい。図1は、1772年（明和9）に刊行された「秋葉山御絵図」である。図の4分の3ほどは秋葉山内の紹介、残りを江戸・京から浜松までの里程、秋葉山の説明である。浜松から秋葉山道の主な村名と距離、渡場などを記し、この道の注意点を述べている。たとえば、東海道と違い不自由なので中食持参を勧めたり、二俣は在町で旅籠・茶店などの存在を記載している。霊山光明山のところに「此所よりおく、山へ旅人案内なくして入るべからず」とある。また、秋葉山から北へ向かう街道について、「信州飯田へ廿六里、みさくぼへ十里、此間なんしょなり」と注意している。秋葉

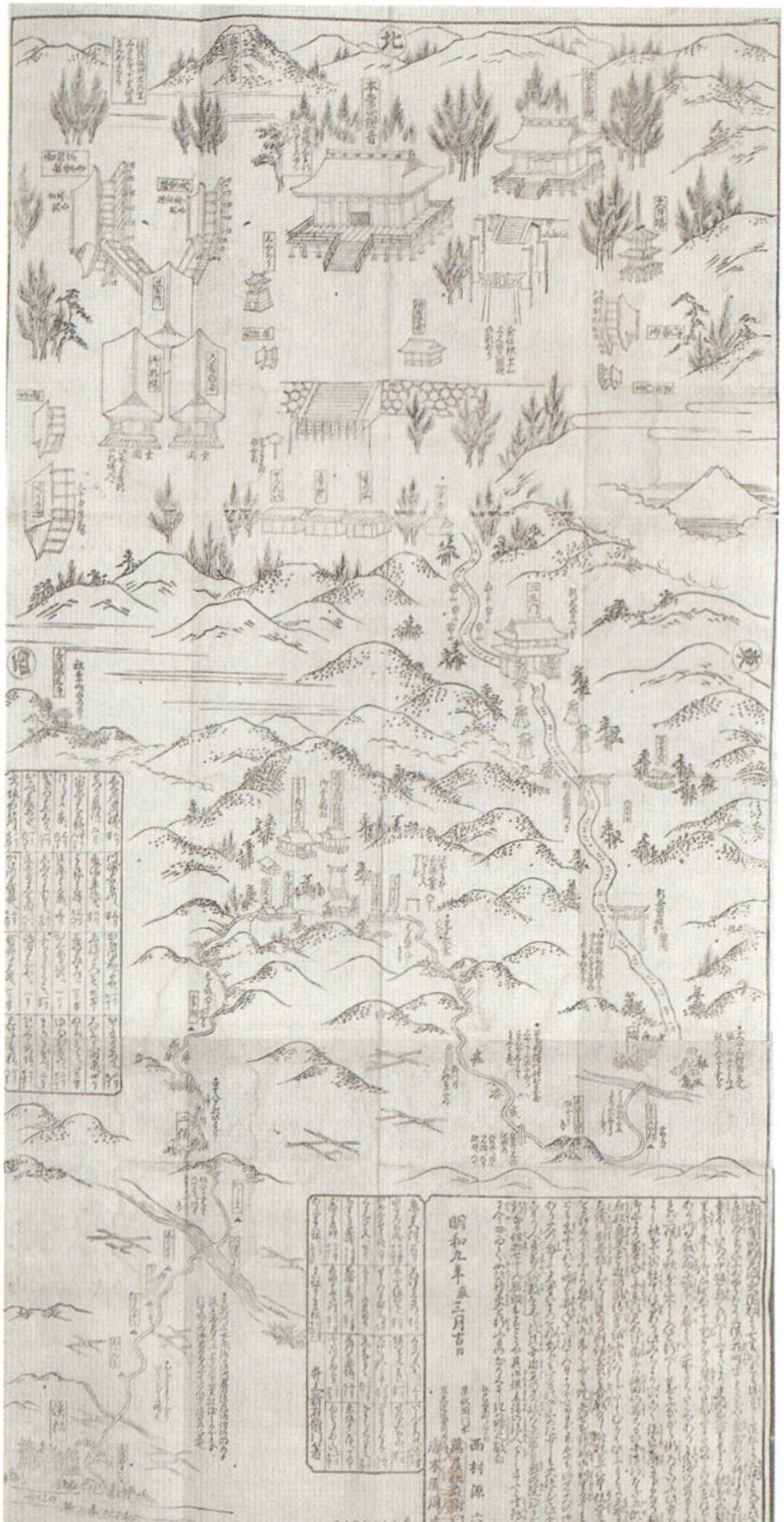

図1　秋葉山御絵図（1772年）西尾市岩瀬文庫所蔵

図3　佐久間町大井（平和）の奥院への丁石

図2　小松村の鳥居（浜北区）

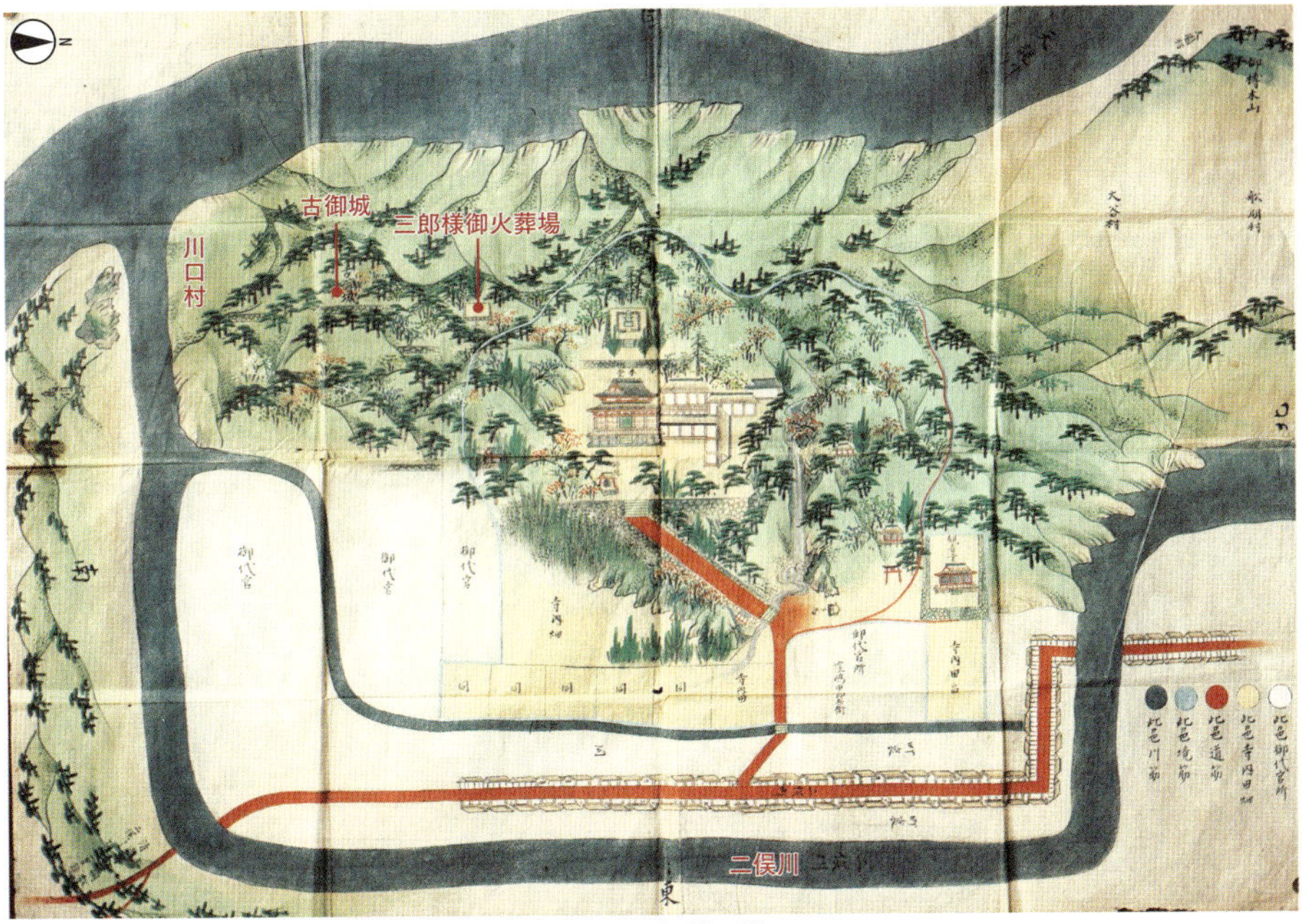

図４　清瀧寺領絵図　米山家所蔵　1700 年代初頭の二俣村が描かれている

山より奥院へは１５０丁、その先に山住があった。信州へは秋葉山を下り、平山・瀬戸（大井村）・水久保（窪）を通り、信州諏訪より善光寺に向かう街道が記載されている。

現在と異なる流路

この道で最も大きな集落は二俣村である。「清瀧寺領絵図」（図4）は、在郷町二俣村を描いた最古の絵図で、代官名から１７００〜１７１２年（元禄13〜正徳2）の間に作製された。秋葉山へ向かう街道の両側（現新町辺りから車道にかけて）に家並が形成されていた。１６６３年（寛文3）「二俣村検地帳写」に車道三三筆、町並八八筆の屋敷があるので、少なく見ても１２１軒くらいの家があったと思われる。１７２７年（享保12）家数２２９、人数１１４１、造酒11、医者3、紺屋4などがあり、六斎市が開かれた。絵図で注目されるのは、今と二俣川の流路が大きく異なり、東道の裏を流れるなど、村の中を大きく蛇行し、川口村で天竜川に合流していた。また、町並の西（裏側）に「水道」と書かれた小川があり、川口村で二俣川に合流していた。かつての二俣川であろうか。二俣村は地形から常に水害を被りやすい土地で

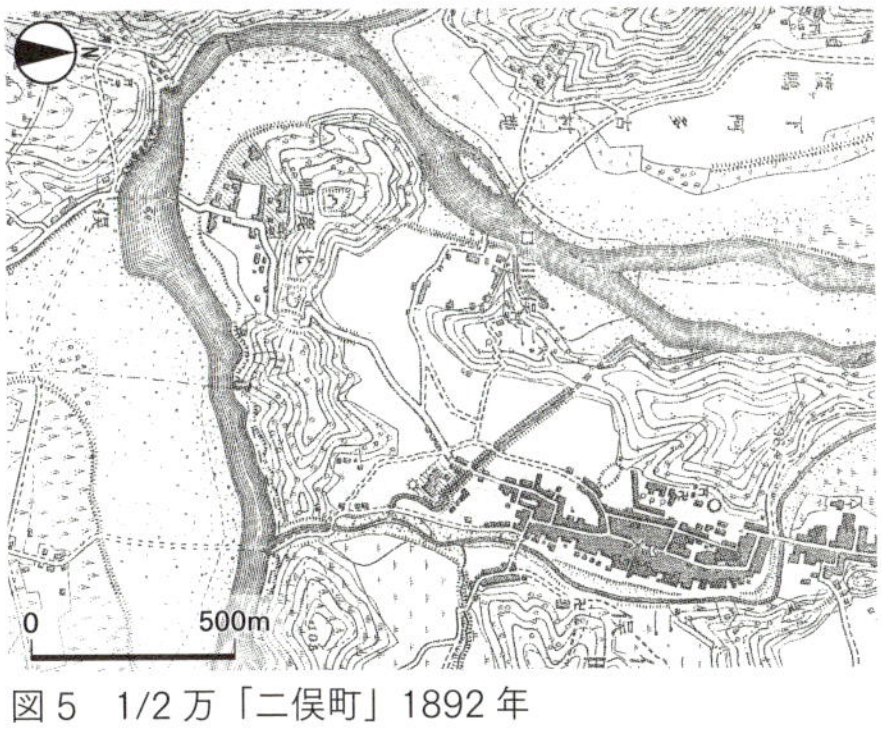

図５　1/2 万「二俣町」1892 年

あった。

　絵図中央に清瀧寺（浄土宗）があり、本堂の上（西）に「御廟」があり、徳川家康の嫡男信康の五輪塔が描かれている。その南に石垣が書かれ「三郎様御火葬場」と注記されている。信康は二俣城で自害した。二俣城（城山）は「古御城」とあり、所々に石垣がある。

　図5は1892年（明治25）発行「二俣町」である。前図と較べると、約190年経過したが、二俣川は川口ではなく、鳥羽山を切り開いて天竜川に流入している。この工事は18世紀後半に実施された。町並は基本的に変わっていないが、町は東西と南に拡大している。1889年（明治22）、戸数941、人口3856で、江戸時代より大幅に増加している。また、1884年（明治17）操業を開始した遠州紡績の工場が見える。二俣は明治に入り北遠地域への玄関口の町として発展していった。

佐久間ダム建設前の道路網

　図6「新版署圖三國四郡之内道中案内」（三版）は、秋葉山道の雲名以北の地域を示したもので、1936年（昭和11）、現水窪町池田屋の発行したものである。当時の水窪を中心に見た道路網の概要がよくわかる。＝印の道は県道または9尺（約273㎝）以上自動車道、－印は通路とあり、部分的に変わったところもあるが（山の上から川沿いとなる）、秋葉山道は主要道であった。また、図の表題から行政区の県を越え隣接する下伊奈（長野）、北設楽（愛知）、周智、磐田四郡の関わりの深さを想像できる。図には現飯田線の前身も見えるが、線路が今と大きく変わったのは、天竜川に佐久間ダムが建設されたことによる。それにより、天竜川に面した地域では水没した集落もあった。自動車の普及するはるか以前の道路網をよく示した地図である。

　信濃との国境青崩峠（図8）は今も自動車は不通である。

図7　佐久間町相月の神号碑（秋葉大権現等）

図8　青崩峠登り口

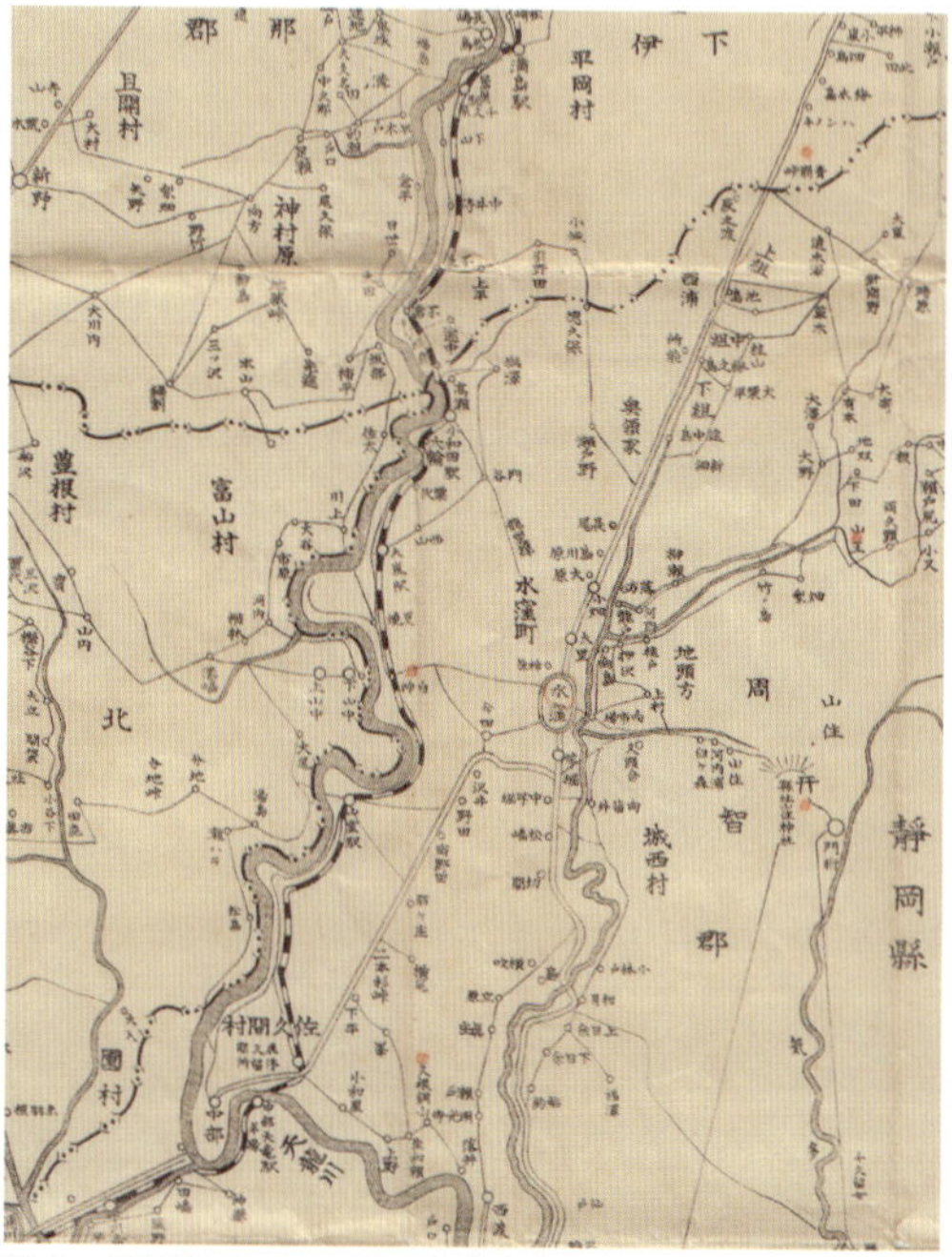

図6　新版署圖三國四郡之内道中案内

近世

二俣いまむかし

加藤理文

天竜川中流左岸で、天竜川の支流二俣川の下流域に位置する郷名で、二又・二股とも表記される。『吾妻鏡』1186年（文治2）4月21日条に、遠江守護安田義定が鎌倉に参上して源頼朝に源義経を岩室（磐田市の山岳寺院岩室廃寺）で探索したが不明であったと述べ、「二俣山」で射止めた鹿皮を献上している。これが文献上の「二俣」の初見であろう。本来の二俣川は、現在の位置ではなく、現市街地の中央、二俣城の真下を蛇行するように流れ、鳥羽山北麓にぶつかり、西に流れを変えて川口で、天竜川へと合流していた。この河川の合流点に位置するということが二俣の由来とされている。当然、天竜川の方が水流も多く洪水時には合流点から水が逆流し、たびたび水害を被っている。この長年にわたる洪水被害から街を守ろうと立ち上がったのが二俣村商人の袴田喜長で、1754（宝暦4）から1791年（寛政3）にかけて独力で流路の付け替え工事を完成させ、水害からの脱却を果たした。当時の商人がいかに財力を蓄えていたかを示す事例であろう。

遠江の要・二俣城

二俣には、笹岡城・二俣城・鳥羽山城8（図1）の3城が、わずか2㎞の範囲に所在する。3城共に二俣の城と呼ばれたが、建武年間から永禄10年（1334〜1565）まで二俣城と総称されていたのが笹岡城で、その後現在の二俣・鳥羽山両城が「一城別郭」の城として二俣城と呼ばれている。

中世の二俣郷の中心集落は、笹岡城の麓域に展開しており、ここに支配者の居館を置き、背後の本城山に詰機能を持たせていた。二俣周辺域で斯波氏と今川氏の抗争が続き、最終的には今川氏が勝利し、被官松井氏が二俣を支配することになった。発掘調査による出土遺物からも永禄年間の笹岡城使用が裏付けられている。

1560年（永禄3）、桶狭間において今川義元が討ち死にすると、「遠州忩劇」「三州錯乱」と呼ばれる混乱が発生し、さらに三河の松平元康が反今川の姿勢を鮮明にした。この危機的状況を受けて、二俣城が要塞として本格的に整備されたと思われる。当初は、南への眺望が開ける鳥羽山城と共に、笹岡城を守る最前線基地であった。二俣・鳥羽山の両城で笹岡城の南を守る「一城別郭」と呼ばれる体裁になったのである。

徳川家康が三河を統一すると、今川氏真は矢継ぎ早に西遠江諸城の改修を実施し、家康侵攻に備えた。そのため、今

図1　鳥羽山城を望む

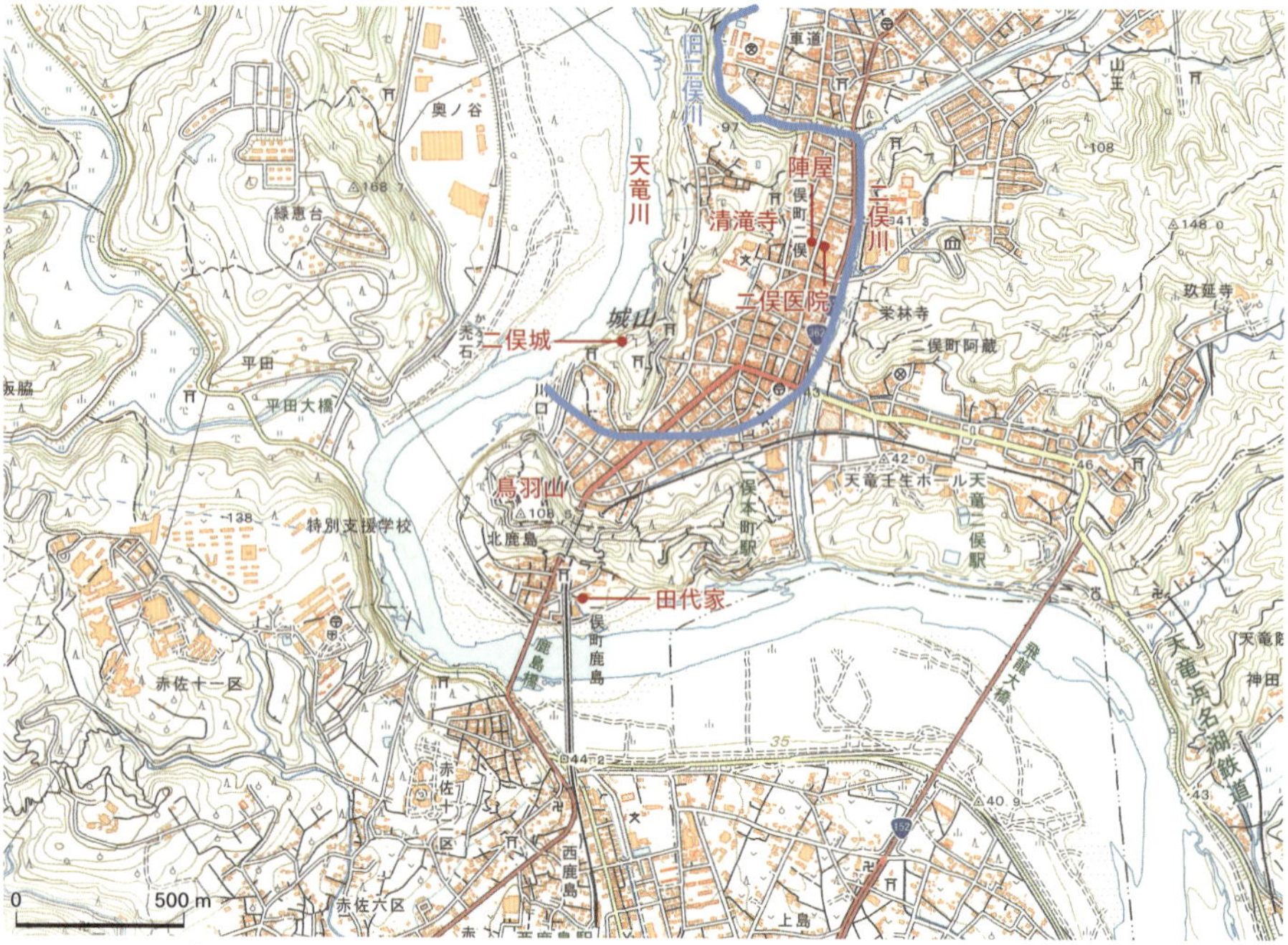

図2　1/2.5万「二俣」2015年

図3　二俣城天守台

川氏の戦略構想から、街道と天竜川水運を管制できる二俣城に、笹岡城の機能までもが移されていく。戦国期の二俣城（図3）は、現在とは川筋が異なり、西に天竜川、東から南にかけて二俣川が流れ、三方を天然の河川によって阻まれた要害堅固な地形であった。

徳川方が、掛川城へ向かう2本の兵力集中幹線を押さえ使用するためには、早急に二俣城を攻略し、掛川城に籠もる今川氏真と和睦し、遠江を掌中に収めた家康であったが、やがて北から武田氏の侵攻を受けてしまう。

二俣の地は、遠江の平野部と山間部を結ぶ接点にある交通の要衝でもあった。遠江支配をうかがう武田にとって、二俣の地を得ることこそが、その目的の第一歩と考えていたのである。武田氏から見れば、二俣城は山間部の隘路口で、西遠江平野部に兵力を展開させる扇の要に位置するとともに、東三河への街道を押さえ、長篠城が存在する豊川中流域への兵力移動を可能にする極めて重要拠点であった。そのためこの地をめぐって、徳川・武田両軍が、数多くの攻防戦を繰り広げられたのである。

松平信康の切腹

1579年（天正7）、二

俣城に幽閉されていた家康の嫡男信康が切腹。首は、一度信長の元に送られ、その後、若宮八幡宮（岡崎市）に葬られた。天正9年、家康は信康の廟所として二俣に清龍寺を建立、胴体が葬られたとされる信康廟が残る（図4）。

「信康切腹事件」は、従来武田内通を疑った信長からの命令でおこなったとされてきた。近年は、信康を中心とする岡崎衆と家康の重臣浜松衆の派閥抗争による結果と言われている。岡崎衆は家康への不満か家康の旗本に対する反発から信康を担いでクーデターを起こすことを企み、築山殿もそれに関係していたとする説である。きっかけは、信康の生母・築山殿と信康本人とも不仲になった信長の娘徳姫の両者武田内通という讒言の手紙であった。虚言と思いつつ詮議せざるを得なかった信長が、家康の命によって派遣された重臣酒井忠次に事情聴取をすると、信康失脚を狙い一切の弁明をしなかったのである。信長は、他家の内輪もめであるため判断を家康に委ねることになるが、家康は信長への配慮と、重臣たちの強い意見もあり、信康を幽閉し切腹に追い込んだという見解である。徳川家臣団の分裂を避けるため、家康自身のやむを得ない選択であった。信康の処刑と前後して岡崎城に勤める多くの重臣や奉公人が次々と懲罰や処刑に追い込まれ、逐電（逃亡）する者が続出し、派閥抗争の末の粛清や懲罰があったことがうかがわせる。

図4　信康廟

江戸時代の二俣

二俣の地は、遠江の平野部と山間部を結ぶ接点にあたり、信州、見付、掛川、浜名湖北岸を通って三河へと続く陸路と、横山川・阿多古川・気田川など河川交通の交差する交通の要衝の地であった。そのため、各地からさまざまな物資が集まり、六斎市（二と七の日）が立ち、品々が売買されていた。近世中期頃の秋葉山（現浜松市春野町）を紹介した「道中記」などでは、「此所能町有、泊よし、町の中長し」とか「在町」にて旅籠や茶店があり、餅汁などの類を売ると記され、当地域の中でも中核的な街であったことをうかがわせる。

当初、二俣村は大名領であったが、1619年（元和5）には幕府領となり、以後北遠地域のほとんどの村が幕末まで幕府領で、わずかに旗本領と大名領が見られる程度であった。北遠地域は、豊かな材木を産出する地区で、さらに天竜川水運を利用し信州からも榑木（椹・ヒノキで割りたてた屋根板材）が川下げされ、天竜川の流れが緩やかになる船明・日明両村間に留網が張られていた。こうした榑木は、船明の榑山に一時保管され、幕府の指示によって河口の掛塚湊（現磐田市竜洋）まで筏に搔立てられ運送されていた。

現在、鹿島橋近くに筏問屋「田代家」が残る（図5）。江戸時代の田代家は、北鹿島村の名主と、渡船場船越頭を勤

図５　筏問屋「田代家」

める一方、天竜川筏の受け継ぎ問屋を経営していた。敷地面積は、約614坪で、主屋、納屋、土蔵、水屋等で構成。現在の主屋は、1859年（安政6）に再建されたもので、国の登録有形文化財である。

近代の二俣

1889年（明治22）二俣町が成立、1956年（昭和31）一町五村が合併して二俣町となる。58年に天竜市が成立した。二俣は、北遠地方の政治・経済の中心として発展し、信濃・三河から茶・材木・薪炭・椎茸・三椏・楮皮・繭などが集荷され、首都圏向けに送付された。明治中頃から西遠地方では繭生産が盛行し、1927年～28年頃二俣繭市場の取扱量は54万貫に及び、全国一であったという。明治期以降木材需要が増大すると、当時運搬の主流であった水運（舟・筏）が利用できる二俣は、天竜川水系の合流点という立地を生かし、製材業や育成林業が発達した。東西、南北交通の交差点にあたるため、旅籠の数も多く、明治期の記録では旅籠宿19軒、木賃宿11軒、料理屋食堂32軒と記される。現在、唯一の三階建て旅館建築として「陣屋」が残る（図6）。入母屋瓦葺きで、一階のやや北寄りに起り破風の玄関、かつての前庭は道路となっている。また、この陣屋の北東対岸に「二俣医院と蔵」が残る（図7）。繭の集散地として栄えた大正から昭和初期を象徴する洋館で、1916年（大正5）上棟。レンガ積みの基礎で、車寄せの上はバルコニーとなる。外壁は薄い水色で、付け柱と窓枠のみ茶色としている。蔵は、1903年（明治36）の移築建物で、一階が蔵座敷、窓や出入口は、内側が障子か硝子窓、その外に漆喰戸、鉄扉と三重の戸を配す耐火造りであった。「二俣医院」は、現在も、内科・放射線科・外科・小児科として営業している。

その後、道路網が整備され、二俣～浜松間の軽便鉄道、二俣～中泉間の光明電鉄、国鉄二俣線など鉄道も開通し利便性が増すことになった。だが、安価な外材の輸入が開始されると、製材業も衰退し林業の発展は停滞してしまう。

図６　陣屋

図７　二俣医院

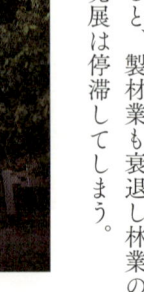

近世

姫街道の古代と近世

林弘之

二ルートある古代の官道

遠江地域を通過していた古代の官道には「東海道」と姫街道の前身である「本坂道」もしくは「二見道」がある。前者は浜名湖の南側を通るルートであり、後者は浜名湖の北側を通るルートである。本来一ルートあれば機能を果たす官道が、なぜこの地域には二ルート存在するのか。その答えを文献から探ってみる。『続日本後紀』843年（承和10）の条に「遠江国濱名郡猪鼻駅家。廃来稍久。今依国司言。遣使検其利害。更令復興。」とある（図2）。ここに登場する「猪鼻駅家《いのはなのうまや》」は湖西市新居町に比定される駅家で、浜名湖南側を通る「東海道」に設けられた駅家である。

この記載から読み取れる事実は、9世紀中頃には東海道を通過する者がなく、官道に設けられた駅家も長い間使用されずに廃れていることがわかる。ところが、ここにきて東海道を再整備し、駅家も復興させる命令が出たというものである。

次に、前述の記載の1年前の『日本文徳天皇実録』842年（承和9）の条に「従逸勢。行到遠江国板築駅終于。」とある（図3）。これは、842年7月に、橘逸勢《たちばなのはやなり》が都で謀反（承和の変）を起こし、その罪を問われて伊豆国へ流罪となることを記載したものである。ここで興味深いのは、橘逸勢が配流の途中で「板築《ほおづき》駅家」で病死していることである。罪人の配流には

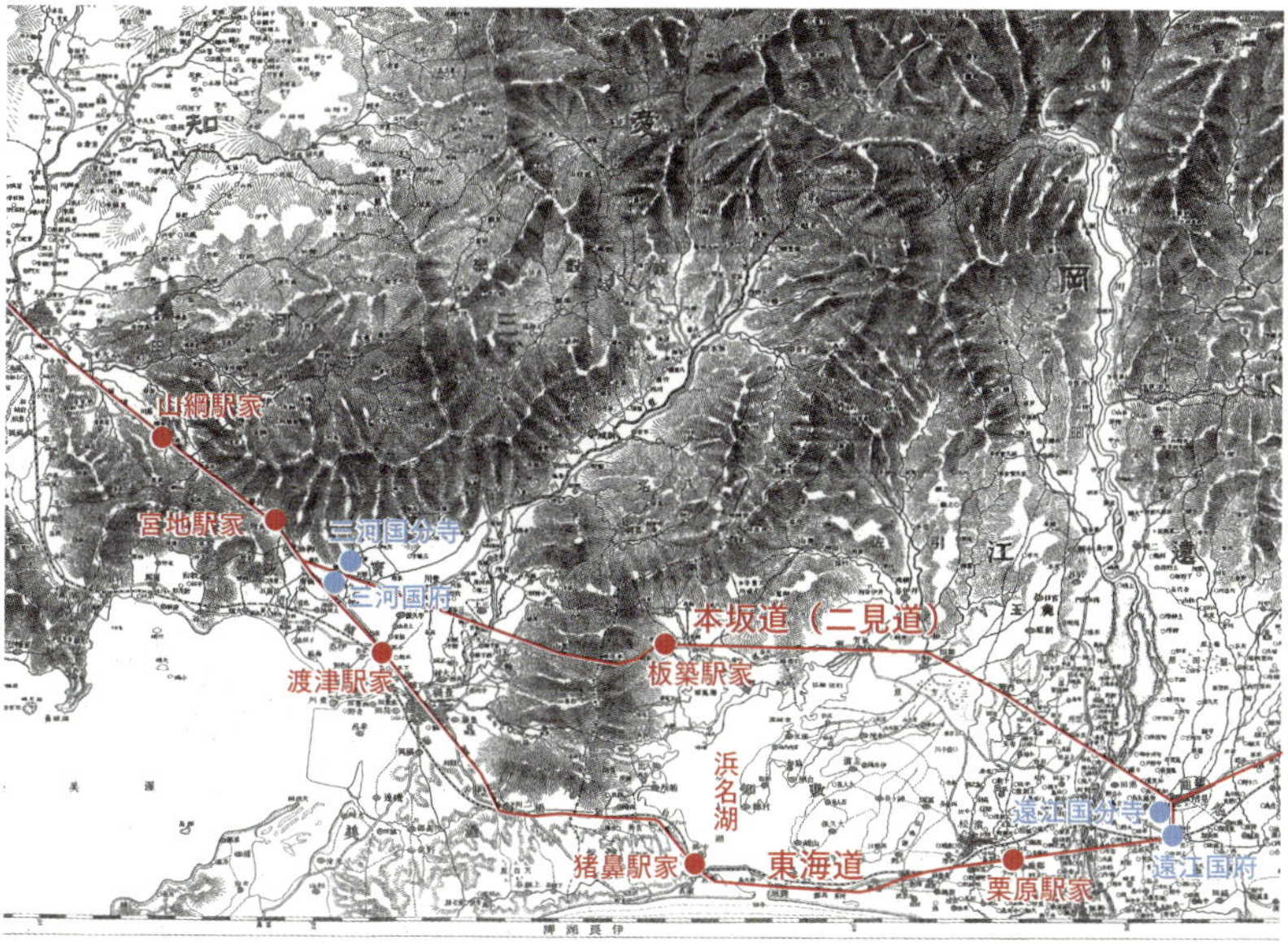

図1　古代の東海道と本坂道（二見道）の推定ルート（1/20万「豊橋」1894年に加筆）

官道が使用され、駅家を経由して配流地に行くことになっているため、この記事の示す9世紀中頃では、この板築駅家が存在するルートが正式な官道であったことが推定される。この「板築駅家」は、浜松市北区三ヶ日町日比沢に比定されており、浜名湖北側を通る「本坂道」のルート上に位置する。この「板築駅家」は『延喜式』にはみえず、臨時的に設置された駅家の可能性が高い。この当時は、浜名湖南側ではなく、北側を通るルートが官道であったことが推定される。

なお、「板築駅家」推定地近くには、現在「橘神社」が鎮座し、境内には橘逸勢の墓と伝わる石碑がある（図4）。

次に『和名類聚抄《わみょうるいじゅうしょう》』の編纂で著名な平安時代中期の貴族源順《みなもとのしたごう》が983年（永観元）に詠んだ歌に次のものがある。「行通う船路はあれど 志香須賀の渡りは あともなくぞありける」。この歌に登場する「志香須賀の渡り」とは、現在の豊川市小坂井町に比定される「渡津《わたむつ》駅家」付近にあった飽海川（現在の豊川）を渡河するために設けられた渡しで、東海道上に位置する。この歌からは、「今、この志香須賀の渡りは、利用する人もいなく、跡形もなくなってしまっている」と渡しの衰退を推察することができる。歌の詠まれた10世紀後半には浜名湖南側の東海道を通る人がいなく、浜名湖北側のルートが多用されていたことが推察される。

以上、いくつかの史料を見てきたが、7世紀後半から8世紀初頭に成立したと考えられる官道は、当地域では8世紀代は浜名湖の南側を通る東海道が多用され、9世紀代に

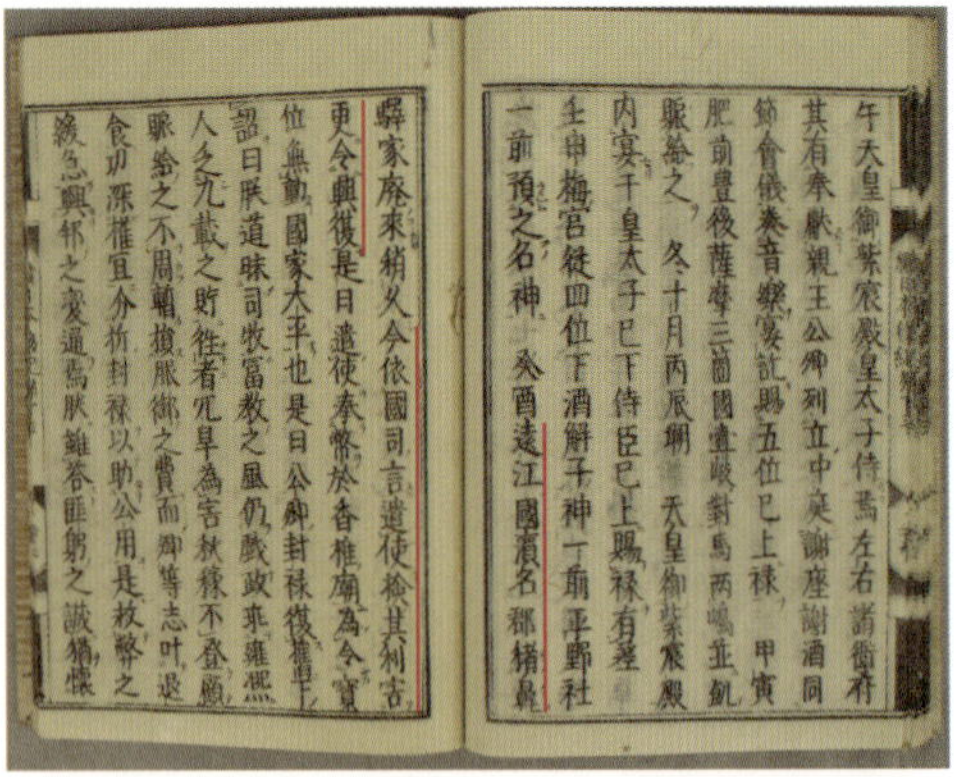

図2 『続日本後紀』巻第十三　豊橋市美術博物館所蔵

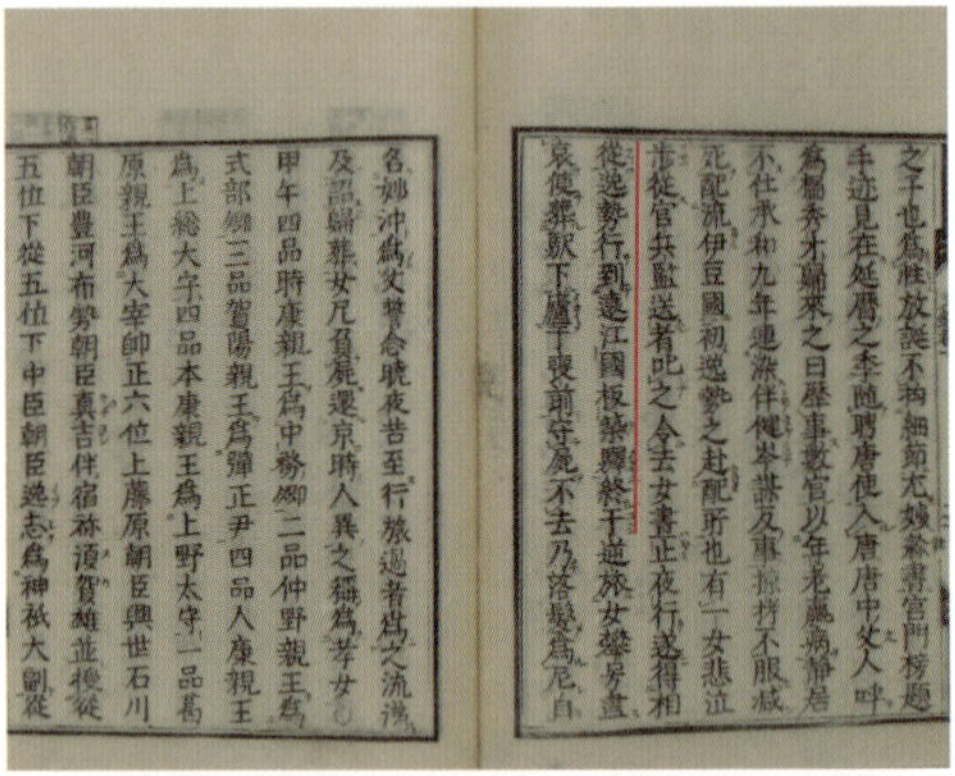

図3 『日本文徳天皇実録』巻第一　豊橋市美術博物館所蔵

図4　橘神社・橘逸勢の墓

は本坂道にルートが変更される。その後9世紀中ごろに東海道の再整備がおこなわれ、駅家も復活するが、10世紀後半には東海道を通行する者がなくなる状況が推察される。

なお、浜名湖南側にあった「浜名橋」が古代の文献で何度も流され、その都度架け替えがなされている記載から推察すると、地震や津波等による自然災害による要因が最も高いと考えられ、災害のたびに浜名湖南側のルートが通行不能となり、北側のルートを使用せざるを得なかったのではないか。

幕府に献上されたゾウも通過

近世の姫街道はなにも人だけが通行したものではない。1728年（享保13）6月には8代将軍徳川吉宗への献上品としてベトナムから牡牝のゾウ2頭が清国の商人によって長崎にもたらされた。残念ながら牡ゾウは9月に長崎の地で病死したが、牝ゾウは翌1729年（享保14）3月に江戸へ向けて出発した。

図5 『日本暦年一覧』 豊橋市二川宿本陣資料館所蔵

図6 象鳴き坂

途中4月には京都に至り、中御門天皇や法王・公家たちがゾウ見物をしている。

5月には吉田藩（現在の豊橋市）に入り、ここからは脇往還である姫街道（本坂通）を通行していることが文献には記されている。これは、東海道浜名湖南側の「今切れの渡し」での渡海を回避するために浜名湖北側の姫街道を選択したものと考えられる。同様に桑名宿から宮宿間の「七里の渡し」を避けるために美濃路のルートをとっていることと同様である。

吉田藩では、ゾウの通行のために、街道の掃除、鳴物の禁止、牛馬犬猫などを繋ぎ留めておくこと、騒がしくしないこと、見物は静かにおこなうことなどの通達が出された。

吉田宿を出たゾウ一行は、牛川を経由し、嵩山宿、本坂峠越えをし、遠江地域に入る。最初の宿泊地は気賀宿であるが、その手前の引佐《いなさ》峠に「象鳴き坂」と呼ばれる急な坂がある（図6）。この坂の名前は、あまりにもここが急坂であったため、ゾウが悲鳴を上げたことに由来するという。

気賀宿本陣の中村家文書には、ゾウに関する記録が残されている。そのうち『異国より献上之大象来朝本坂越江戸江下候』には、中村家に設置したゾウ小屋の平面図などが記載されている。これによれば、街道に面して2カ所の番所が建てられ、小屋は2間×3間で外庇が2カ所、板囲いであり、東隣に面して象使いの部屋が4畳半で建てられたことが確認できる。また、北側には火事の際の退避路が設けられていたこともうかがえる（図7）。

ゾウ一行は、5月25日に江戸に入り、2日後の27日に8代将軍徳川吉宗の象見物を受ける。その後のゾウは、数奇の運命をたどり、1742年（寛保2）に亡くなっている。

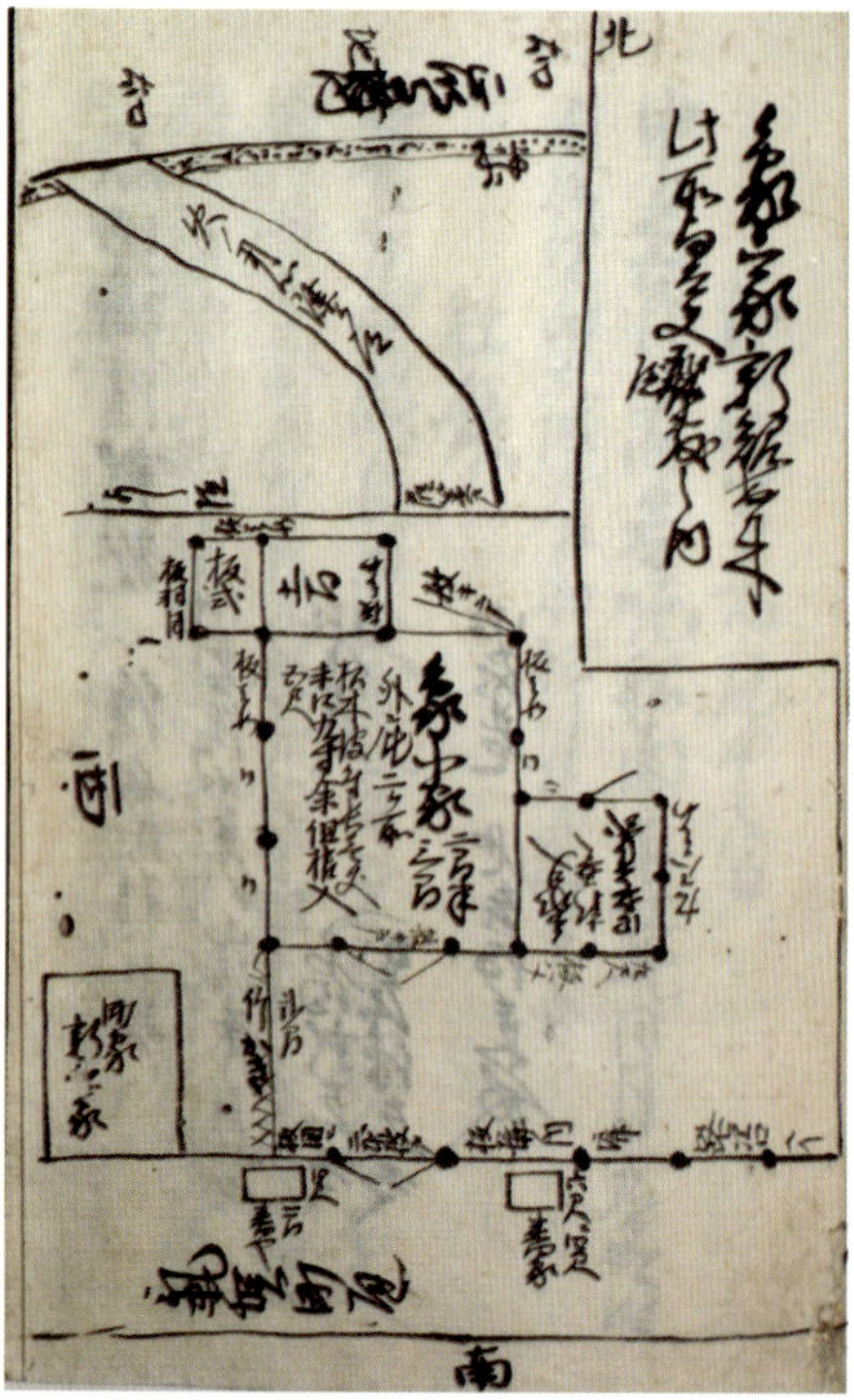

図7　『異国より献上之大象来朝本坂越江戸江下候』国文学研究資料館所蔵、豊橋市二川宿本陣資料館写真提供

篤姫も姫街道を通って江戸へ

天璋院篤姫は、1835年（天保6）に薩摩藩今和泉島津家の長女として生まれ、1853年（嘉永6）薩摩藩主島津斉彬《なりあきら》の養女となり、五摂家筆頭近衛家の娘として徳川家に嫁ぎ、十三代将軍徳川家定の正室となった。

この輿入れのため、同年8月21日に鹿児島を出発し、途中、姫街道を通って江戸へ向かったことが明らかとなっている。

『二川宿本陣宿帳』の10月12日の記載には「薩州様御姫君様」とあり、朱書きで「本坂」「御供立計」とある（図8）。篤姫は本坂通である姫街道を、供の者は東海道を通行したことが記されている。

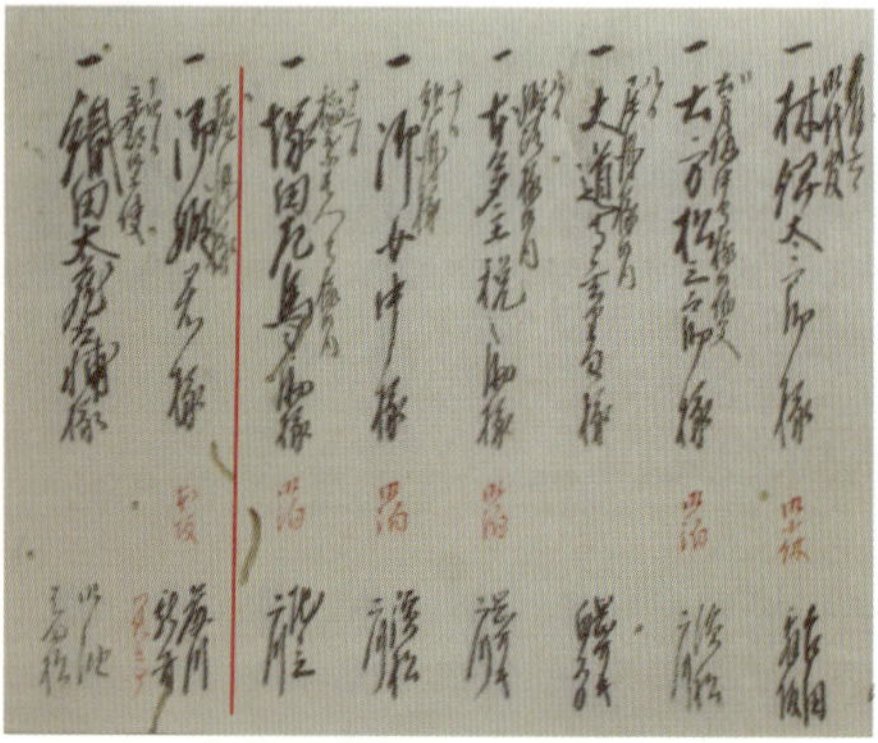

図8　『二川宿本陣宿帳』「文政８年御通行日記」豊橋市二川宿本陣資料館所蔵

また、『薩州様姫君様御通行御触書御用留』には気賀宿本陣で昼休憩をとり、利用料として銀2枚を渡したことが記載されている。また、供の者が利用する下宿が2軒指定されており、合わせて110名の供の者が記されている。これが篤姫輿入れ一行のすべてではなく、先の『二川宿本陣宿帳』には供の者が東海道を通行していることから、一行の総人数としてはさらに多かったものと考えられる。

一行は10月23日に江戸の藩邸に入り、11月に将軍徳川家定の正室となった。

近世

遠江大名墓巡り

溝口彰啓

江戸時代の大名墓

江戸時代の大名家は領地である国元に墓所を築き、その後歴代藩主がその墓域に埋葬されることにより、各家に特徴的な大名家墓所が営まれるようになる。遠江地域にあった各藩は転封を繰り返す大名が多いためか、江戸に墓所を定める大名家も多く、国元に歴代藩主の墓所を形成する大名家はそれほど多くはないが、一代限りの墓所を含めると、横須賀藩や掛川藩などの大名家墓所も存在しており、それぞれが特徴的な墓所を形成する。大名墓所は城郭や城下町とともに、江戸時代の大名の事跡に直に触れることができる空間であるともいえよう。

大名家代々の墓所

掛川市山崎の撰要寺《せんようじ》には横須賀藩主大須賀家及び本多家の墓所が営まれており、寺院背後にも江戸時代の様々な人々の墓地が広がっている。撰要寺は1581年（天正9）に大須賀康高によって創建された寺院で、横須賀城主の菩提寺として高い格式を持っていた。大須賀家の墓所は境内本堂脇に所在し、1607年（慶長12）に没した横須賀藩初代藩主大須賀康政と、その父大須賀康高の墓塔が二基建てられる（図1）。いずれも装飾性に富んだ伊豆安山岩製の宝《ほう》篋印塔《きょういんとう》である。また、撰要寺墓地の最奥の高台には、本多家の墓所がある（図2）。1645年（正保2）に三河岡崎藩から横須賀藩に転封となった本多利長は、三代前までの本多康重、康紀、忠利の大型五輪塔を岡崎から運び、墓所を整備したものである。

掛川市西大渕の龍眠寺《りゅうみんじ》には西尾氏の墓所がある（図3）。1682年（天和2）に西尾

図1　撰要寺大須賀家墓所

図2　撰要寺本多家墓所

図3　龍眠寺西尾家墓所

忠成が転封となって以降、幕末まで横須賀藩主であった西尾家八代の墓所である。墓所は切石積基壇に石柵を巡らせ、東側から忠成の祖父忠永、忠成の父忠照、初代忠成から七代忠受《ただざか》までの墓塔九基が建ち並ぶ。墓塔は唐破風付笠塔婆で統一されており、初代忠成の死後、二代忠尚が最初に墓所整備をおこなったのであろう。

また、掛川市西大渕の本源寺には、1628年（寛永5）に没した横須賀藩主井上正就《まさなり》の墓所がある。墓所は石柵に囲まれており、墓塔は伊豆安山岩製の宝篋印塔で、子の正利によって建てられたが、井上家が転封したため正就のみの墓所が残ることとなった。

井伊直勝は彦根藩主井伊直政の長男で、本藩を継がず上野安中藩主となり、その子直好は掛川藩主に移封となった。直勝は1662年（寛文2）、直好は1672年（寛文12）にそれぞれ没しているが、その墓所が袋井市久能の可睡斎《かすいさい》に所在する（図4）。いずれも基壇上に伊豆安山岩製の大型五輪塔を建てる形態の墓所である。

図4　可睡斎井伊直好墓

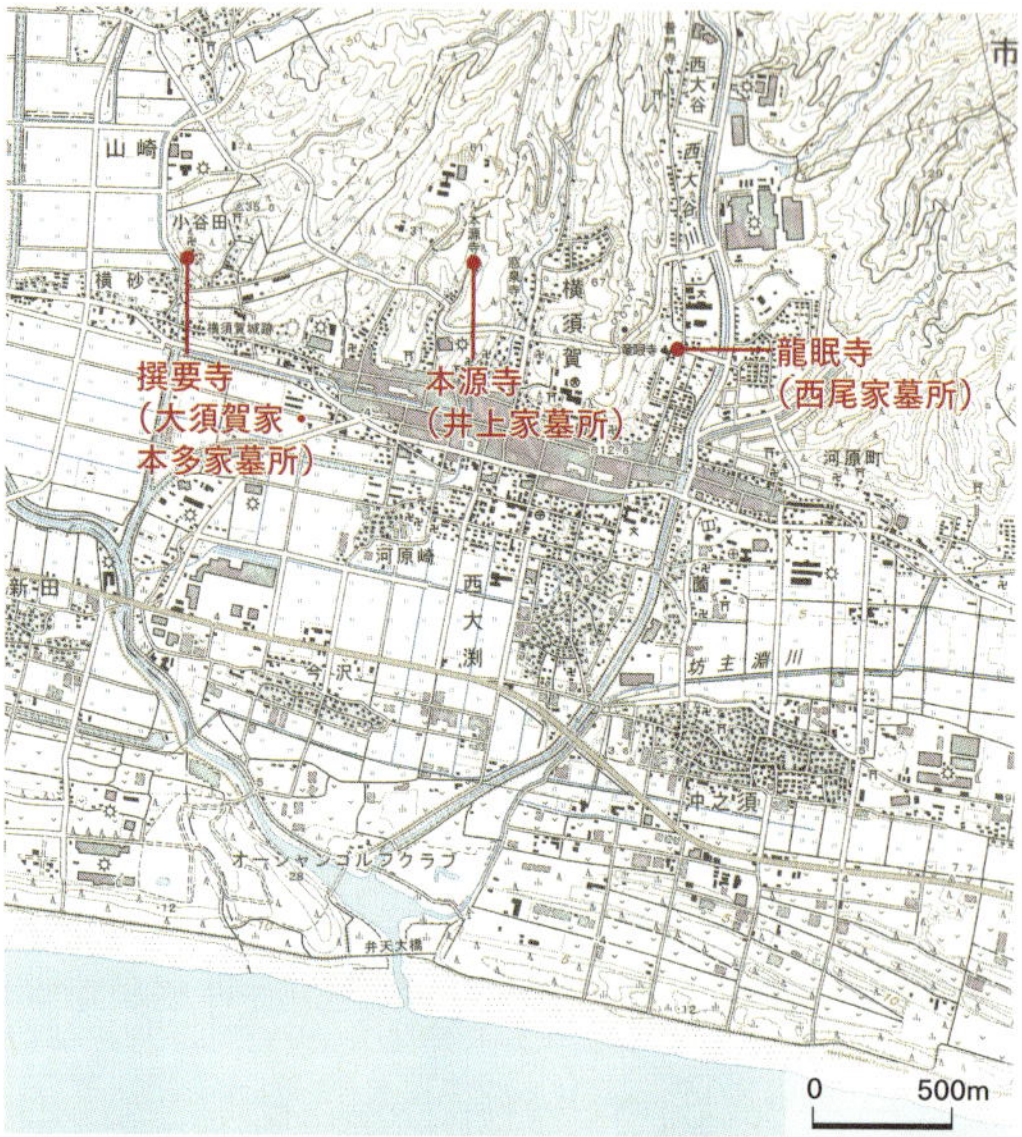

図5　1/2.5万「袋井」2008年

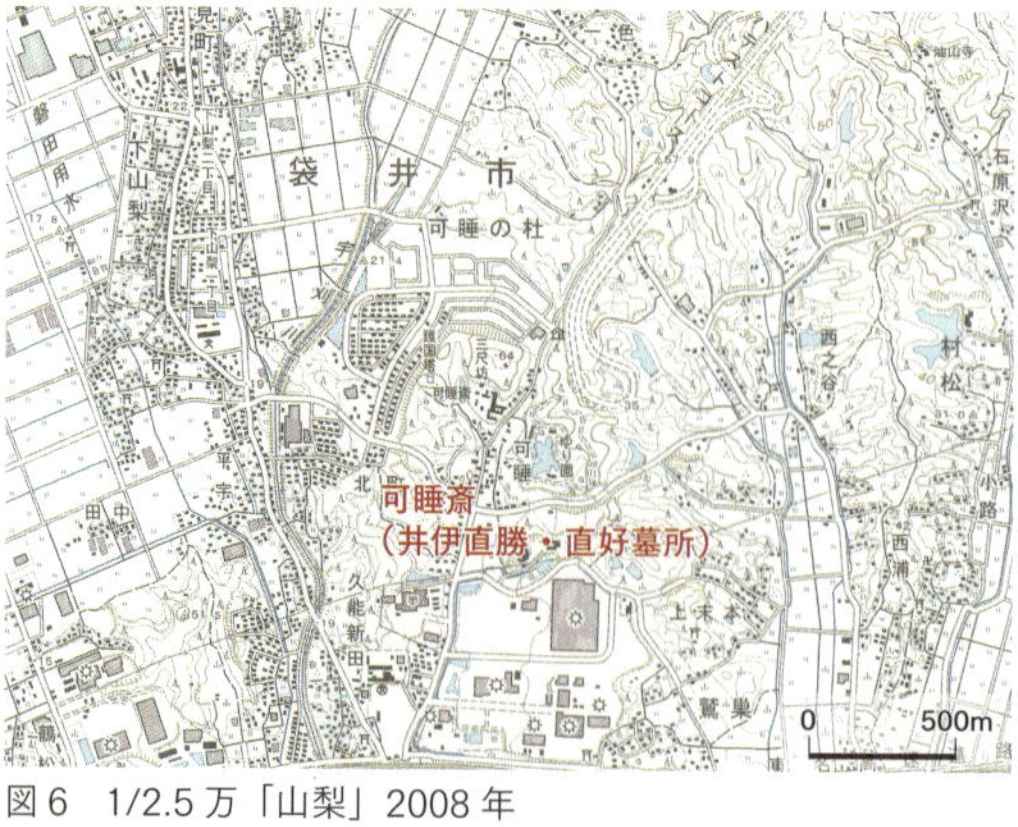

図6　1/2.5万「山梨」2008年

旗本の墓

幕府の直臣であり、大名に列せられる一万石以下を拝領する、将軍への御目見以上の家格を持つのが旗本である。高禄の旗本の場合は、大名墓に匹敵する歴代墓所を持つ家もある。遠江には、在地領主として戦国時代から領地を治

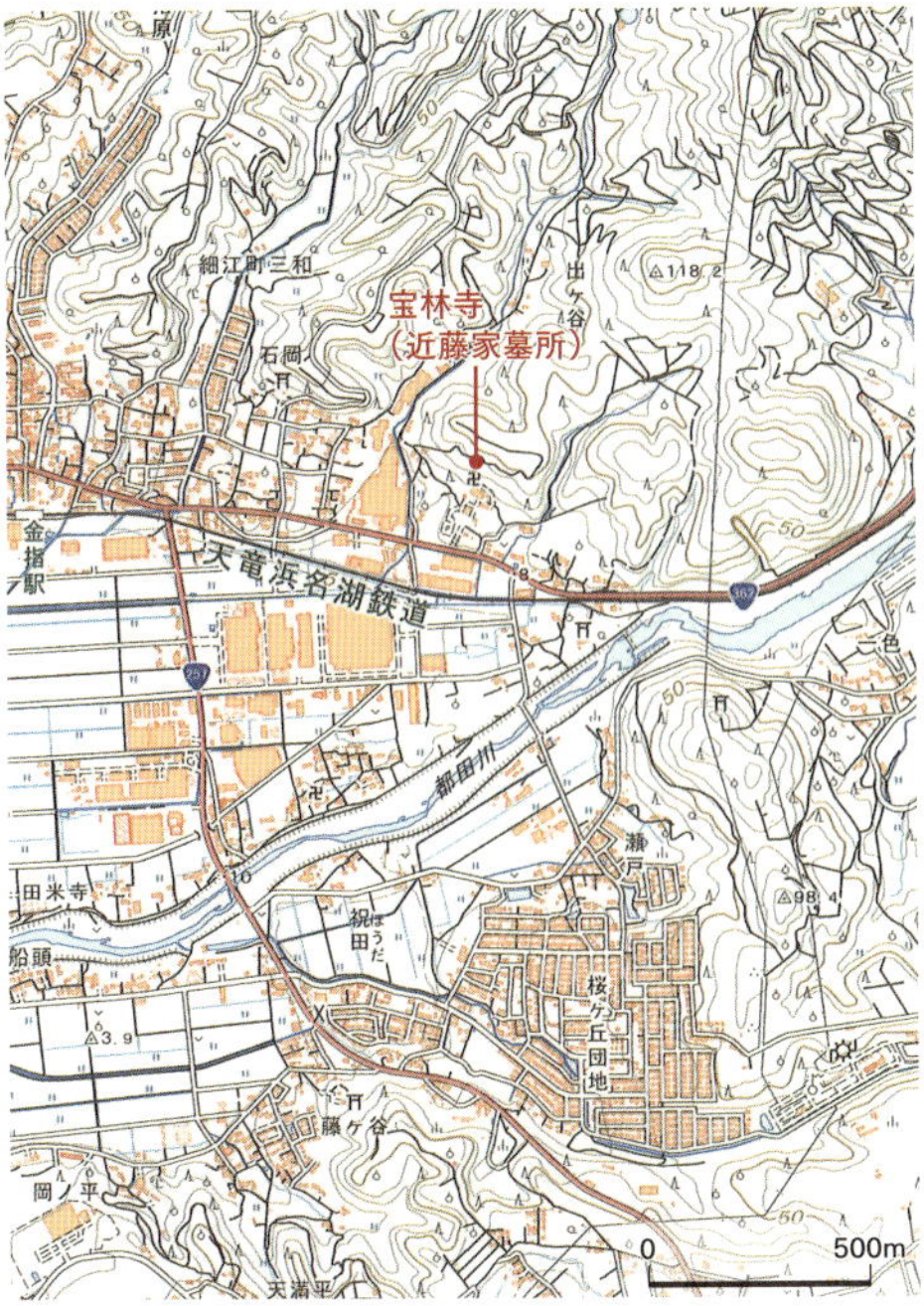

図８　1/2.5 万「気賀」2016 年

図７　1/2.5 万「新居町」2016 年

図９　金指近藤家二代貞用と室の墓塔

め、江戸時代に入ってからは旗本となった大澤家、近藤家があり、両家は大名家の墓と同様に代々の墓所を営んでいる。大澤家の墓所は浜松市庄内の菩提寺である宿蘆寺《しゅくろじ》にあり、初代から十代までの当主の墓塔が立ち並ぶ。二代から四代までは宝篋印塔、初代及び五代以降は五輪塔となっているが、初代基家の墓塔は後世に建て直されているようである。なお、大澤家は江戸駒込の吉祥寺にも墓所がある。

近藤家は近世初頭には相模・上野で1万5000石を領する大名であったが、1623年（元和9）、遠江に所領を得たことをきっかけに、一族五家（気賀・金指・井伊谷・花平・大谷）に分知を行い、旗本として幕府に仕えることとなった。気賀及び金指に陣屋を構えた近藤二家の墓所が菩提寺である浜松市細江町の初山宝林寺東側の丘陵上にある（図9）。墓所の、向かって左側には、金指近藤家初代から九代の墓塔が並ぶ。墓塔は塔身が六面となる笠塔婆であり、珍しい形態である。これは宝林寺の宗派である黄檗宗の高僧の墓塔の影響が窺われるという。墓所右側には気賀近藤家二・七・十一代当主の墓塔があり、いずれも塔身が角柱となる笠塔婆となっている。

近世

外国人が見た近世の駿河・遠江

久住祐一郎

ケンペルとシーボルト

いわゆる「鎖国」政策が行われていた江戸時代にも、日本国内を旅行した外国人がいた。彼らは初めて目にする極東の島国の自然や街並み、そこで暮らす人々の姿などを旅行記に記述した。外国人の目を通したそれらの記述には、当時の日本人が当たり前のこととして記すことがなかった日常のありふれた風景が、客観的な視点でとらえられている。

ここでは、1691年（元禄4）と翌92年に旅行したケンペル、1826年（文政9）に旅行したシーボルトという、2人のドイツ人医師・博物学者の旅行記を通して、近世の駿河・遠江のすがたを紹介したい。

街道のすがた

ケンペルとシーボルトは、それぞれオランダ商館長の江戸参府に同行して長崎と江戸の間を旅行した（図1）。2人とも街道を行き交う旅行者の多さに驚かされ、参勤交代の制度によって庶民も安全で快適な旅行ができるようになったと分析している。

ケンペルは、街道の様子やそこで目にした人々の姿を詳しく記している。身分の高い人が通行する場合は事前に街道が清掃されるが、そうでなくても近隣の百姓らが落ち葉や馬糞を肥料として持っていくため、清潔に維持されている。同様の目的で旅人の糞尿を集めるため、街道脇には便所小屋も建てられていた。

図1 オランダ使節団の行列（シーボルト『NIPPON』より）福岡県立図書館所蔵

街道で百姓に出会うことはほとんどないが、日雇いや下僕をして生活する者、旅人に小物などを売る者によく出会った。旅人についても伊勢参りや諸国巡礼、あるいは街道で施しを受けながら生活する人々を見かけた。

各宿場の本陣、旅籠屋の設備については、間取りから建具や風呂の構造まで細かく描写している。一行が宿泊した本陣では、オランダ領東インド会社の紋章が入った幔幕が張られた。本陣の主人は身分の高い客人をもてなすことに慣れていたが、同行する役人に見張られて小さな裏庭に出ることしか許されず、窮屈な思いを強いられたようである。

2人が見た駿河・遠江

浜松は数百の粗末な家がある町で、道路は少ないが整っている。日中は店がたくさん開いていて、見るからに大変きれいである。祭日なのか、竹竿につけた提灯の下で、若者たちが太鼓をたたき楽器を鳴らしながら列になって踊っていた。(ケンペル)

図2　五十三次名所図会 日坂　豊橋市二川宿本陣資料館所蔵

掛川を通り過ぎるとき、ある百姓が鍋を火にかけたまま私たちの行列を見物しようと戸口に出ている間に火事になってしまい、強風によりたちまち隣家に燃え広がった。私たちにも熱い煙が吹き付けてきたため、窒息しないように馬を走らせて逃げた。高台から振り返ってみると、町中が煙と炎に包まれ、その中に城の天守閣がそびえ立っているのが見えた。(ケンペル)

小夜の中山では、鳴らすと願掛けをしている人に銭が授かるという鐘、昔泣いたことがあるという大きな石(夜泣き石)、その姿を見ると旅行者に死がふりかかるという獣などの伝説があり、僧侶などがそれらの由来を記した書物や絵を売っていた。(シーボルト)

小夜の中山では、丘の連なる素晴らしい景色を眺め、峠の茶屋で名物の飴《あめ》を食べた(図2)。かわいらしい山の娘と楽しく会話し、指輪とかんざしをプレゼントした。(シーボルト)

大井川では、台に結び付けた駕籠に乗り、大声を出している半人半魚の男たちに身をゆだねた。この熟練した川越え人足は、楽々とこの急流を渡してくれた。(シーボルト)

藤枝はかなり大きな町だが家々の手入れが悪く、裕福ではないことを物語っていた。路上にサメやガンギエイの皮を並べて売っていた。(シーボルト)

駿府では、たくさんの小売店とならんで、商品を置いただけの低い家々が立ち並び、織物や日傘、籠、小箱などが安価で売られていた。町を通り抜けるのに1時間かかった。この土地の少年たちは礼儀正しく、教育が行き届いていた。(ケンペル)

駿府では、名産品である木工品や編細工品を見るため、長い街道を歩いて通った。午後には商人がこれらの製品を宿所へたくさん運んできた。その技巧はどんなに褒めても足りないが、我々が自信を持って言い値の四分の一に値切っても差し支えないほど法外な値段をふっかけてくる。(シーボルト)

2人の旅行記より、浜松から駿府までの街道の様子や出会った人々の記述を紹介した。率直な感想や細かな視点からは、いきいきとした江戸時代の日常が浮かび上がってくる。

近世

道中案内記を読み解く

高橋洋充

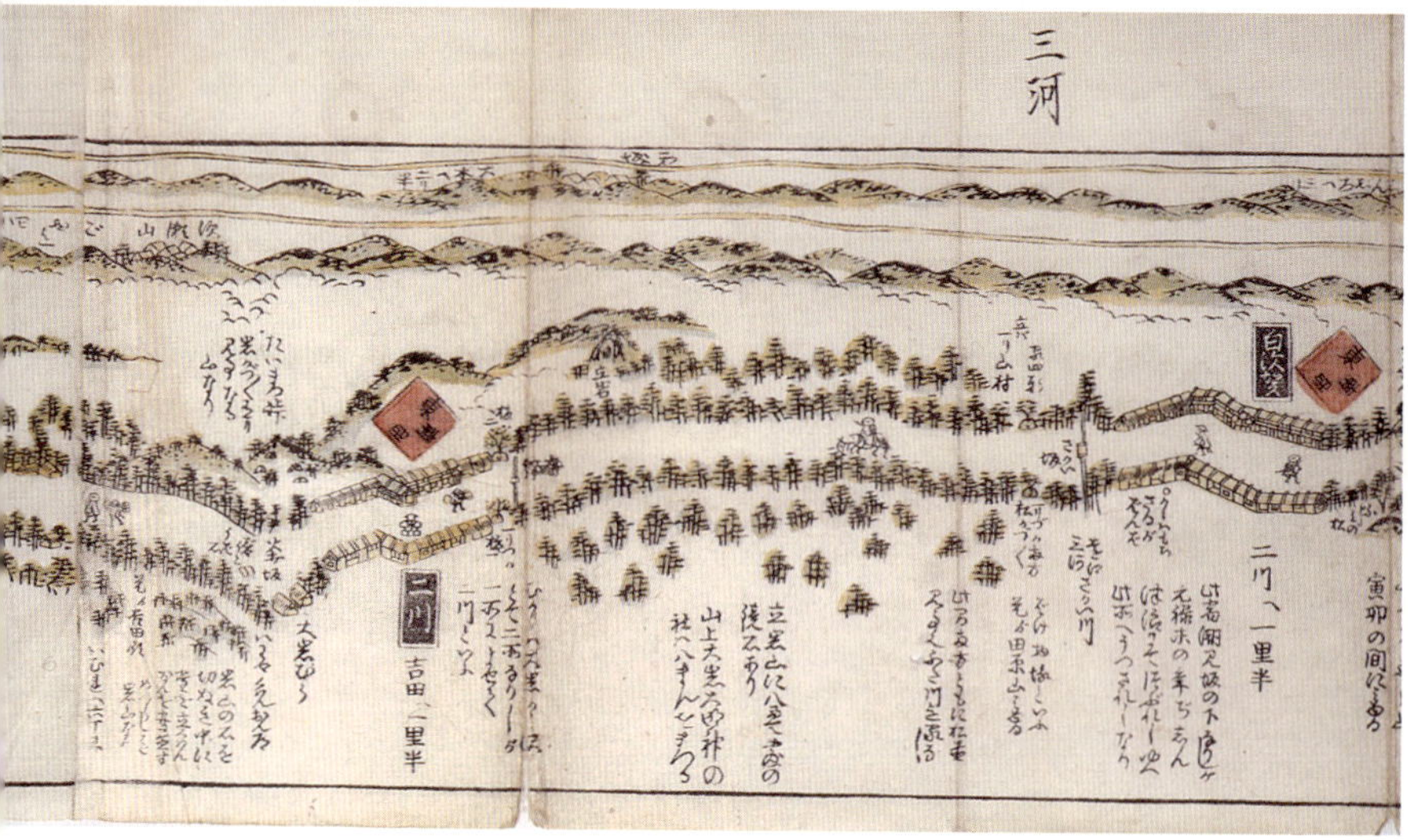

図1　新板東海道分間絵図（白須賀宿～二川宿部分）
1785年頃
豊橋市二川宿本陣資料館所蔵

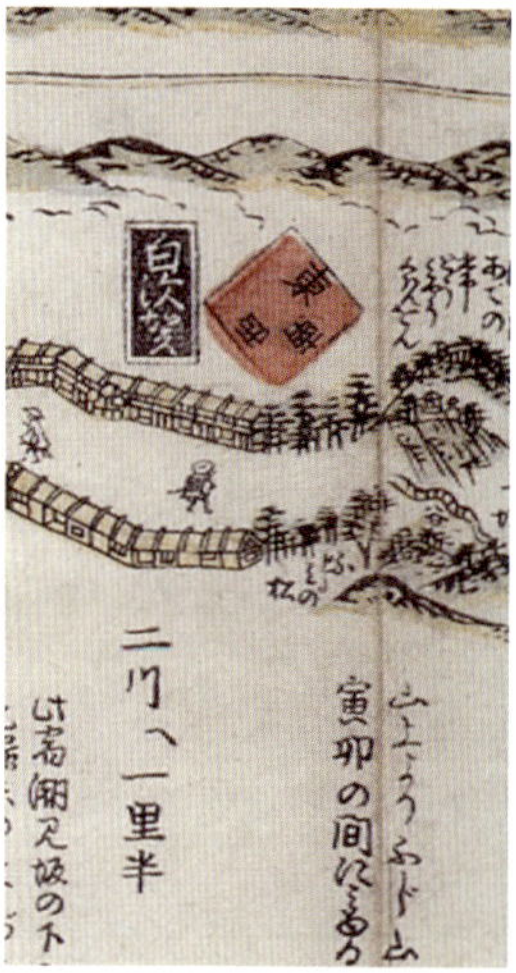

図2　図1の部分拡大
方位が示されているのがわかる

庶民のためのガイドブック

江戸時代に入ると、全国的に街道や宿場の交通施設が整備され、社会情勢の安定化によって、ようやく一般庶民も神社仏閣参詣、温泉療養などの目的で旅をすることが容易になった。

とは言うものの、現代と比較すれば当時の旅はかなり危険を伴っており、さらには旅慣れない人々も多数あり、そうした時に必要とされたのが道中記、つまり旅行ガイドブックであった。

その内容は、街道や宿場の様子、里数、駄賃、その他領主や宿役人をはじめ、名所、旧跡などに至るまで、旅に必要となる情報を盛り込んで刊行された道中案内記であった。

使い勝手を求めた工夫

ここでは、二つの資料を紹介してみよう。まず、「新板東海道分間絵図」（図1）であるが、これより前、1690年（元禄3）に発行された「東海道分間絵図」が比較的大型で、携帯するには不向きであったため、1752年（宝暦2）に、これを懐に入るように一帖の折本に小型化したもの（同じく「東海道分間絵図」）が刊行されている。そのうえで、図1

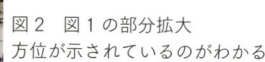

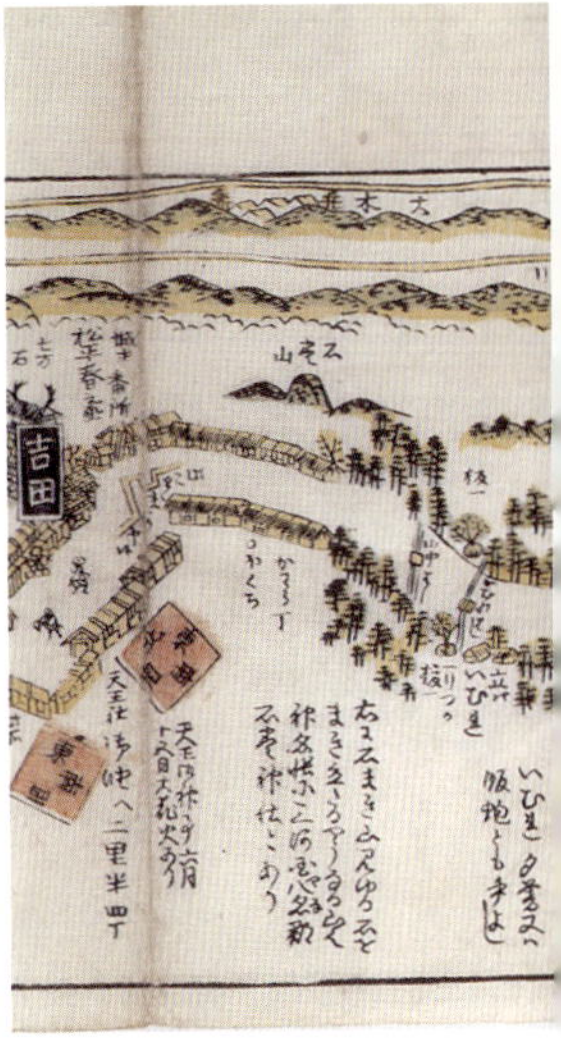

の「新板東海道分間絵図」を見てみると、これはこの年に東海道の人馬賃銭が改定されたため、基本的には、先の宝暦版巻末の駄賃表、城主の名前などを訂正したものである。宝暦版との大きな違いとして、この頃に完成した錦絵の技術を駆使して、手彩色ではなく色刷りで刊行されている点が挙げられる。

次に、「東海道行程図」（図3）は、上・中・下三帖の折本からなるもので、各宿場には次宿までの距離、各一里塚にはそれぞれ江戸と京までの距離が記されている。折本や絵巻物のように横長の限られた紙面の中に、曲折を繰り返す街道を正確に描き込むことは、当然のことながら困難であり、これを少しでも解消するため、先の「新板東海道分間絵図」などでは、図2からもわかるように、随所に東西南北の方位を記す方法を取ったが、「東海道行程図」では、街道の方角が大きく変わる地点で、紙面自体を折り曲げるという方法を取っている。

江戸時代には、徒歩を基本としていた旅の持ち物を、少しでも小さく、軽くという工夫がされていたが、その一つである道中記もまた、時を経るなかで小型化はもちろん、表現方法も工夫された様子がうかがえる。

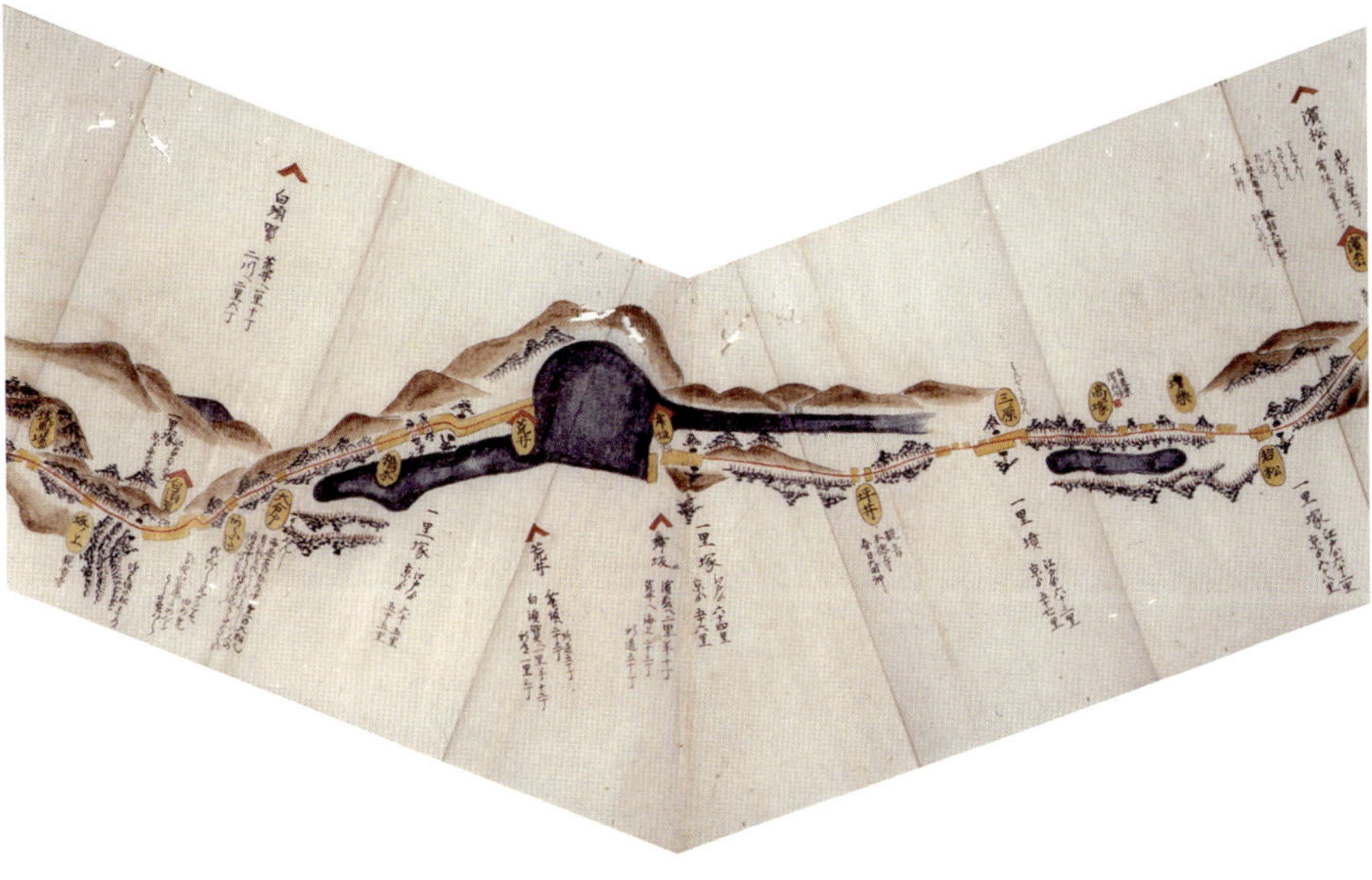

図3　東海道行程図（浜松宿〜白須賀宿部分）1856年　豊橋市美術博物館所蔵

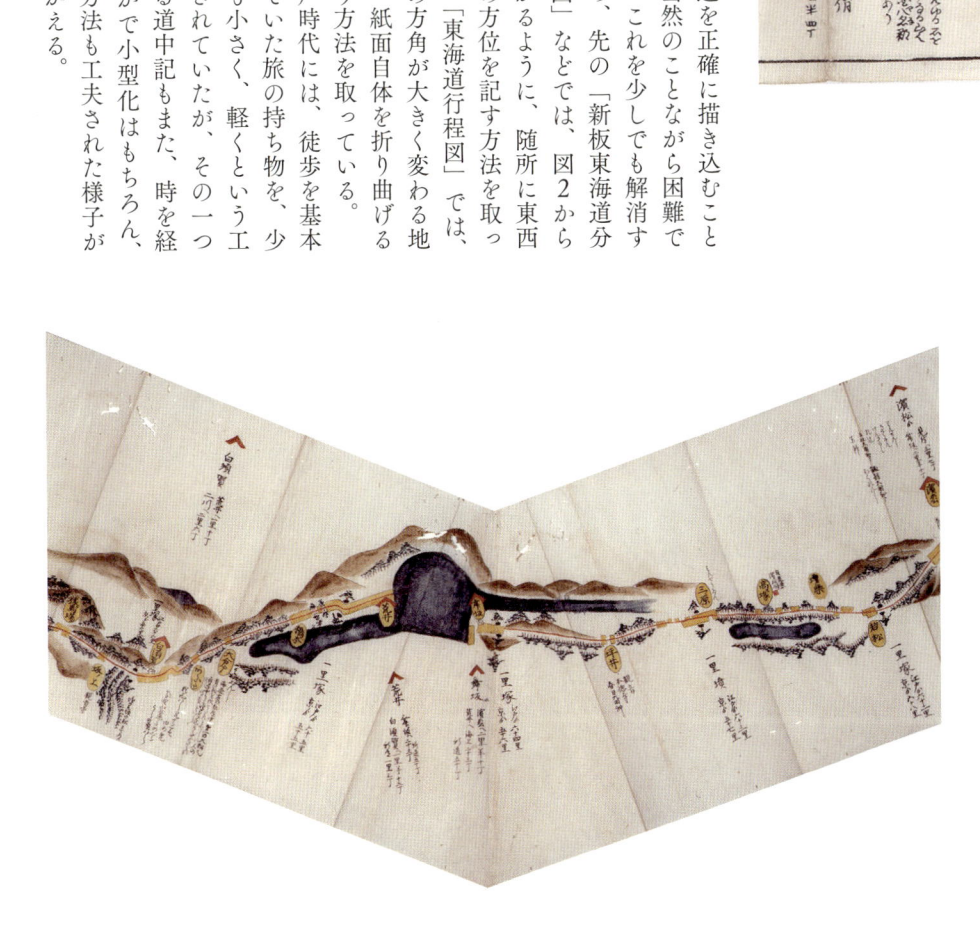

近世

森の石松の故郷を歩く

松井一明

土蔵の町

　静岡県の有名人の一人として、森の石松の名を聞く人は多いだろう。侠客清水次郎長の子分で、名前の通り遠州森町の出身とされており、森町大洞院には石松と伝えられる墓石がある（図1）。石松の墓石がギャンブルのお守として有名となり、墓石を割り取る不届者がでるなど、現在の墓石は三代目となっている。

　この石松の故郷である遠州森町は、遠江から秋葉山へ、さらに信州飯田へ至る秋葉街道の宿場町として、中世より近世にかけて繁栄をした。1830年（文政13）の記録によると、江戸末期の森町村には家数358軒、旅籠4軒、職人家40軒、医師2軒とあり、宿場としては旅籠4軒と数が少ない。江戸時代末期の森町村は古着の町としても有名で、伊勢、名古屋、岡崎から仕入れた古着を、近くは駿河府中、沼津、御殿場、甲府、遠くは江戸や三陸地方まで販売していた。この古着屋である大石屋や山中屋などの商家があり、現在でも宿内外には土蔵が多数残されており（図2）、土蔵の町として、かつての繁栄ぶりを見ることができる。

図1　大洞院森の石松墓

図2　宿内蔵

東海橙の金剛仏

　1830～43（天保年間）に山中豊平により描かれた「森町村絵図」（図3）を見ると、江戸末期の森町村と、周辺の寺院や村の様子がよくわかる。宿場の中央にはクランク状に道を曲げた桝形があり、北は瀬入川に架かる慶長橋が境となっている。この桝形の東側には大きな家屋があり村役人あるいは鋳物師の居宅とされる。少し離れた山中には北より梅林院、新月庵、随松寺、蓮花寺などが描かれている。なかでも蓮花寺はひときわ大きく描かれ、704～708（慶雲年間）行基の開山とされる天台宗の古刹として知られている。

　蓮花寺の南方には西金谷の地名がみえ、一宮荘在住の鋳物師がいたとされている。中世一宮鋳物師の作品として、遠江国府見付蓮光寺の1364年（貞治3）銘一宮西願・崇一の名が刻まれた梵鐘が有名である。睦美の1487年

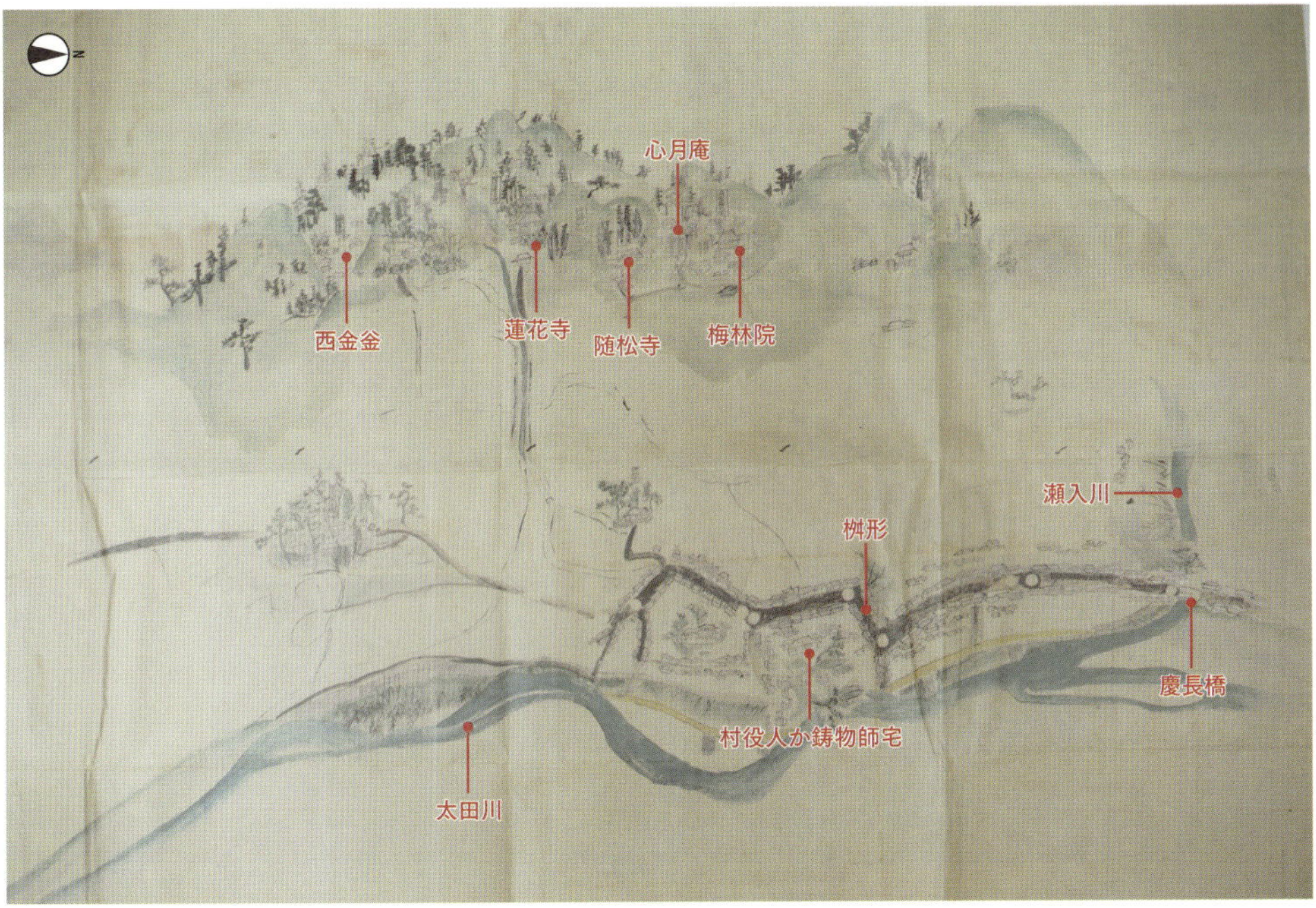

図3　森町村絵図　山中家所蔵

（文明19）銘賀茂神社や森の1460年（長禄4）銘の片吹天王社の鰐口なども、一宮鋳物師作である。

近世になると森町村の山田七郎左衛門が、小牧山の戦いに従軍しその功績により、1587年（天正15）徳川家康より「駿遠両国鋳物師惣大工職」の朱印状を賜った。当初は徳川軍団の大砲などの鋳造武器の製作を担っていたと思われるが、平和な江戸時代になると、山田家は仏像や梵鐘などのほか、鍋や釜などを製造販売し、民間需要の鋳物師として生き残りを図った。大作としては高平山遍照寺の1718年（享保3）大日如来座像が有名で、東海地域最大の金銅仏とされる（図4）。その他大洞院龍門橋には1785年（天明5）銘の擬宝珠、秋葉山奥院の勝坂不動堂の1722年（享保7）銘梵鐘などが遺作として知られている。

森町の北部地域は山間部となっており、江戸時代から茶の栽培が盛んで、「遠州の安部茶」として江戸茶問屋を中心として販路が広がっていた。幕末になると横浜から、日本の主要輸出品の一つとして、大量の森のお茶が海外にも販売されるようになった。現在でも遠州森町のお茶は、高級煎茶として全国に知られている名産品である。

図4　高平山大仏

近世

近世の海上交通をさぐる

椿原靖弘

江戸時代の海上航路

大航海時代にあたるヨーロッパ諸国のアジア進出に対応して、中世末から江戸時代初めには徳川家康や伊達正宗は交易を目的とした世界進出を考えていた。しかし、幕府は1635年（寛永12）に海外渡航を禁止し、諸外国との接点は長崎平戸に限ったため日本の海上流通は国内に限定されていった。

日本海側の海上航路は若狭湾の敦賀で荷上げし、琵琶湖北端の塩津まで陸路をとり、ここから再び琵琶湖を渡り、大津で陸揚げして京都・大坂へと運び込んでいた。しかし、江戸時代初期には海路のみによる西回り航路が成立した。一方、太平洋岸は大坂から紀伊半島を迂回するか、京都から伊勢路の陸路をとり、伊勢から江戸まで太平洋を東へと航海していた。

江戸時代の経済は大坂を最大の拠点としていたため、大坂と一大消費地となった江戸を結ぶ航路と、日本海と大坂を結ぶ西回り航路が発達した。西回り航路は瀬戸内海を横断し、下関を迂回して日本海を北上し、酒田まで達していた。図1でも西回り航路は酒田で終点となっているが、福井県武生市河野の船主の館には、交易によりもたらされたアイヌの上着（アッシ）が伝わっており、北陸の船主は北海道にまで航路を進めていたらしい。

当時の廻船の主流となっていたのが弁財船（弁才船とも書く）で、船首に一本延びる水押（みよし）が特徴となっていた。別名で千石船と呼ばれるが、100石から1500石ほどの大型船まであった。仮に1000石とすれば現在の150トン積みの船ということになる。また、和船は甲板を固定せず取り外すことができたため、荷物を山積みできた。たとえ船体の構造は危弱でも、積載量を多くする構造となっていた。和船は太平洋を越えて航海することを目的とせず、沿岸域を港から港へと航海することを目的とした船の構造となっていたのである。

図1　江戸時代日本の海上交通

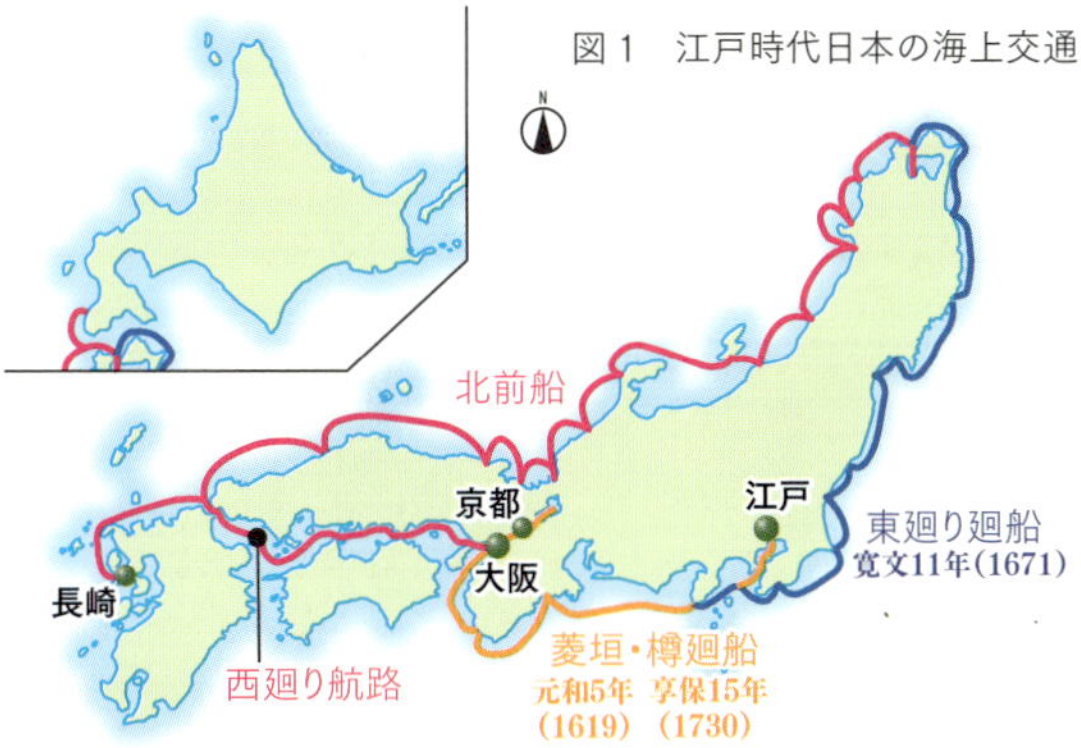

図2　浦方略絵図　南伊豆町妻良区所蔵

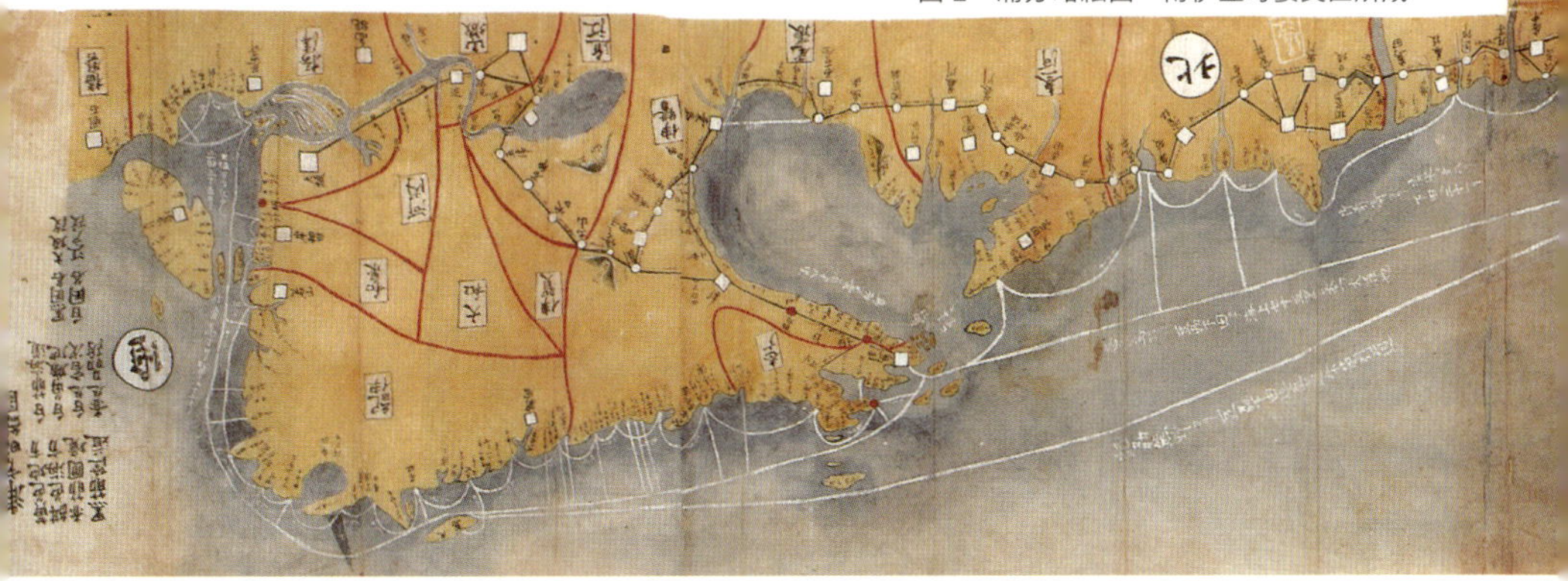

240年使われた灯台

伊豆半島南端の妻良《めら》に「浦方略絵図」という貴重な絵図が伝わっている（図2）。折り目があることから小さく畳み、航海にも保持されていたと思われるが、港と港を白線で結ぶ航路を示した海図である。この図を見ると、紀州熊野や鳥羽から一気に下田へと渡る航路と渥美半島を経て各港をたどる航路が示されている。鳥羽からの航路には「志州鳥羽ヨリ豆州下田ニ海上七十五里日本一ノ大灘也」と記されている。遠州灘や伊豆南は黒潮の流れが速く、難所として恐れられており、海難事故の記録も多く残っている。1782年（天明2）に伊勢の白子より江戸へ向けて出帆し、暴風雨にアリューシャン列島まで流されてしまい、エカテリーナ2世に謁見して帰国の許可をもらい10年かけて日本に帰国した大黒屋光太夫の話は映画の素材にもなった。なお、航海の安全のために建てられた御前崎の灯台は良く知られているが、江戸時代にもかの地に灯台が

図3　見尾火灯明堂　米山美里氏提供

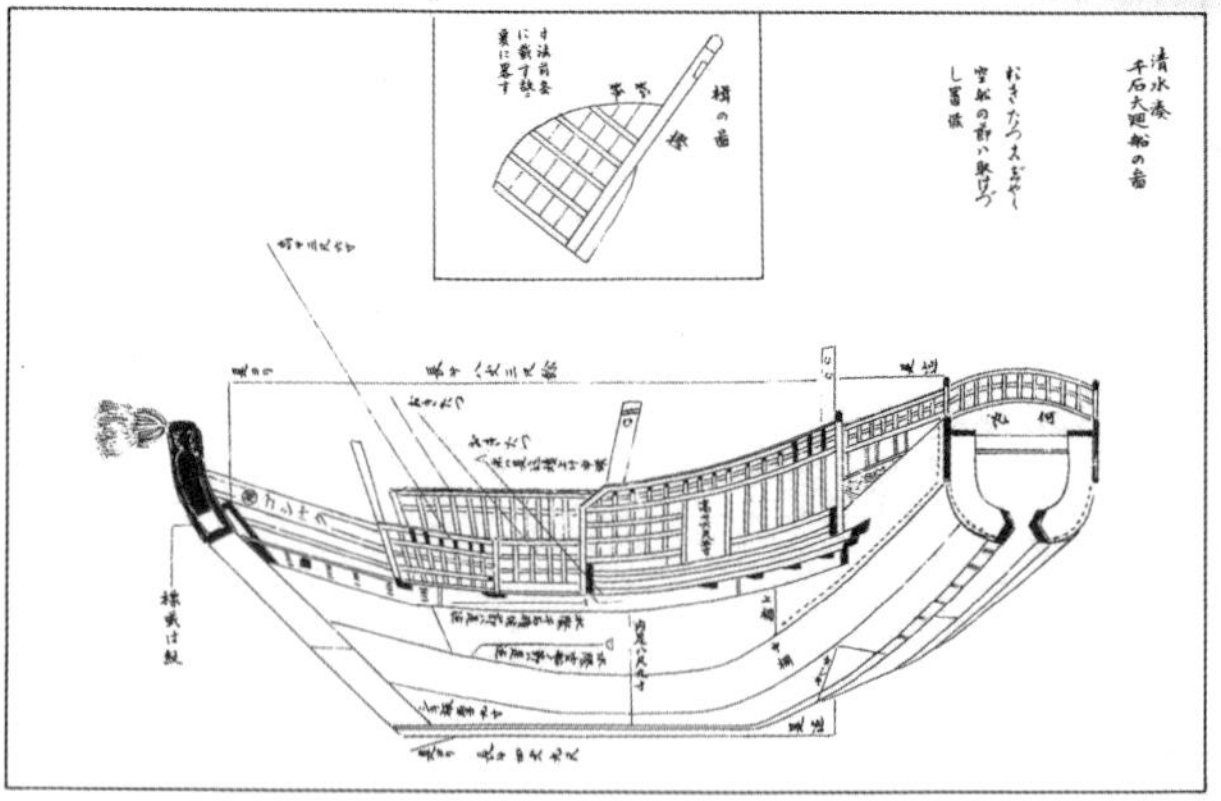

図4『駿国雑志』の千石船の図

あったことはあまり知られていない。灯台の入り口前に復元された「見尾火《みおび》灯明堂」が
それで、幕府が1635年（寛永12）に設置した（図3）。約3・6メートル四方のお堂は屋根が大板葺、床は建物が強風で吹き飛ばれないよう90㎝ほどの厚さに石が敷き詰められている。当時は植物の種から抽出した油を使って火を燃やしていた。毎夜、村人は二人一組で番をおこない、一睡もせずに灯りを守り、朝日が昇るとお堂に板戸をはめて帰ったという。風雨の強い日は海上へは灯りも届かなかったらしいが、1874年（明治7）まで240年間も海の安全を担っていた。

このような燈明台は掛塚港や白須賀宿の塩見坂観音にもあったという。

さて、太平洋岸を航行する弁財船には菱垣《ひがき》廻船と樽廻船があった。構造上の大きな違いはなかったが菱垣廻船は胴横に菱形の格子が付けられており、1620年（元和6）には廻船問屋仲間が組織された。貨物の中心は年貢米が多かったが、木綿や酒、味噌、醤油、油、木材、魚粉、日常雑貨などあらゆる物資が菱垣廻船で運搬された。ところが、これに対抗すべく1730年（享保15）に樽廻船仲間が成立した。樽廻船は、字面で判るように酒樽を中心に積む船で、菱垣廻船仲間との間で上荷をめぐり絶えず紛争を繰り返していたという。

港開発と安全祈願

駿遠地域でも幕府と諸藩の年貢米や大規模な土木工事に必要な材木の運搬のために新たな港の開発とともに河川開削が各地でおこなわれた。京都の高瀬川開鑿で知られる角倉了以《すみのくらりょうい》は1607年（慶長12）に富士川を開鑿したため信濃・甲斐の年貢米が清水湊へと回漕されるようになった。また、天竜川上流の材木を回漕するため掛塚湊も整備されている。

江戸時代初期には「地乗り航法」と呼ぶ沖から見える陸地の特徴的な地形を目標物として航行するもので、目安とした山並みを現在でも指摘されることがある。一方で、この航法は昼間の航海に限られ、天気にも左右される非能率的だったため、江戸時代中頃から磁石を使った「沖乗り航法」に交代していった。沖乗り航法は陸地から離れて航海する方法だが、御前崎沖の御前岩と呼ばれる岩礁を「沖の御前」と「地の御前」と2カ所を呼び分けるのはこれの名残りであろう。また、清水区の竜双山や藤枝市の高尾山など航海の目印となっていたと伝承される景色も多い。図

2に記入された港周辺を見ると、遠江国の太平洋に面した海岸地域には航海の安全を祈る信仰が今でも伝わり、航海安全祈願に関わる寺社も多くある。牧之原市大江神社にのこる船絵馬は1764〜72年（明和年間）に奉納されたもので、弁財船6艘が描かれている（図5）。各々16反帆であり、相良湊には大きくても800石積といわれた船の大きさとも合っている。また、大江神社も含め相良町内4社の秋の祭典では現在でも「御船神事」が執り行われている（図6）。神輿渡御の行列に従い、若衆が御船歌を歌いながら弁財船模型の船首と船尾を交互に持ち上げ、荒波を航海する様子を威勢よく真似ながら街中を練り歩くのである。

図5　牧野原市大江八幡宮廻船絵馬　牧之原市史料館寄託

図6　大江八幡宮の御船神事

弁財船が難船・破船し、積載した荷が流れると、浦廻状や浦証文を各湊に回して積荷の回収を図った。沿岸諸村の人々にとっては、海難救助を担当する海域はその村の漁業領域であるとの認識が広まっていたためでもあった。

清水湊で1737年（元文2）に積み出した荷をみると、年貢米の穀物の他に特産品の茶が2万本、薪・炭の燃料とともに竹木類の普請材が目立っている。反対に積み入れ荷には、穀物、塩、干鰯が多くを占めていた。清水には幕府と甲斐国の年貢米の蔵が置かれていた。また、空荷となった舟は富士川を遡り甲斐・信濃へと塩や日常品を運んだ。干鰯は肥料として受け入れられた。

なお、「浦方略絵図」及び、諸文書に記された江戸時代の駿遠の港には、西から浜名湖の新居、天竜川河口の掛塚、福田、横須賀、御前崎、相良、川崎、焼津、清水、沼津などが挙げられる。いずれも御用米や御用木等を積み出した港である。この中の掛塚や福田、川崎のように年貢米の積出しを主目的とする港であった場合は明治維新後には機能を終え、消滅してしまった。また、東海道線が1889年（明治22）に敷設されると、国内物流の状況は大きく変わっていった。

近世

天竜川の舟運

坪井俊三

図1　青山御領分絵図　浜松市博物館所蔵

古地図に見る流路

遠州平野を南北に貫流する天竜川の舟運とその難所、渡舟場、下流域の流路の変化についてみていくことにする。

図1は「青山御領分絵図」で、浜松藩青山氏が浜松に入部した1678年（延宝6）前後に製作したもので、天竜川の流路を考えるうえで重要な絵図である。絵図から地名は判読できないが、流路の変化は読み取れる。かつて天竜川は鹿島村（天竜区）以南で大きく二つに分かれて流れていた。その西（右）の流れ（小天竜川）は馬込川となり、白羽村で遠州灘に注いでいた。もう一方は今の天竜川（大天竜川）である。絵図の白い部分は普段水の流れはなく、「満水ノ時ハ川」とか「川原」の注記がある。江戸時代初期に流路が大きく東（左）に移動し、その後小天竜川で上流部の締切工事がなされ、絵図のような状態になったと考えられる。この変化は鹿島村以南の地域に居住する人々に大きな影響を及ぼしたであろう。

この「天竜川絵図」（図2）は1871年（明治4）に作製され、信濃境より掛塚（磐田市）までおよそ25里を描き、その間の現水窪川、大千瀬川、気田川、阿多古川などの支流と天竜川との合流点の川幅とその上流までの長さが記載され、遠江の天竜川水系を掴むのに便利なものである。水窪川でいえば西渡の川幅はおよそ150間（約270m）、上流までおよそ8里（約32km）である。天竜川の中に小さく書かれている名称は当時の難所で、たとえば上平山、瀬尻両村の間の「瀬見」は、川の中に大石（絵が描かれている）があり、舟・筏の航行の障碍となった。難所として「豆コボシ」「狭石」「鳴瀬」「七ツ釜」などが見えるが、その多くは上流部の信濃・三河との境付近にあり、今は佐久間ダムの建設で水没してしまった。これらの難所は1936年（昭和11）発行の『天龍下りと二俣案内』にも「峡流中の名勝」の中に示されている（図3）。

1733年（享保18）の書上に北遠山中の渡舟場として、中部・戸口・大嶺・雲名《うんな》・伊《い》砂《すか》・日明《ひあり》・川口八ヶ村が見え、

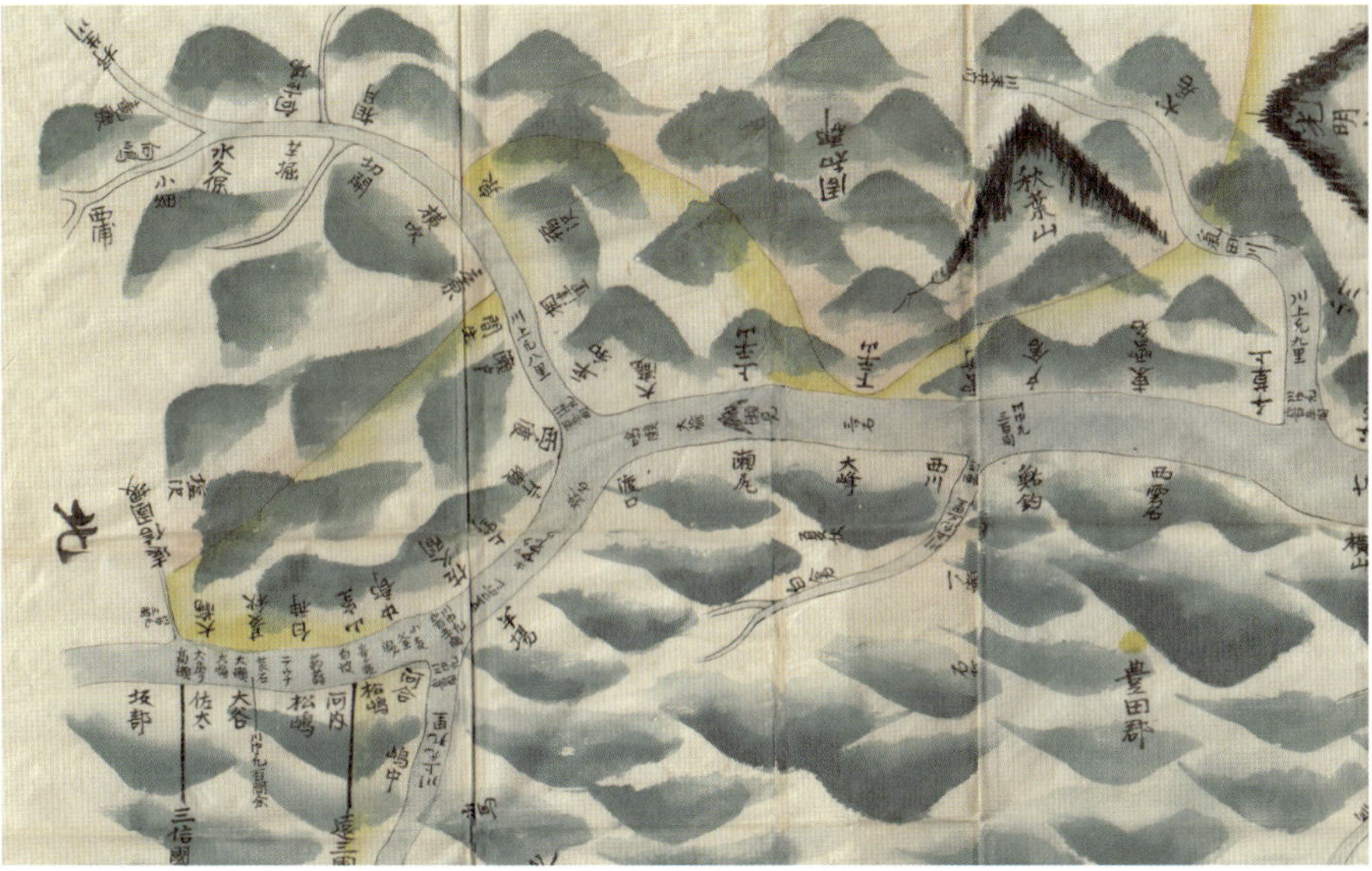

図２　天竜川絵図（上図は西雲名〜東雲名間以北が見える）

峡流中の名勝

㊀豆こぼし。㊁胸度。㊂峡石。㊃八間。㊄乙女ノ瀧。㊅萬太郎岩。㊆久根銅山。㊇狆岩。㊈戸口ノ瀧。㊉成瀬ノ瀧。⑪成瀬八大龍王。⑫五徳岩。⑬トサカ岩。⑭屏風岩。⑮烏帽子岩。⑯朝香ノ清水。⑰秋葉山。⑱千草ノ釜。⑲横山ノ渡。⑳不動ノ瀧。㉑裏見の瀧。㉒船明辨天岩。㉓二俣城址。㉔椎ケ淵。

図３　渓流中の名勝。たくさんの難所があった（出典：『天竜下りと二俣案内）

その中で大嶺・雲名の2カ所は、「秋葉参詣者」の利用を記載する。山間地域は地形的制約から渡舟場の位置が重要で、街道を考えるうえで参考となる。

絵はがきに見る舟運の風景

江戸時代天竜川に周航した代表的な川舟は、角倉《すみのくら》舟と鵜《う》飼《かい》舟である。角倉舟は全長13m余、幅190cm余で、積載量は下船で米50〜60俵、登船で25〜30俵、船頭は常水では4人、増水時は6人であった。舟の構造は舟首は尖って高く、舟の後部は角形で低く底が平たい形であった。使用された地域は、瀬尻村（のちに西渡）以南であった。鵜飼舟は、全長13m余り、幅は106cm余で、船首と後部の両方を尖した形のもので、櫓《ろ》がなく。竿と櫂《かい》を用いた。川幅が狭く方向を変えにくいところや急流を上下するのに適していた。したがって、上流部の瀬尻村以北（伊那谷も）の地

図4　天竜川畔戸口付近（絵はがき）昭和 10 年頃

図5　佐久間村付近（右）と山香村西渡橋（左）昭和 30 年頃

図6　鹿島橋より見る椎ヶ脇淵（絵はがき）昭和 30 年頃

図7　船明の船明（ふなぎら）弁天（現船明ダム）

方で用いられた。積載量は米25俵、舟頭は4人乗りであった。

この地図（図8）は、二俣町安全タクシー株式会社の「秋葉山・半僧坊・豊川稲荷案内」である（1935年〔昭和10〕頃発行）。秋葉参詣の帰路雲名におり、そこから天竜川を舟で二俣町天竜橋（西鹿島）まで下る方法を紹介している。

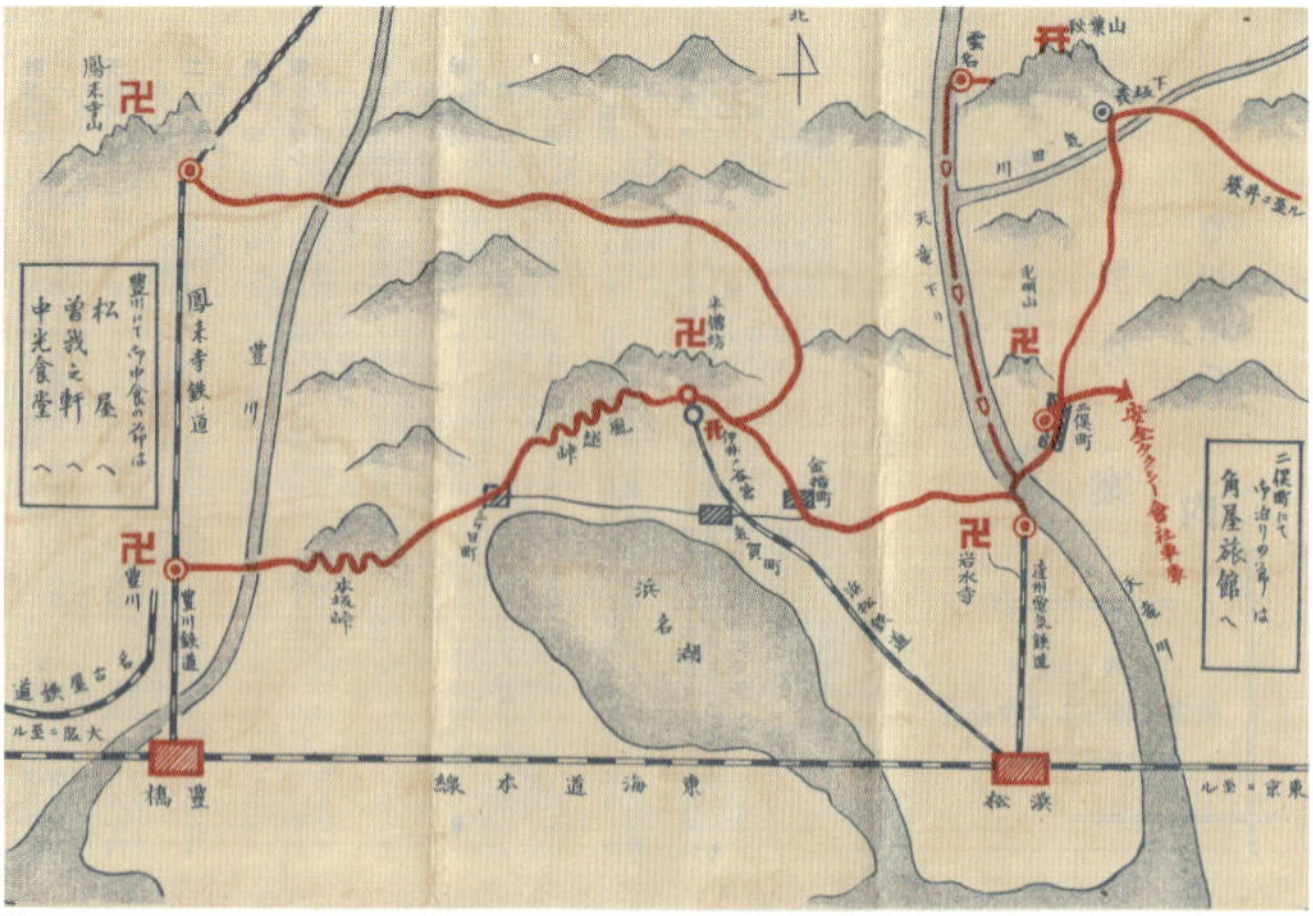

図8　秋葉山・半僧坊・豊川稲荷案内（1935 年頃）

近世

浜松城下町絵図を読み解く

松井一明

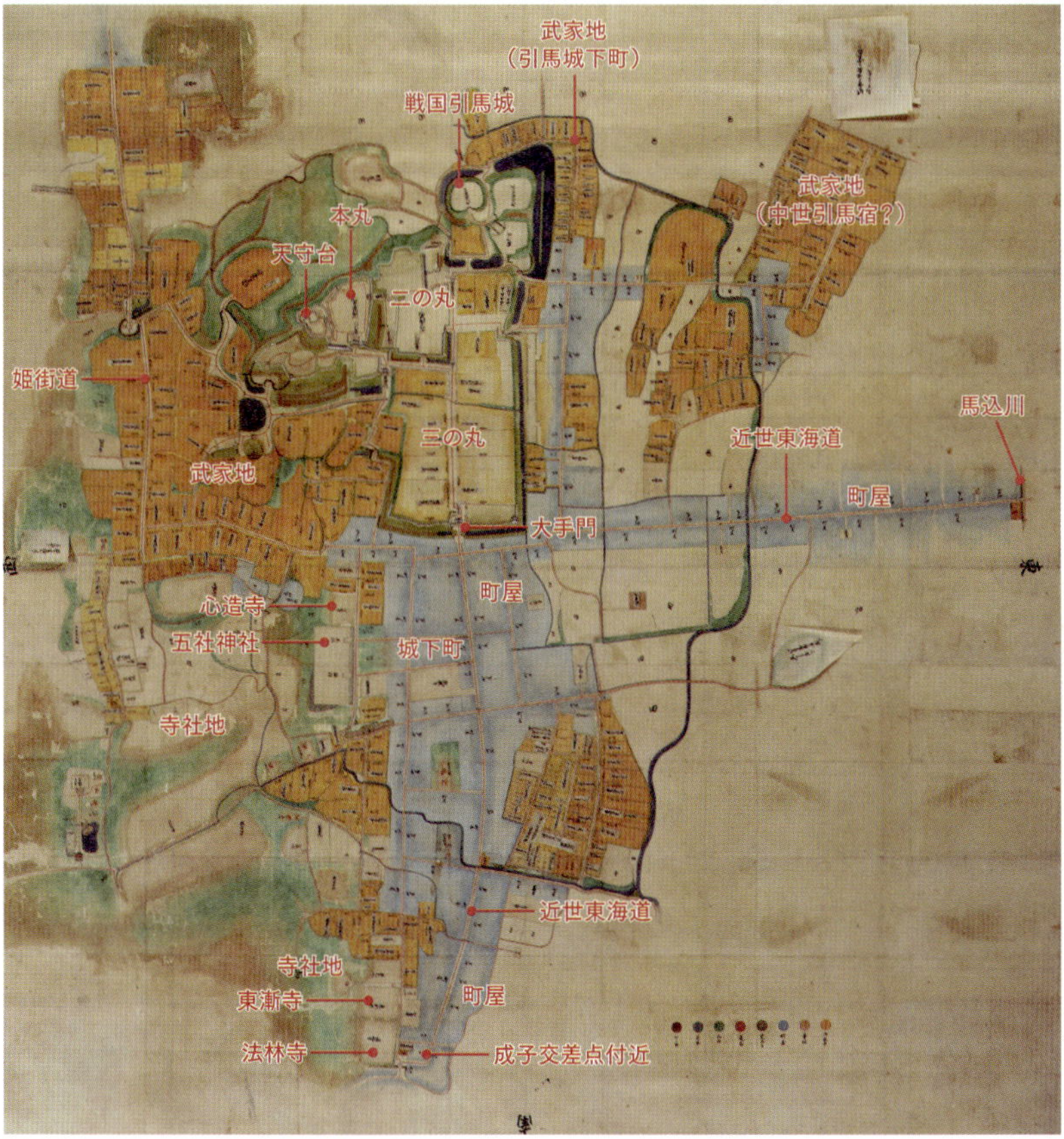

図1　浜松城主青山氏時代の御家中配列図　浜松市博物館所蔵

江戸時代の浜松城下町の形成は、1570年（元亀元）の徳川家康の浜松城築城以前からあったことが知られている。15〜16世紀前半の引馬《ひくま》城主であった斯波《しば》氏家臣大河内と、その後城主となった今川氏家臣飯尾氏の時代からである。

17世紀後半に描かれたとされる青山氏時代の浜松城と城下町が描かれた御家中配列図によると、浜松城の北東隅に古城と記された石垣表記のない3つの曲輪があり、これが飯尾氏時代の引馬城と考えられている。発掘調査でも、この時代の陶磁器やかわらけが発見されている。

この引馬城の東堀の外側には元家臣団屋敷らしい地割りが見え、さらに東方には水田地帯をはさんで江戸時代の武家地が描かれている。この武家地あたりが中世引馬宿と推定されている。現在の引馬城の遺構は、北西の曲輪のみが残り、東照宮が祀られている。

家康・堀尾氏時代の城下町

家康時代の浜松城の姿は明らかではないが、引馬城から本丸ぐらいの範囲で、まだ石垣は築かれていなかったと思われる。現在の石垣のある城として改修したのは、1590年（天正18）家康が関東へ移封となったあと入城した、天下人豊臣秀吉家臣、堀尾吉晴である。ちなみに現在見ることのできる天守建物は1958年（昭和33）に建てられた模擬天守で、2014年（平成26）には天守門も復原された。

この頃の城下町の様子や範囲はわからないが、発掘調査によって現在の浜松駅西方の成子交差点まで広がっていたことが判明した。青山氏時代の絵図でもほぼ同じ範囲で、城下町（浜松宿）が描かれているため、家康・堀尾氏時代の城下町と江戸時代の城下町の範囲はほぼ同じで、近世東海道の両側に広がっていたことが絵図からわかる。ちなみに、城下町の東端は馬込川までであった。

図２　浜松城模擬天守

図３　引馬城西より

描かれなかった天守

絵図から城下町の様子を見てみよう。浜松城は三の丸まで整備され、南端には大手門、その前には南と東方向に向かう近世東海道が通過していた。本丸、二の丸、三の丸の土塁や塀、櫓などが描かれているが、天守台はあるものの天守は描かれていない。徳川政権が確立した後、堀尾氏の天守であったため、解体され再建されなかったという説がある。石垣は天守曲輪と本丸にしかなかったことも読み取れる。現在の浜松城は天守曲輪と本丸を残すのみで、二の丸は元城小学校跡と浜松市役所、三の丸はオフィス街に飲み込まれているが、堀などは地下に残されていると予想される。

中世引馬宿は武家地に変貌し、城の西側の台地上、姫街道の両側にも武家地が広がっていた。近世東海道に沿って町屋が展開するが、城の南側のほうの範囲が広く、近世東海道西側の町屋のさらに西側に寺社地が設けられていたことがわかる。近世東海道は現在の国道257号線が南北道、東西道は公園通りあたりに該当する。

武家地、町屋とも現在再開発が進み、江戸時代の城下町の様子を知ることはできない。寺社地については、五社神社、心造寺、東漸寺、法林寺などは現在でも、寺社域を狭めながらも、神域、法灯を守っている。

このように城下町の面影は現在ほとんど失われているものの、近年の発掘調査により遺構・遺物が地下に保存されていることが判明したため、その実態が今後徐々に明らかになると思われる。

近世

防災遺跡命山と浅羽大囲堤

松井一明

絵図に描かれた堤と流路

　中遠地域の太田川下流域の浅羽には広大な平野が展開し、現在でも実り豊かな水田地帯となっている。この平野は高低差の少ない地形となっていることから、防潮堤ができる以前は、たびたび高潮被害を受けていた。明確な記録はないが、江戸時代初期に高潮対策として、浅羽33ヶ村の村民は、村々をそっくり囲う浅羽大囲堤を横須賀藩の技術援助を得、大工事のうえ完成したと伝えられている。

　1686年（貞享3）に幕府に提出された、「浅羽庄水除堤争論裁許絵図」（図3）によると、西は福田川（現原野谷川）、東は横須賀湊から続く内海、南は砂丘列に遮られ東から西へ流れた原野谷川の旧流路である前川に添って堤が造られていることがわかる（図1）。西側の堤は原野谷川の旧流路とそれ以前の堤である古堤も描かれている。ちなみに原野谷川の付替えは、江戸時代初期に幕府の代官である伊奈忠次がおこなったと伝えられている。また裁許図を幕府に提出するきっかけとなった中畦堤が、東西方向にあることもわかる（図2）。現在でも松秀寺付近で古堤と流路の痕跡を見ることができ、大囲堤築造以前の浅羽上村を守るための堤であったと思われる。

図1　前川・住宅地が大囲堤跡

　大囲堤は宅地造成や圃場整備、河川改修工事のためほとんど失われたが、長溝村付近の原野谷川河川敷に残っていた堤の一部が発掘調査された。発掘調査から、堤は基盤層を山状に削りだし、粘土と粘質土を交互に突き固めた強固な工法で造られ、江戸時代後半、明治時代、それ以後の三時期にわたる継続的補修がなされていたことが確認された。江戸時代後半の補修については、1735年（享保20）浅羽33ヶ村に盛土の範囲と高さを示した史料が残されている。

図2　古堤・松秀寺付近

いまも残る防災遺跡

　1680年（延宝8）八月六日、江戸時代最大級の台風が日本列島を席巻し、各地に大きな被害をもたらした。浅羽地区を含む遠江の沿岸部でも高潮の被害で、約300名の死者がでたと伝えられている。浅羽33ヶ村は浅羽大囲堤である程度の被害は防ぐことができたが、大囲堤の東外側にある同笠新田（大野）村と中新田村は大きな被害を受けたと思われる。この高潮をきっかけとして、大野村と中新田村には横須賀藩の技術援助を受けて、高潮の避難地として築山を村はずれに造ったと伝えられている。この築山が現在も残る大野と中新田命山と命名された防災遺跡である（図4）。別称として「命塚」「助け山」と呼ばれることもあった。

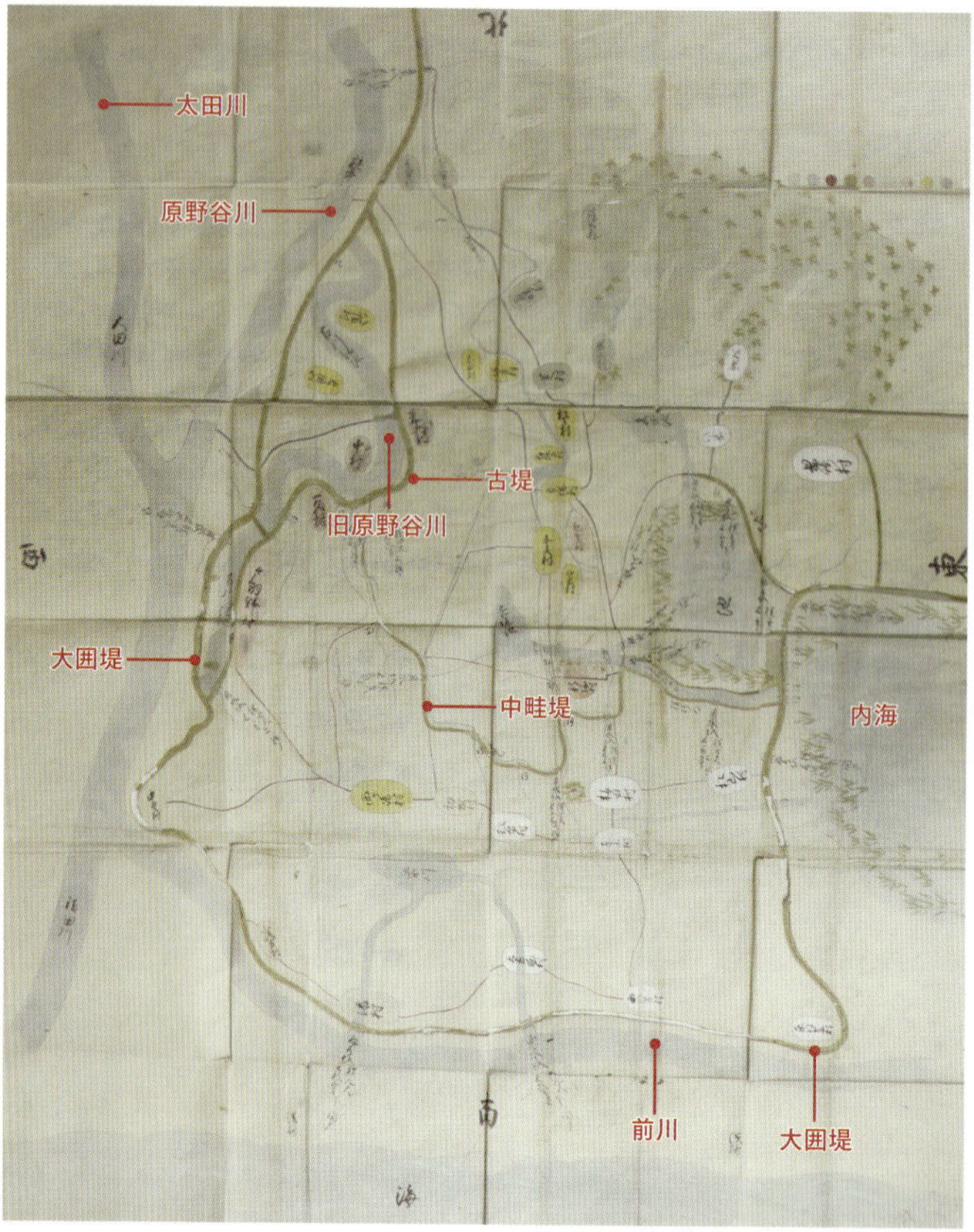

図3　浅羽庄水除堤争論裁許絵図（1686年）袋井市教育委員会提供

両命山は一辺約30m、高さ3〜5mを測る、平面長方形の築山である。崩れにくくするため途中にテラスを設けた二段築成の、あたかも古墳時代の方墳に見える遺跡である。発掘調査から、土質の違う土を幾層も突き固めていた古墳と同じように版築工法という高度な土木技術で造られていたことが判明し、横須賀藩の指導があったと推察される。また、下層から江戸時代前期の土器、上層から末期の陶磁器が出土し、江戸時代前期に造られ、その後何回かの補修がなされていたことも判明した。

静岡県内でも数少ない防災遺跡として静岡県指定史跡となっており、袋井市は江戸時代の命山にならって、平成の命山4カ所を完成させた。

図4　大野命山

近世

浜名湖を襲った津波絵図

戸塚和美

海と繋がっていなかった浜名湖

　浜名湖は、古代、琵琶湖を「近淡海《ちかつあふみ》」というのに対し、都から遠い湖として「遠淡《とおつあふ》海《み》」と呼ばれ、やがて遠江の漢字が当てられるようになった。淡海とは淡水湖のことで、かつて浜名湖が淡水湖であったことがわかる。浜名湖が海とつながっていなかった淡水湖の頃は、舞阪から橋本（以下、新居《あらい》）まで徒歩での往来が可能で、北に高師山《たかしやま》、南に太平洋を望む風光明媚な景勝地として古来より多くの歌にも詠まれた。

　湖の南岸の新居は東海道が交差する湾港都市で、鎌倉時代には東海道の要衝として宿が置かれ、室町時代には幕府により今川氏の奉行職として管理されていた。江戸時代には東海道の湖南岸の関所として新居関所（今切《いまぎれ》関所）、湖北岸の本坂通《ほんざかどおり》（姫街道）には気賀《きが》関所がそれぞれ設けられた。全国の関所の中でも、この両関所は重要な関所とされその出入りは厳格で、領主でさえ通過の際には手形が必要とされた。

自然災害で激変した地形

　まずは、浜名湖の成り立ちと、淡水湖から現在のような汽水湖に変化した、その変遷を見てみよう。1万年程ほど前の氷河期、浜名湖は今日のような湖ではなく小半島状の地形が複雑に入り込んだ小さな内湾であった。約6000年前、温暖化による縄文海進と呼ばれる現象により海面が2〜3m程上昇、上昇した海域が内湾を浸食し、湖の原型となる内湾が形成された。さらに3500年程前になると天竜川から流出した土砂や、潮流によって海から運び込まれた砂の堆積により湾の入口は徐々にせき止められ、海水と河川の淡水が入り混じる汽《き》水《すい》湖としての浜名湖が生まれた。1800年ほど前になると、湖の水位は外海より1mほど高くなることで湖から外海へ流れ出る浜名川は満潮時でも海水が逆流することがなくなり、地名の由来ともなった遠淡海、すなわち淡水湖としての浜名湖ができあがった。

　その後、長く淡水湖であったが、1498年（明応7年に発生した明応の大地震の地盤沈下と大津波により砂州《さす》が切れたことにより湖と外海がつながり「今切口」が出現（図1、2）、再び汽水湖となった。しかし、近年の研究によれば、今切口の形成には異論も唱えられている。今切口ができるまでは浜名湖の水は浜名川を通じ遠州灘に流れていたとされる。ところが、明応の地震後の高潮や豪雨に

図1　今切口

よる山津波がもたらした大量の土砂により浜名川河口は閉塞してしまう。やがて出口を失った水流は激流となり、地震により崩壊しかけていた砂州堤防を決壊させ今切口が出現したと考えられている。今切口の形成には、大地震だけでなくその後の高潮や豪雨も影響したとされ、大規模な地形の激変を引き起こした複合災害の脅威をまざまざと見せつけている。

　明応の大地震以降も浜名湖を含む遠州灘では、中世から江戸時代にかけ津波と高潮による被害の常習地帯となっており、とくに新居関所は数度にわたる壊滅的被害によりその都度移転を余儀なくされた（図2）。

図2　浜名湖図（明応地震前後）
［新居関所の変遷］
大屋敷　1600年（慶長6）～1701年（元禄14）
中屋敷　1701年（元禄14）～1707年（宝永4）
中之郷　1708年（宝永5）～

　嘉永7年11月4日（安政元年）（1854年12月23日）に発生した安政東海地震は、浜名湖周辺において地震による被害だけでなく、大津波による甚大な被害をもたらし、その様子は『舞阪宿津波図』をはじめとする被災状況を描いた絵図としていくつか残されている。

安政東海地震

『舞阪宿津波図』の説明の前に舞阪宿と安政東海地震についてふれておきたい。舞阪宿は戦国時代には今川氏配下の伝馬が置かれ、江戸時代には浜名湖の今切の渡船場が造営され、対岸の新居宿と共に東西交通の要衝となった。湖と海に囲まれる地形にあったことから津波や高潮などの水害から宿を護るため防波堤が築かれ、渡船場にも石垣を階段状に築いた雁木《がんげ》が設けられた。江戸時代には北雁木、本雁木、南雁木の3カ所が存在したが、現在は北雁木のみが残る（図3）。ちなみに、北雁木は公用と高級武士、本雁木は一般武士、南雁木は庶民と荷役用

図3　北雁木

による使い分けがされた。この渡船場だけでなく本陣と脇本陣を備え、舞阪宿は小さな宿にもかかわらず人々の往来と物資の集散による賑わいをみせていた。今では、宿としての町並みはほとんど失われてしまったが、1839年（天保9）建築の脇本陣が復元されており、往時をしのぶ貴重な遺構となっている（図4）。

図4　舞阪宿脇本陣

　舞阪宿を襲った安政東海地震とは南海トラフ巨大地震の一つで、南海トラフ東側にある遠州灘東部を震源域とし、その規模はマグニチュード8・4、震度6～7、余震は7カ月間も続いた。遠州灘だけでなく伊豆半島から熊野灘に及ぶ沿岸はもちろんのこと甲信の内陸部から北陸に及ぶ広範囲において、家屋倒壊等の被害をもたらし、地震に伴う大津波は伊豆から伊勢志摩、熊野灘にかけての太平洋沿岸を襲った。また、東海地震の約32時間後には、同じく南海トラフ巨大地震の一つである安政南海地震が発生、西日本に多くの被害をもたらした。

図5　岐佐神社

　この地震による津波は約6mにも及び、宿の周囲の護岸石垣が破壊され、宿全体が浸水した。これにより2軒の本陣は大破、旅籠屋や民家も破損、流失も多数出た。さらに本震の3日後の最大余震では、地割れとともに液状化現象が発生した。

　建物の大破・流失・液状化現象等、物的には甚大な被害に見舞われたものの死者は無かった。

　1707年（宝永4）に発生した宝永大地震の津波では舞阪宿での詳細な被害状況は不明であるが、多くの家屋が流失、死者も出たとされる。この時の被災状況が長きにわたり語り継がれ、教訓として生かされたことにより死者を出さずにすんだのだった。

津波脅威の凄まじさ

「舞阪宿津波図」（図6）は、舞阪宿に住む渡辺八郎平が30歳のとき大津波に遭遇、その様子を描いた絵図である。縦40cm、横103cmを計る横長の絵図で、舞阪宿を北方の高所から眺望した鳥瞰図となっているため、絵図の下が北で、上が南となっている。

　絵図の右上には、地震と津波の概略が記されている。嘉永7年11月4日午前9時半頃、地震が発生、その後しばらくして津波が襲来、その高さは3丈《じょう》（約9m）ほどあったように見えたとされる。津波から避難するために、「氏神の山」（現在の岐佐神社）（図5）と「宝燈山」に人々が押し寄せた。宝燈山の標高は4・9m、佐岐神社は4・6mで、

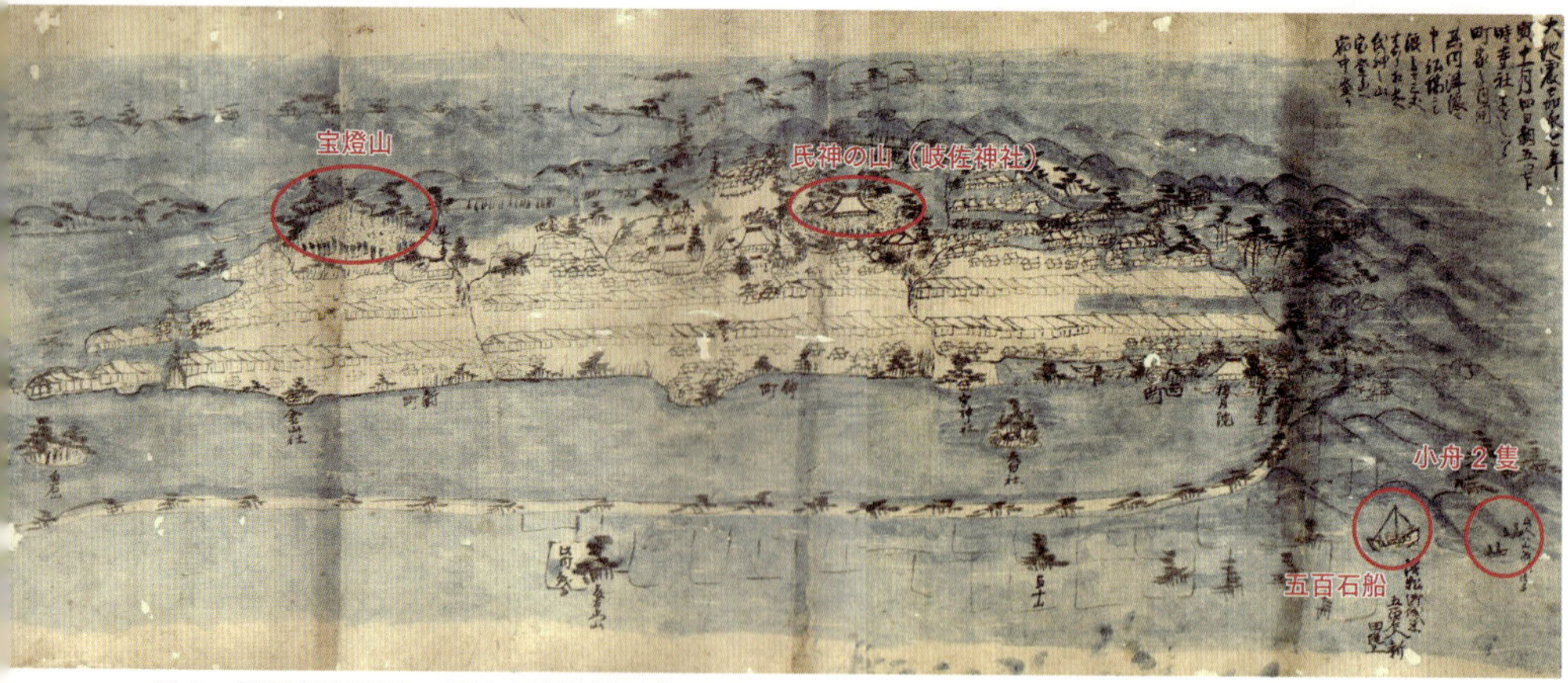

図６　舞阪宿津波図　浜松市博物館所蔵

宿内では最も高い所にあった。また、絵図の右下には、浜松藩の年貢米を積んだ五百石船が津波によって流され、舞阪宿の北にある新田堤の上に漂着したことが記載されている。

舞阪宿は東方を除く三方が海で囲まれているため、津波や高潮による浸水には極めて脆弱であり、そのことが大きな被害をもたらす要因となった。それを示すように、津波は絵図上方の遠州灘からだけでなく、絵図右にある渡船場方面からも大きな波形を伴った津波が押し寄せ、まさに家々を呑み込まんとする様子が描かれている。また、絵図下方の西町と書かれた町並みの半分ほどが、絵図左では砂州端部はおろか松並木から人家まで浸水しており、比較的高所にある社だけが島状に取り残されている。津波は四方から押し寄せ宿の半分以上を浸水させたことがわかる。また、記述にある難破した五百石船の付近には、津波から逃れ、北方の山崎もしくは庄内湖方面に向かおうとしている小舟2隻が描かれており、波の大きさと小舟の対比からも津波の大きさがわかる。

宿内の数少ない高台である氏神の山と宝燈山には、難を逃れた人々の様子が描かれており、ひしめき合うほどの多くの人々が押し寄せている。命からがら高台へと避難できた安堵と、眼下に展開する津波猛威のすさまじさを見つめるしか術がなく、呆然とせざるを得ない憔悴《しょうすい》の様子とも見える。宝永津波の口伝同様、教訓として、具体的には高所への避難として後世に伝えるためにこの絵図が描かれた。

舞阪宿の被害の影響はこれだけにとどまらなかった。地震により浜名湖周辺では地盤が沈下したため、相対的に湖水面が上昇したことによりさらに脆弱になってしまう。その結果、沿岸の集落や田畑は台風などの高潮による浸水被害を受けやすくなり、その後の高潮の浸水による田畑の流失と荒廃は農産物の不作を招き、村人の生活は困窮を極めた。それは渡船場を主体とし海上輸送を生業とする人々や、それらに付随し宿内で経済活動する人々にも大きな影響を及ぼしたであろうことは想像に難くない。

近世

新居の関所

戸塚和美

地震でできた今切

江戸時代、道中奉行が管轄した東海道は江戸・大阪間で、この区間の中間に位置したのが浜名湖に面し今切《いまぎれ》渡船場をもつ新居《あらい》関所であった（図1）。

古代から中世にかけては、浜名湖から流れる浜名川に架かる浜名橋があり、その西のたもとに橋本宿として栄えていた。この頃、浜名湖は海とつながっておらず、橋本から舞阪まで徒歩での往来が可能であった。『吾妻鑑』には、1190年（建久元）の源頼朝上洛の際、橋本宿での遊女を集めての宴で梶原景時と和歌を交えたことが記されている。また、浜名橋は名勝地としても著名で、歌枕や紀行文でもしばしば取り上げられた。

しかし、1498年（明応7）の大地震に伴う大津波で浜名川は埋もれ今切ができ、浜名湖は外海とつながってしまう（詳細は本書123ページ「浜名湖を襲った津波絵図」を参照）。このため、対岸の舞阪宿とをつなぐ今切渡船がはじまった。一時期の繁栄にも陰りが見えたものの、室町時代から戦国時代にかけては今川氏により渡船の関銭（通行税）を徴収する関所が設けられていた。織豊政権下、一時廃止されたと考えられているが、1600年（慶長5）関ケ原の戦いに際し、軍事的必要性から再び関所が設置されることになる。

新居関所は浜名湖と遠州灘に面するその立地環境、すなわち外洋からの波の影響を直接受けやすいばかりか地震と暴風による津波により2度の移転を余儀なくされた。創設当初は、現在より東の浜名湖に近い大元屋敷にあったが、1680年（延宝8）、1699年（元禄12）にそれぞれ襲来した暴風雨と高潮により甚大な被害を受け、1701年（元禄14）西の中屋敷（藤十郎山）に移転した。二度目は1707年（宝永4）の大地震と津波により240軒余の民家が流出、倒壊家屋は100軒余にのぼる壊滅的被害に遭い、現在の中之郷の地に移転した。

図1　東海道五十三次　荒井（葛飾北斎）新居関所資料館所蔵

図2　関所絵図（江戸時代中期）新居関所資料館所蔵

危険伴った今切渡船

浜名湖北岸には、本坂通《ほんさかどおり》もくは姫街道とも呼ばれる東海道の迂回路があった。東海道の整備に伴い本坂通を利用する旅人は減少、しだいに街道施設は縮小していく。

ところが、新居関所と宿は宝永地震による壊滅的被害を受ける。被害後わずか5カ月という短期間で復興したものの、今切口の広がりで外洋の波の影響はさらに大きくなり、今切渡船は危険を伴うようになった。そのため旅人は、通行に支障をきたす東海道を避け、浜名湖北岸の本坂通へ迂回するようになった。東海道への通行を回復させるため今切口を修復したり、幕府が風雨にて今切渡海できない場合以外の本坂通の通行を禁止したが、本坂通への迂回は止まらなかった。

図3　渡船場

　東海道が地震前の通行量に回復したのは1720年（享保5）頃とされ、街道の交通量

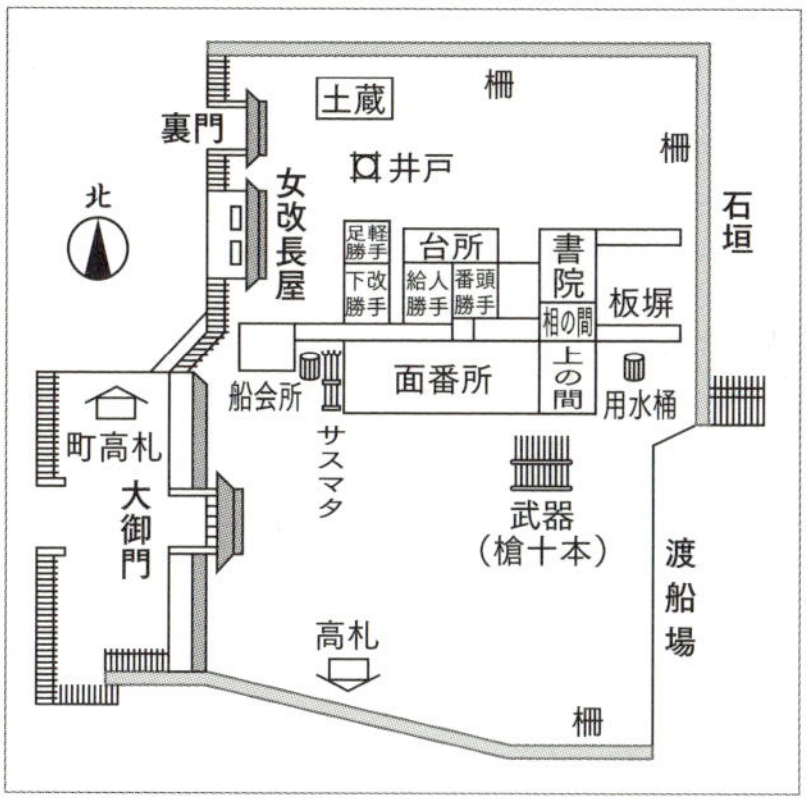

図４　関所配置図

自体が増え、１７６４年（明和元）本坂通が東海道の附属街道をとして道中奉行の管轄下に置かれた。

新居関所は正式には今切関所と呼ばれ、東海道では箱根関所と並んで重要な役割を果たした。「入り鉄砲出女」といわれるように、鉄砲改め、女改めが厳しかったが、「入り女」についても同様であった（図２）。

関所の管理は創設当初は幕府管理下、関所奉行が派遣されていたが、１７０２年（元禄15）以降は三河吉田藩に委託された。関所には番頭以下、足軽・下改役・改女など総勢50名前後の関所役人がいた。

復元整備された海の関所

新居関所は江戸時代の主要街道で唯一、当時の敷地を建物がそろって残る貴重な関所跡として、国の特別史跡に指定されている。関所の建物は１８５４年（嘉永７）の大地震で大破したため、１８５５年（安政２）から同５年にかけ建て替えられもので、江戸時代には面番所と呼ばれる旅人を「改め」、事務を執る中枢を担う建物を中心に、書院・上の間・番頭勝手・給人勝手・書院・下改勝手・足軽勝手・台所などから成る建物で、面番所・書院・上の間・勝手が現存する（図４）。敷地の南西には土塁により囲まれた桝形を伴う大御門《おおごもん》があり、発掘調査成果に基づき２０１４年に復元整備され、新たな威容を放っている（図５）。

浜名湖に面していた東側も発掘調査成果に基づき護岸石垣と渡船場が２００２年に復元整備され、旅人が船から降りて関所に向かった往時の様相が疑似体験でき、「海の関所」としてのイメージを一層喚起させてくれる（図３、６）。

今後も船会所、女改め長屋などの復元整備も計画されている。関所の整備のみならず、新居宿を含めたまちなみ・まちづくりの核としての役割も期待されている。

図５　大御門

図６　面番所と護岸石垣

Topic

丸子のとろろ汁

前田利久

図1　歌川広重「東海道五十三次」（保永堂版）の丸子

丸子と言えば

歌川広重の代表作、保永堂版「東海道五十三次」は名作ぞろいで知られるが、55枚の作品中、唯一名物を食する風景が描かれているのが「丸子」（図1）である。宿はずれの茅葺《かやぶき》屋根の小さな茶店には「名ぶつ　とろろ汁」と書かれた大きな立て看板が立てかけられ、旅人がとろろ汁を食べている。その向こうに蓑《みの》笠《がさ》を竿《さお》につるした里人がゆっくりと歩いていて、なんとも早春ののどかな光景である。

店に注目すると2人の旅人と乳飲み子を背負った店の女房、これは明らかに大ヒットした十返舎一九《じっぺんしゃいっく》の『東海道中膝栗毛』を意識したものであろう。弥次喜多の2人は茶店の夫婦喧嘩に巻き込まれてとろろ汁を食べ損なうが、2人は広重の浮世絵を通じてついに食べることができたのである。

茶店の横に目を向けると、白梅が咲いている。これも、松尾芭蕉が江戸に旅立つ弟子にはなむけとして贈った「梅若菜　丸子の宿の　とろろ汁」の句に由来するものであろう。広重の浮世絵の大ヒットにより、丸子宿のとろろ汁の知名度は一層高まり、とろろ汁は丸子の代名詞ともなった。

茶店のにぎわい

しかし、広重の浮世絵よりも40年前に出版された尾張の浮世絵師高力猿猴庵《こうりきえんこうあん》による『東街便覧図略《とうかいべんらんずりゃく》』の絵（図2）は、ずいぶんと趣が異なる。向かい合う2軒の茶店の

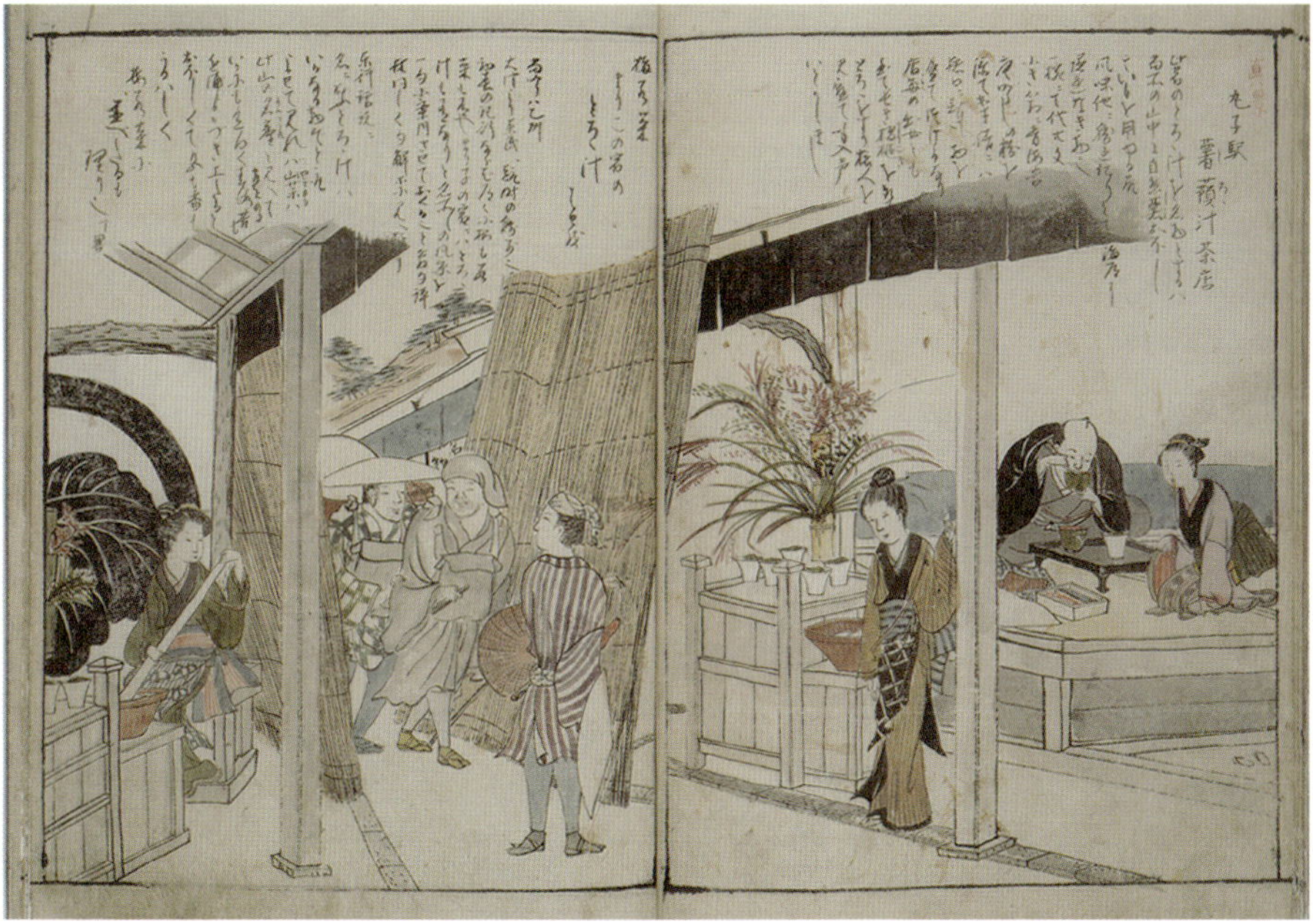

図2　高力猿猴庵『東街便覧図略』（名古屋市博物館所蔵）の丸子

間を旅人が通りかかろうとしている。客引きに慣れた様子の年輩の女が柱に手をかけながら先頭の男に声を掛けている。男は後ろの仲間に店を指さし、「ここにしましょうか」と言っているようだ。店先に置かれた大きなすり鉢には、今すりあがったばかりと思われるいっぱいのとろろが見える。その近くには、作り置きのおひたしが入った猪口《ちょこ》がたくさん並べられている。店の奥では、客が2杯目のとろろ汁を食べており、若い女がその相手をしている。当時のとろろ汁は、おひたしの猪口が付いて20文。青のりと唐辛子の粉をかけて食べていた。

一方、向かいの店では客引きの様子を気にしながら、若い女がバットのように長いすりこぎ棒で自然薯《じねんじょ》をすっている。その絵の詞書《ことばがき》には「旅人を見かけて、呼び入れ声いとかしまし」と書かれ、呼び込みの声は旅人にとって大変やかましかったようである。

どちらの店先にも竹筒の花入れが置かれ、ススキや紅葉したナンテンで飾られている。季節は晩秋のようだ。

季節限定の名物

自然薯が採れるのは、つるが枯れる晩秋から新芽が出る早春までの期間であるため、とろろ汁は季節限定の料理であった。季節になると、どこの茶店も女性を雇っては商売を競ったのであろう。白梅の咲く広重の浮世絵は、そろそろとろろ汁の立て看板をはずすころ、ということになるが、実はとろろ汁がおいしいのは梅の咲くころともいわれる。そうなると芭蕉が弟子に贈った句は、「今を逃すな」という意味も込められていたことになろうか。

近代

徳川慶喜の静岡散歩

前田利久

江戸から駿府へ

大政奉還から4カ月経過した1868年（慶応4）2月、江戸幕府15代将軍徳川慶喜《よしのぶ》は江戸城を出て上野の寛永寺と水戸の弘道館で謹慎し、新政府の沙汰を待った。閏4月に田安徳川家の亀之助が新政府から徳川宗家を継ぐことを許されて16代当主徳川家達《いえさと》を名乗り、駿府藩70万石の藩主となった。慶喜はこれにともない、7月に駿府の宝台院に入って謹慎した（図1）。宝台院は家祖家康の側室で2代将軍秀忠の生母である西郷局《さいごうのつぼね》の菩提寺で、駿府で最大の寺院であった。一方、満5歳になったばかりの家達は、ひと月遅れて駿府城三の丸にあった旧城代屋敷に入ったが、翌年（明治元）版籍奉還にともない「駿府」を「静岡」に改称して静岡藩知事となると、西草深《にしくさぶか》にあった旧浅間神社新宮神主の役宅に移り、ここを私邸とした。

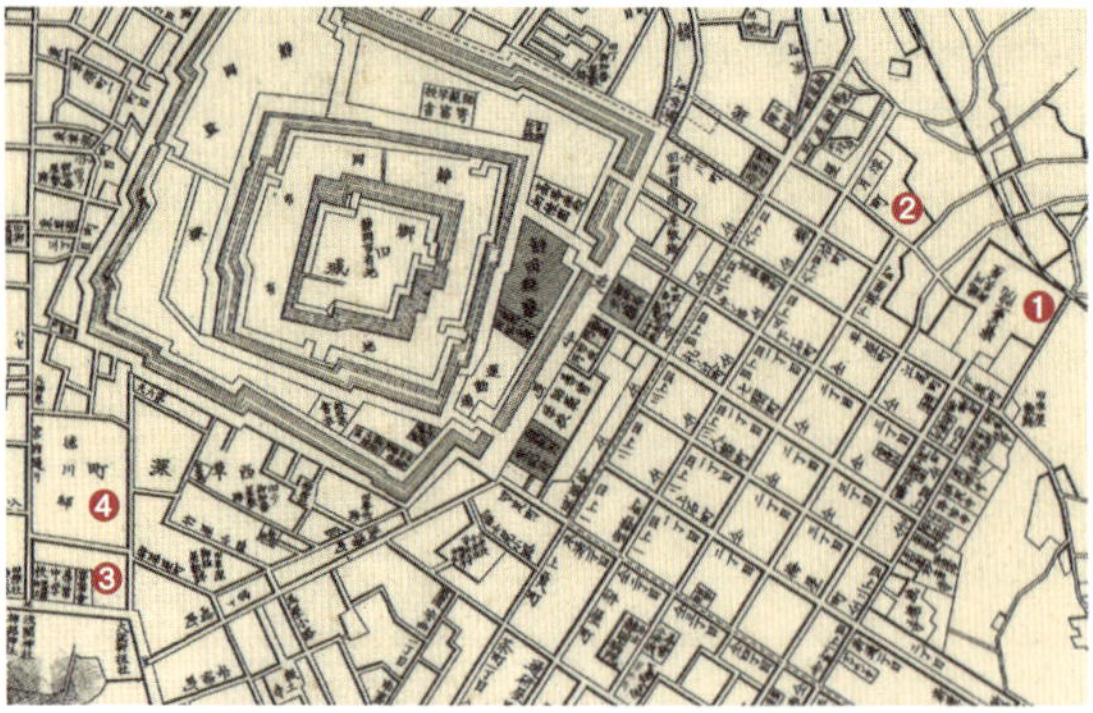

図1　改正 静岡市全図（1896 年）
❶宝台院　❷紺屋町の屋敷跡　❸徳川家達屋敷跡　❹西草深の屋敷（「徳川邸」と記されている）

同年9月に慶喜は謹慎を解かれると、宝台院のすぐ隣の旧代官屋敷に移り、ここを改修して邸宅とした。慶喜はここで20年間を過ごしたが、屋敷の裏側を東海道線が通ることになったため、開通する前年の1888年に西草深に居を移した。西草深には静岡藩主であった徳川家達の屋敷があったが、家達は1871年の廃藩置県により東京に移っており、跡地には静岡県尋常中学校（現県立静岡高校）が建てられていた。このため慶喜はその背後に邸宅を構えることとなったが、その敷地面積は駿府城の本丸に匹敵するほど広大なものであった。

趣味に没頭した静岡時代

紺屋町の代官屋敷跡に居を構えたとき、慶喜は32歳であった。それから1897年に東京の巣鴨に移るまで慶喜は静岡で隠居生活を送ったが、彼の生涯を語るとき、謹慎時を含めた静岡での30年間を「静岡時代」とよんでいる。

静岡での隠居生活は、徳川宗家から「御定金《おさだめきん》」とよばれる生活費が定期的に送られていたため暮らしに不自由することはなかった。その暮らしぶりは、新しい時代の中で自分の置かれた立場を十分わきまえていたかのような、政治とはまったく無縁なものであり、むしろ趣味を通じて日本

図２　紺屋町の慶喜邸の庭園を生かして1891年に開業した浮月楼（大正初年頃の絵はがき）

の近代化を謳歌するかのような暮らしぶりであった。慶喜の趣味は書・囲碁・弓術・馬術・鷹狩など武家のたしなみ的なものから、油絵・写真・猟銃による狩猟など洋式のものまでと多彩であった。その趣味との関わり方から、慶喜の新しい物好きで一つ一つにこだわる性格がうかがわれる。

紺屋町に構えた最初の邸宅では、造園にあたりわざわざ京都から庭師7代目小川治兵衛を呼び寄せた。治兵衛は平安神宮外苑や円山公園などを手掛けた近代日本庭園の先駆者として知られる作庭師で、慶喜は治兵衛に回遊式庭園を造らせた。また、宝台院から当時希少品種であったバンブーを株分けして植えさせたが、その親株は慶喜が取り寄せて自身が宝台院に植えたものであった。このバンブーは、現在庭園を引継ぎ管理している浮月楼に「台湾竹」として残されている。

また静岡で最も早く自転車を乗り回したことも有名で、あるとき運転中に洋傘を差した婦人に見とれて店先に突っ込んだというエピソードも伝わる。狩猟では付近の山や宇津谷あたりでおこなったようだが、イノシシ撃ちともなると汽車に乗って伊豆の天城山まで遠征したという。

慶喜が生涯で最も好んだのが写真のようである。写真には将軍時代から興味があり、

静岡に来ると、旧幕臣の徳田孝吉《こうきち》や中島仰山《ぎょうざん》から撮影技術を学んだ。徳田孝吉は静岡で最初に写真館を開業した写真師で、慶喜とは毎日のように撮影に出かけたという。撮影地としては西草深の屋敷に近い浅間神社や大岩付近のものが多く、大岩での農作業写真が複数残る。また安倍川や大崩海岸、清水波止場や興津海岸、久能山や三保など1日コースのものもあれば、浜名湖や天竜川など汽車で出かけて撮ったものもあり、明治期の静岡県内を知る貴重な資料となっている。撮影のついでに店に寄ることもあり、甘党だった慶喜は清水の追分羊《おいわけよう》羹《かん》にもたびたび寄ったという。また、慶喜は被写体としてカメラの前に立つことも好んだようで、将軍時代から静岡時代、晩年にいたるまで多数の写真が残されているが、いずれも表情やポーズはレンズを強く意識した取り澄ましたもので、あたかもコスプレを楽しんでいるかのようにも見える。なお、中島仰山からは油絵の技法も学び、西洋画の模写やオリジナル作品を複数残している。

このように静岡での慶喜は、趣味を通じて各地に気軽に出かけたようで、このため人びとは彼のことを親しみ込めて「ケーキ（ケイキ）さん」とよんだ。

近代

静岡市街の近代

椿原靖弘

城跡の解体と近代化

1869年（明治2）に駿府は静岡と改称された。1870年11月、駿府城二の丸冠木門を払い下げたのを始めとし、1872年には草深門を含め蔵や堀に架かる橋梁まで商人らに払い下げられていった。以来、駿府の象徴であった城跡は荒廃を辿るが、1890年（明治23）には城地一帯は静岡市へと払い下げられた。また、歩兵三十四連隊が二の丸跡へ置かれることになり、本丸石垣は壊され、堀は埋設された。その後、追手門側の三の堀も埋め立てられ、駿府城の景観も江戸時代とは大きく変わっていった。

幕臣とともに駿府に移った徳川家達は本多正訥が使用

図1　静岡市街図
（1896年図に記入）

図２　1879～85年頃の旧駿府城南側、手前は外堀で、三角屋根は最初の県会議事堂。左は町奉行所の建物（以下、本項の写真・絵はがきはすべて前田利久氏の提供）

図３　望楼がある警察署は現在と同じ場所である

図４　静岡倶楽部

していた城代屋敷（現在の青葉小学校）へ入り、後に静岡浅間神社前の神職・新宮兵部の屋敷を住居とした。この後、城代屋敷は藩政取扱所に宛てられ、1874年には町奉行所跡（図2、現在の市役所の位置）へと移転した。初代の赤レンガ造りの県庁は1889年に完成し、現在の庁舎は1937年（昭和12）に落成している。一方、徳川慶喜が静岡での日々を送った代官屋敷跡は浮月楼となったが、縮小されたとはいえ6000㎡以上の規模がある。この他、旧駿府城周辺に建設された官公庁舎等は現在でも写真や絵ハガキで見ることができる。

1889年に市制・町村制が施行されて静岡市が誕生したが4月にはまだ市長・助役も決まらずに、とりあえず有渡・安倍郡役所を執務場所としたという。この時の静岡市は123カ町、戸数7664戸、人口3万7681人であった。図5の三の丸に静岡県庁とあるが、これも完成したばかりである。図3の望楼があるとんがり屋根の建物は1889年に完成した中央警察署で、現在も県庁前の場所は変わっていない。その西には1876年に県立静岡病院が設立された。現在の日赤病院の場所である。

徳川家とともに駿府に移住した幕臣のために創立された府中（静岡）学問所には、開成所など幕府の教育機関に所属した学者とともに蔵書も移された。学問所は4年ほどで閉校したが、幕府の蔵書は1925年に葵文庫として静岡に残ることとなった。現在は県立中央図書館で保管している。静岡倶楽部は日本茶の貿易市場が横浜から静岡に移されたのを機に茶の外人貿易商人を接待するために創設された社交倶楽部である。これを基に1912年（大正元）に洋館の静岡倶楽部が建設された。なお、駿府城の西には安倍川上流で生産された緑茶が集められて精製する仲買人の街が位置していた。ここは明治以降も茶の集積場となっている。

鉄道開設の影響

江戸時代と変わらぬ東海道沿いは商業や地場産業の街として発展していったが、1889年（明治22）に東海道線が開通すると、市街地の中心部も城郭周辺から次第に駅前へと拡大していった。1922年（大正11）には静岡電気

図5　県庁・市役所周辺の変化

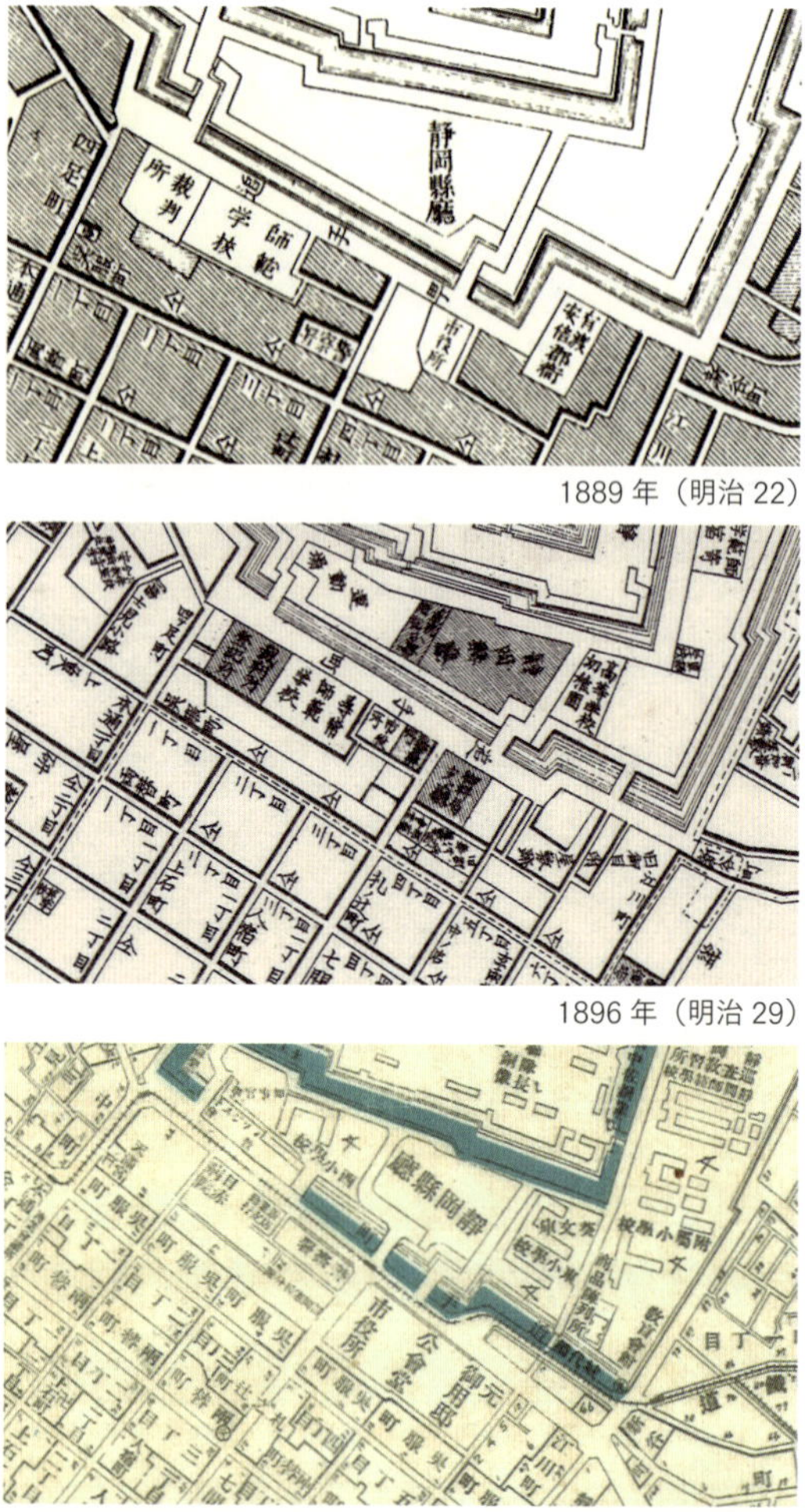

1889年（明治22）

1896年（明治29）

1931年（昭和11）

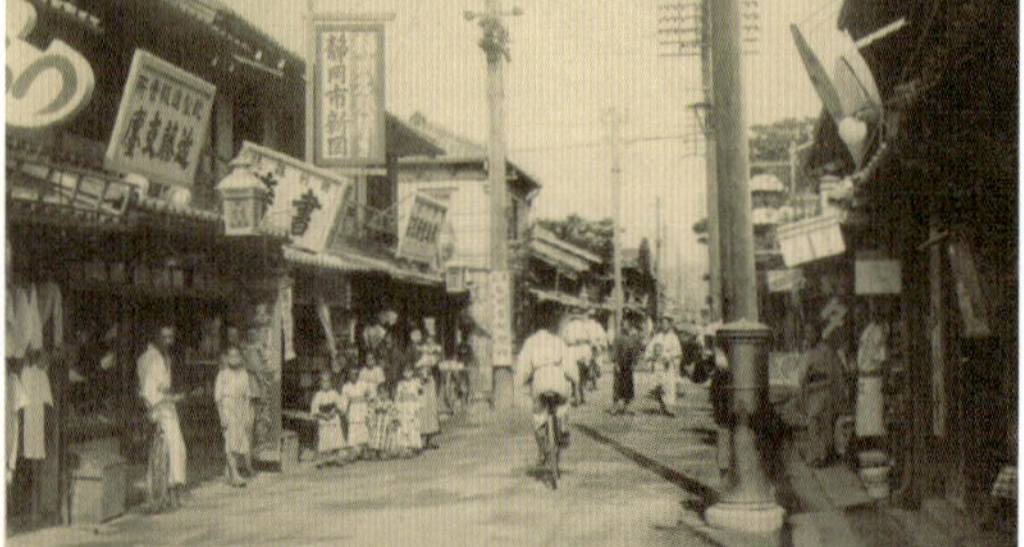

図6　呉服町通り

鉄道により静岡駅前～鷹匠町間が開業し（駅前線）、順次延長されて、1929年には鷹匠町～安西間（安西線）が全線開通した。この路線は1946年に統合されて静岡鉄道静岡市内線となった。安西・茶町から積まれた茶葉は新静岡を経由し、清水波止場へと運ばれた。1906年からは横浜を経由せずに、清水から直輸出されるようになり、外国人商館も横浜から移転してくるようになった。また、市街地の主要道路の新設・改修や耕地整理・災害復興などに伴い、周辺地域に向けてさまざまな整備が進められていった。

1900年（明治33）、現在の静岡市役所の周辺に約23000平米、2階建ての和風木造建築の御用邸が建設された（図9）。静岡の名所であったが、1945年の空襲で焼失してしまった。静岡駅前から続く「御幸通り」は、昭和天皇が1930年（昭和5）に御用邸を訪れた最後の行幸にちなんでその名が付けられたという。

図7　駅前通りと駅前線（1920年代）

図8　馬場町通り（正面は大歳祖神社）

図9　静岡市役所の場所にあった御用邸

近代

近代の海上交通をたどる

椿原靖弘

マシュー・ペリー艦隊は1852年（嘉永5）に浦賀へ来航し、日本との通商を要求した。幕府は1854年に江戸から離れた箱館と下田を開港場とし、限定的ながら外国への門戸を開いていった。この後、1858年（安政5）の横浜開港により貿易が始まり、日本は近代化へと進むこととなった。当時の日本の開国を後押ししていたのは、日本と他国における銀の交換率の違いと、日本産生糸や緑茶の商品価値が高かったことなどが挙げられる。

さて、幕末から駿河のお茶が輸出されていたことは意外と知られていない。横浜の開港に伴い、馬の背に乗せたり、人の肩に背負い東海道を横浜まで運んだこともあったというが、多くの物資は和船により運搬されていた。

海運業の変化

1880年代以降になると汽船の運賃が低下し、長距離航路に使用されていった。加えて鉄道や電信が全国に広まると地域の物価格差は少なくなり、和船の船主は廃業するか、西洋型の船舶に切り替えて横浜など国内主要港湾との沿岸航路に進出するかに分かれていった。こうして、長距離航路には日本郵船など大手船会社の汽船が運航し、沿岸航路は地方の廻船問屋から転化した海運業者が国内海運を補完し合うようになっていった。

弁財船の終焉と和洋折衷船

諸外国が19世紀に蒸気船への転換期を迎えていたこともあり、日本には洋式帆船と蒸気船が同時に導入された。政府は1869年（明治2）に一般人に蒸気船と様式帆船の所有を認め、翌年には商船規則を公布して堅牢な洋式船への転換を促した。洋式船のリブ（人間の体に例えると肋骨）を持たない弱い船体構造の和船が嫌われ西洋形の船に置き換わったといわれるが、1887

年（明治20）に日本型船の新造が禁止されるまでは弁財船は建造されていた。それというのも和船は洋式船と異なり、甲板の板を固定していないため積み荷を山積みすることができ、建造費も低くてすむ利点があったのである。

また、洋式船の船税が高かったのも要因となっていた。

西洋流造船技術が和船建造に全面的に置き換わることはなく、部分的に優れた点を取り込む形で和船は改良されていった。船体補強のためにリブが加えられ、帆柱が2本となり、操船性能の向上のために船首には三角形のジブ、船尾にはスパンカーを装備する場合や和船の特徴であった横帆に変わり、逆風帆走に適したスクーナー式の縦帆を採用した船もあった。大きくて荒天時には損傷しやすかった舵も西洋の小型の舵が取り入れられていった。加えて、船首と船体自身が延長されてスマートな西洋の船の形になっていった。

なお、明治時代の中頃にエンジン付きの機帆船が出現すると、和船は急激に駆逐されていった。

港湾の変化

およそ江戸時代の湊は年貢の積み出し港や河口部に造られた津と呼ばれる小規模な港湾設備が多かった。

幕藩体制の崩壊と日本の近代化に伴い、小規模な年貢の積出港だった港湾設備は衰退した。しかし、新たな体制に迎合して港湾を移動し、変化させることにより存続し、発展していった港もある。

江戸時代の清水

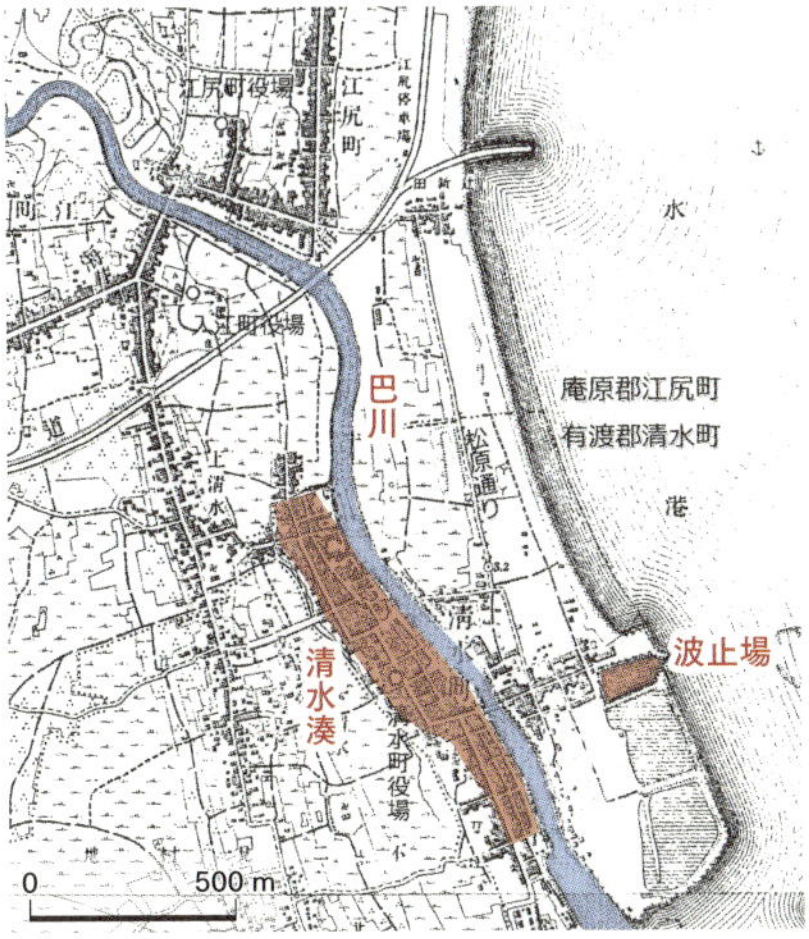

図1　1887年（明治20）の清水港周辺
1/2万「清水」陸軍迅測図

図2　清水市及び附近の商工及び観光
東海観光図絵社発行

湊は巴川をやや遡った川岸の川港であったが、泥の堆積により川底が浅くなり、大きな弁財船が川に進入できずに、絶えず悩まされていた（図1）。維新後の船の大型化もあって、民間有志は1876年（明治9）に港湾設備建設のための波止場会社を設立し、外海に面した場所に港を築こうと考えた。その後、十五代将軍徳川慶喜《よしのぶ》の家僕の白井音二郎に候補地の提供を受け、1879年に開港した。この時に、旧清水湊から通いやすくすべく、巴川に橋を架け、一直線に道路を敷設し、港橋と波止場通りと名づけた。波止場通りは、現在エスパルス通りと呼ばれている。この波止場跡は現在でも一部が船溜まりとして残っており、この周辺がシーバスや清水湾内の観光船の拠点となっているのは近代清水港の発祥地であるからだ（図2）。

江戸時代の相良湊は田沼意次の入部により大きく整備された。現在も城跡に行けば「仙台河岸」と呼ばれる石垣があり、城内と外海を結ぶ船着き場跡と説明されている。この城は萩間川河口をやや遡った西岸に築かれており、城内の石垣が川岸となり、その一部分が仙台河岸と呼ばれている。石垣は大分積み直されているようだが、太平洋と城を河川で結んでいたことを示している。図3は明治～大正期の相良周辺絵図で、左上の萩間川の屈曲部が相良城跡で大和神社対岸が仙台河岸にあたる。その下流に江戸時代以来の港橋があり、橋の北側の蔵屋敷は石油製油所に変わっている。河口部には新たに新橋が架けられ、新橋通の名称も見てとれる。付箋が黒ずみ判別しにくいが、左下には御用所と書かれている。明治維新により城から福岡地区の役所に政治の中心が移り、主要幹線道路にも変化があったことを見てとることができる。萩間川に架かる両橋の間と新橋の下流にかけて着岸した船が描かれており、近代の相良湊も港橋より下流部分に港の位置が縮小もしくは移動したと考えられる。港には2本マストの和洋折衷船、弁財船、高瀬舟が描かれている。

図4は191

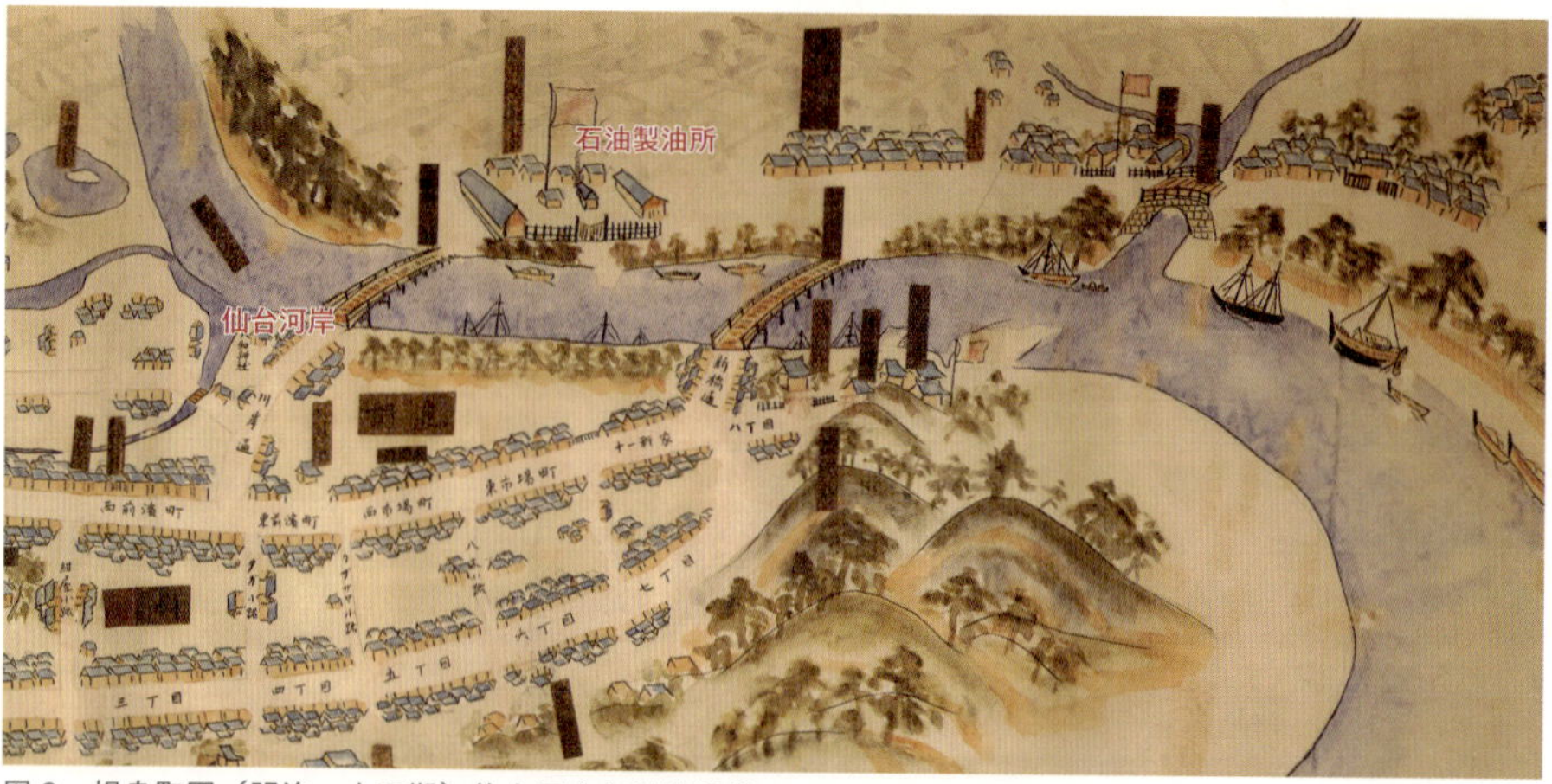

図3　相良町図（明治～大正期）牧之原市史料館提供

8年（大正7）以前の絵はがきで新橋付近の西岸に停泊する船が写っている。帆柱が2本立っているのはバーク型帆を装備した和洋折衷船であろうか。その上流にも多くの帆柱が確認でき、絵図の表現とも符合している。手前には底を平に造った河川用の高瀬舟も停泊している。

図4　遠江相良港風景　牧之原市史料館提供

流通の変化

東海道線は敷設工事わずかに3年ほどで1889年（明治22）7月に全線開通した。さぞかし、既存の交通網への影響が大きかったと推察される。新橋—静岡間は5時間50分とされるが、人の移動よりも物資の大量輸送への影響は大なるものがあった。総移送量は減少しなかったものの茶の運搬は鉄道へと転換していった。しかし、清水では横浜へ回漕してから輸出する現状を顧みて、清水港から直輸出することを念頭に国へ請願を続け、1899年（明治32）には開国場の指定を受け、1906年から直輸出が始まった。

図5は大正時代の清水波止場を写したもので、山積みされているのは、北米向けの茶箱である。当時は主要船舶は沖に停泊し、艀《はしけ》に荷物を積み込んで岸壁とを往復していた。1906年から始まった清水港からの直輸出は好調で、静岡に茶の再製工場が誘致されると横浜の外国商館も静岡市安西周辺に転居し始めた。1908年には安西を起点として静岡鉄道の敷設工事が始まり、波止場まで延長された。現在の静岡鉄道の新静岡—新清水間はこの名残りである。そして1917年（大正6）には清水の緑茶の輸出量は日本一となっていた。

図5　大正時代の清水港　フェルケール博物館提供

日本一長い軽便鉄道駿遠線

松井一明

全長64キロメートル

　遠江には国鉄袋井駅を出発し、横須賀の城下町から遠州灘沿岸部をへて、相良の城下町を結び、藤枝大手に至る全長64・4㎞を走った静岡鉄道駿遠線があり、日本一長い軽便鉄道と呼ばれていた。軽便鉄道とは線路幅106・7㎝以下となる低規格の鉄道で、建設費と維持管理費を抑えるために考案された鉄道である。ちなみに、駿遠線の線路幅は67・2㎝、現在のJR在来線の線路幅は106・7㎝、新幹線は143・5㎝を測り、新幹線の半分にも満たなかったことがわかる。

　駿遠線は最初袋井側から中遠鉄道として1911年（明治44）に建設の申請がなされ、1914年（大正3）新袋井駅から新横須賀駅間が開業した。1927年（昭和2）にはさらに新三俣駅まで延長された。

　ほぼ同時期に、焼津より相良、横須賀を経由して、磐田の中泉に至る、こちらも日本一長い軽便鉄道である駿遠鉄道が計画されていた。袋井、藤枝を通過する計画ではなかったため、先に藤枝側より藤相鉄道、袋井側より中遠鉄道が計画され実行に移されたので、駿遠鉄道は計画段階で終わり、実現することはなかった。

　藤枝側の藤相鉄道も同じく1911年に申請され、1913年（大正2）に大手駅から新藤枝駅間が開通し、1926年には相良の地頭方駅まで路線を延ばした。

　新三俣より先は陸軍の試射場があり、大砲の砲弾などを運搬する試射場内に引き込まれた軽便鉄道があったが、一般の市民が乗ることはできなかった。掛川市の試射場内の発射場には、いまでも軽便の線路跡や砲弾を降ろしたホームが残されている（図1）。

　1943年（昭和18）になると太平洋戦争の戦局悪化により、戦時統制が図られ、藤相鉄道と中遠鉄道も静岡電気鉄道などと共に統合され、静岡鉄道が誕生した。

　戦後は試射場の軌道の一部を再利用するなど、1948年（昭和23）地頭方駅から新

図1　陸軍射場軽便ホーム跡

図2　藤枝市郷土博物館蒸気機関車

図3　中遠鉄道名所図会　大正末期頃

三保駅が開通したことにより、新袋井駅から新藤枝駅、大手駅までつながり、日本一長い軽便鉄道駿遠線が誕生した。ところが、駿遠線は堀野新田駅から新三保駅間が陸軍試射場の線路を一部再利用したため、集落から遠いこともあり、早くも1964年（昭和39）に廃止となった。その後も車の普及により暫時廃止区間が度重なり、1967年（昭和42）に新袋井駅から新三保駅間、1970年（昭和45）新藤枝駅から大井川駅間が廃止されたことにより、駿遠線は全線廃止となった。

駿遠線を走っていた車両は、藤枝市郷土博物館にB15形蒸気機関車一両が残っているにすぎない（図2）。また、正確なレプリカではないが、バグナル社製蒸気機関車がモニュメントとして袋井市浅羽記念公園内に設置されている（図8）。

「中遠鉄道名所図会」（図3）には、新袋井駅から南大坂まで開通し、池新田までの予定路線が描かれているため、大正末期に発行されたものと思われる。新袋井駅の周辺には遠州三山である油山寺、可睡斎、法多山などの観光名所、新横須賀駅周辺には桜の名所になっていた横須賀城址と、撰要寺の松平（大須賀）忠政墓のほか、小笠山山麓は松茸の産地であったことなどがわかる。また、表示の大きな新袋井、芝、新岡崎、新横須賀、野中、野賀、南大坂が駅、それ以外の表示が小さいものが停車場であったこともわかる。ちなみに、駅員が配置されているのが駅、配置されないのが停車場と呼ばれていた。

遺構をたどって

今回は紙面の関係により全線の遺構は紹介できないため、新袋井駅から石津停車場間の駿遠線の遺構について紹介したい。新袋井駅の遺構は、現

図4　旧新袋井駅ホーム跡

在使われていないがJR袋井駅南端のホームは、線路は取り払われているが、かつての駿遠線のホーム跡である（図4）。ホームの西端には下を歩行者が通行するガードが残っており（図5）、さらに新幹線の高架の下を通過し、最初の柳原停車場跡に至る。諸井停車場跡から芝駅跡間の線路跡は比較的良く残っており、歩道として整備され（図6）、芝駅跡には駿遠線の記念碑も建てられている（図7）。袋井市役所浅羽支所前の浅羽記念公園には、バグナル社製機関車のモニュメントがある（図8）。浅名停車場から新岡崎駅の路線跡の残りも良く歩道として整備され、五十岡停車場（図9）と石津停車場（図10）はホームの一部が残されている。なかでも、五十岡停車場はホームが復原され、停車場公園として整備され、北側には当時の鉄橋も残されており、渡ることができる。

　切符や時刻表、線路や駅名板などの資料が、袋井市郷土資料館や掛川市大須賀歴史民俗資料館に展示してあるため、あわせて見学したい。

図5　旧新袋井駅ガード

図7　芝駅駿遠線記念石碑

図6　芝駅付近線路跡

図9　五十岡停車場ホーム跡

図8　浅羽記念公園内バグナル社製機関車モニュメント

図10　石津停車場跡ホーム跡

近代

天竜浜名湖鉄道と鉄道遺産

溝口彰啓

天竜浜名湖鉄道の成り立ち

掛川から二俣を経て、浜名湖北岸を巡りつつ新所原を結んでいるのが、天竜浜名湖鉄道である。その前身は国鉄二俣線で、開通は１９４０年（昭和15）のことであった。海沿いを走る東海道線の補助路線として熱望されたものであり、実際１９４４年（昭和19）の東南海地震の際に浜名湖鉄橋が不通になったため迂回路となっている。

戦後、人員輸送に加えて、経済成長期を支えるように農工業製品の輸送にも大きな役割を果たしている。昭和40年代頃には輸送量はピークを迎え、１９７１年（昭和46）にはそれまで主力であった蒸気機関車が廃され、気動車やディーゼル機関車へと転換していった。しかし、モータリゼーションの発達など、社会的な情勢が変化したことにより、その役割は徐々に低下し、１９８７年（昭和62）には二俣線は廃止されることとなった。その後、旅客業務は天竜浜名湖鉄道に引き継がれ、現在も地元の足として、「天浜線」の愛称で親しまれている（図１）。

登録文化財となった鉄道遺産群

天浜線は現在も稼働していながら、その施設は大きく変化せずに開業当時の姿をとどめていることが大きな特色といえる。合理化の波によって各地で失われつつあるそれら「鉄道遺産」は全国的にみても貴重なものであり、１９９８年には天竜二俣駅の転車台（図２）・扇形車庫（図３）など５件が、また２０１１年には天竜浜名湖線に残る駅舎・橋梁など31件が国の登録有形文化財に指定されている。登録有形文化財とは、開発等により失われる可能性がある近代等の文化財を、資産として保存を図りつつ活用しながら文化として守っていく制度に基づくもので、天竜浜名湖鉄道の鉄道遺産群は、現

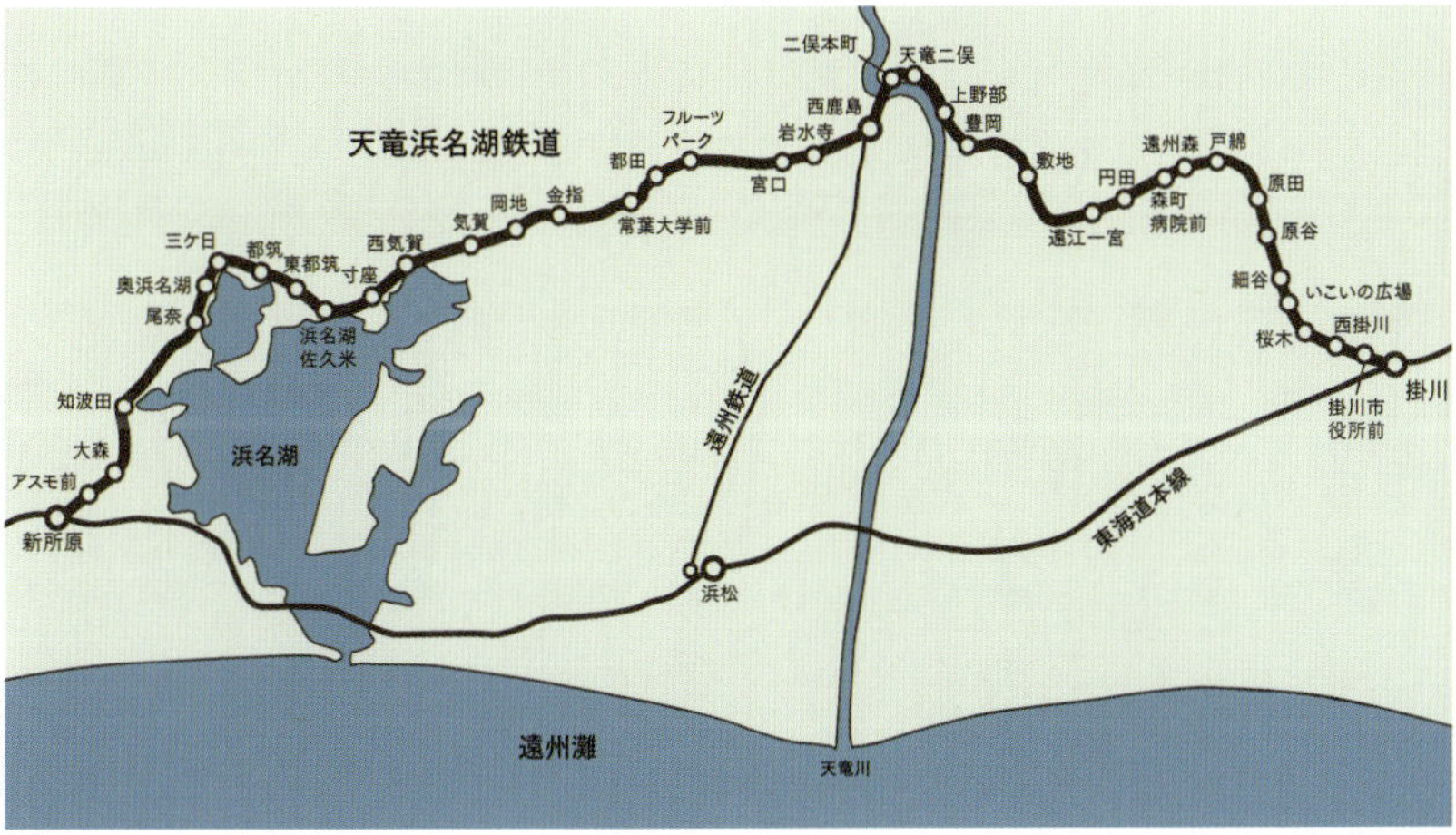

図１　天竜浜名湖鉄道路線図

役の鉄道施設として、使われながらゆるやかに守られる文化財として位置づけられているのである。

沿線に残る登録文化財

登録文化財となった天浜線の鉄道遺産群は沿線の各駅で今も見ることができる。

各駅の駅本屋では、桜木駅（図4）・原谷駅・遠州森駅（図5）・遠江一宮駅・天竜二俣駅・宮口駅・気賀駅（図6）・西気賀駅・三ケ日駅（図7）に、それぞれ昭和10〜15年頃に建築された建屋が残る。いずれも木造平屋建で、瓦あるいはスレート屋根、壁は漆喰や板張、モルタルなどとなるが、簡素で趣のある意匠は郷愁を誘うとの声も多い。駅本屋に付属する駅のプラットホームは、桜木駅・遠州森駅・天竜二俣駅・岩水寺駅・宮口駅・金指駅・気賀駅にあり、プラットホーム上の上屋や待合所とともに利用者の日々の乗降を支えている。

天浜線は自然豊かな地形を縫って走る環境にあるため、線路上には橋梁や隧道（トンネル）がつくられ、開業当時の施設も残っている。河川等を越える橋梁では、原野谷川橋梁・太田川橋梁・二俣川橋梁・天竜川橋梁（図8）・都田川橋梁・気賀町高架橋がある。橋梁は鋼製あるいは鉄筋コンクリート製であるが、最長の天竜川橋梁は唯一のトラス構造を持っている。知波田・尾奈駅間の利木隧道は、コンクリート造りで全長663mを測る天竜浜名湖線最長の規模である。

天竜二俣駅構内の鉄道遺産

天竜二俣駅は天浜線の中心駅であり、先述の駅本屋・プラットホーム（図9）の他にも構内には旧二俣機関区に関係した多くの施設が存在している。最も著名なのは転車台と、セットで機能する扇形車庫で、天浜線のシンボルにもなっている。転車台は直径18・4mの円形台が回転し、本来は台上の蒸気機関車の方向転換を

図2　天竜二俣駅構内転車台

図4　桜木駅本屋

図3　天竜二俣駅構内扇形車庫

図5　遠州森駅本屋

おこなう装置として、1940年（昭和15）に建造されたものである。転車台の背後には4線分を扇形に配する車庫が設置される。木造であるが、車庫部が空間となるため、独特の堅牢な構造を持っており、当初は6線分であったが後に現況に合わせて切り詰められている現役施設である。また、水を多量に消費する蒸気機関車は水槽等の施設も必須であり、井戸から水を揚げる揚水機を収納する揚水機室や、水を貯める高架貯水槽が残されている。

構内のほぼ中央には、開業当時の二俣機関区の事務室として建てられた運転区事務室が現存する（図10）。木造二階建ての建物内には運転指令室などが設けられていたが、現在は会議室などとして使用される。事務室の南側に隣接して、運転区休憩所・浴場が建てられており、休憩室には乗員等の休憩室や湯沸室などが入っていた。それと並ぶ浴室は浴室・洗濯所・脱衣所からなり、浴室には大小2つの浴槽がある（図11）。煤や煙等が多い職場で働く蒸気機関車の乗員にとって、浴室は必須の施設であった。

こうした施設群の他、往時の二俣線や機関区の活況を示す数々の道具類や資料が展示される鉄道歴史館が扇形車庫に隣接して開設されている。構内の施設群とともに、毎日開催の転車台・鉄道歴史館見学ツアーによって見学可能である。

図6　気賀駅プラットホーム

図7　三ケ日駅本屋（プラットホームより）

図8　天竜川橋梁

図9　天竜二俣駅プラットホーム及び上屋

図10　天竜二俣駅構内事務室（右）及び休憩所（左）、高架貯水槽（奥）

図11　天竜二俣駅構内浴場

表1　天浜線登録文化財一覧

	駅名等	鉄道遺産	規模・構造	建造年
1	桜木駅	桜木駅本屋及び上りプラットホーム	本屋：木造平屋建瓦葺き	1935（昭和10）
2	原谷駅	原谷駅本屋	木造平屋建瓦葺き	1935（昭和10）
3	原野駅～原田駅	原野谷川橋梁	鋼製6連桁橋　橋長105m	1935（昭和10）
4	戸綿駅～遠州森	太田川橋梁	鋼製12連桁橋　橋長192m	1935（昭和10）
5	遠州森駅	遠州森駅本屋及び上りプラットホーム	本屋：木造平屋建瓦葺き	1935（昭和10）
6	遠州一宮駅	遠州一宮駅本屋	木造平屋建瓦葺き	1940（昭和15）
7	天竜二俣駅	天竜二俣駅本屋	本屋：木造平屋建瓦葺き	1940（昭和15）
8	天竜二俣駅	上り上屋及びプラットホーム	上屋：木造平屋建鉄板葺き	1940（昭和15）
9	天竜二俣駅	下り上屋及びプラットホーム	上屋：木造平屋建鉄板葺き	1940（昭和15）
10	天竜二俣駅	転車台	鉄製転車台　直径18.4 m	1940（昭和15）
11	天竜二俣駅	扇形車庫	木造平屋建鉄板葺き	1940（昭和15）
12	天竜二俣駅	運転区事務室	木造二階建瓦葺き	1940（昭和15）
13	天竜二俣駅	運転区浴場	木造平屋建瓦葺き	1940（昭和15）
14	天竜二俣駅	運転区休憩所	木造平屋建瓦葺き	1940（昭和15）
15	天竜二俣駅	揚水機室	木造平屋建瓦葺き、井戸	1940（昭和15）
16	天竜二俣駅	高架貯水槽	鉄筋コンクリート造	1940（昭和15）
17	天竜二俣駅～二俣本町駅	二俣川橋梁	鉄筋コンクリート製単桁及び鋼製2連桁橋　橋長58m	1940（昭和15）
18	二俣本町駅～西鹿島駅	天竜川橋梁	鋼製3連トラス及び鋼製7連桁橋橋長403 m	1940（昭和15）
19	岩水寺駅	待合所及びプラットホーム	待合所：木造平屋建スレート葺き	1940（昭和15）
20	宮口駅	宮口駅本屋及び上りプラットホーム	本屋：木造平屋建瓦葺き	1940（昭和15）
21	宮口駅	待合所及び下りプラットホーム	待合所：木造平屋建鉄板葺き	1940（昭和15）
22	フルーツパーク駅～都田駅	都田川橋梁	鋼製5連桁及び鉄筋コンクリート製単桁橋　橋長123m	1940（昭和15）
23	金指駅	金指駅本屋及びプラットホーム	本屋：木造平屋建スレート葺き	1938（昭和13）
24	金指駅	高架貯水槽	鉄筋コンクリート造	1938（昭和13）頃
25	気賀高校前駅～気賀駅	気賀町高架橋	鉄筋コンクリート造　橋長90 m	1938（昭和13）
26	気賀駅	気賀駅本屋	木造平屋建瓦葺き	1938（昭和13）
27	気賀駅	気賀駅上屋及びプラットホーム	上屋：木造平屋建スレート葺き	1938（昭和13）
28	西気賀駅	西気賀駅本屋	木造平屋建瓦葺き	1938（昭和13）
29	西気賀駅	待合所	木造平屋建瓦スレート葺き	1938（昭和13）
30	三ケ日駅	三ケ日駅本屋	木造平屋建瓦葺き	1938（昭和13）
31	尾奈駅～知波田駅	利木隧道	コンクリート造　延長663 m	1936（昭和11）

近代

相良油田ものがたり

溝口彰啓

相良油田の発見

静岡県に油田があったことを知る人はそれほど多くないのではないだろうか。現在は田畑の中に民家が点在する風景が広がる、牧之原市菅ヶ谷周辺にかつて油田が営まれていたのである。

1872年（明治5）、旧幕臣で浜松県士族であった村上正局《まさちか》は、菅ヶ谷付近で臭気の激しい水が出る場所があることを地元民から聞き、調査をおこなった結果、石油であることを確認した。これが相《さが》良《ら》油田である。旧幕臣で、静岡県士族であった石坂周造は日本における石油産業の祖とされる人物であるが、この一件に接し、東京石油会社相良支社を設立し、石油採掘の一大産業化への道を模索した。石坂らは周辺地域を含めた試掘をおこない、榛原郡及び城東郡に及ぶ広範囲で油田が存在することをつきとめ、中でも有望な菅ヶ谷村時ヶ谷などに油井を開き、翌1873年より石油採掘を開始した。

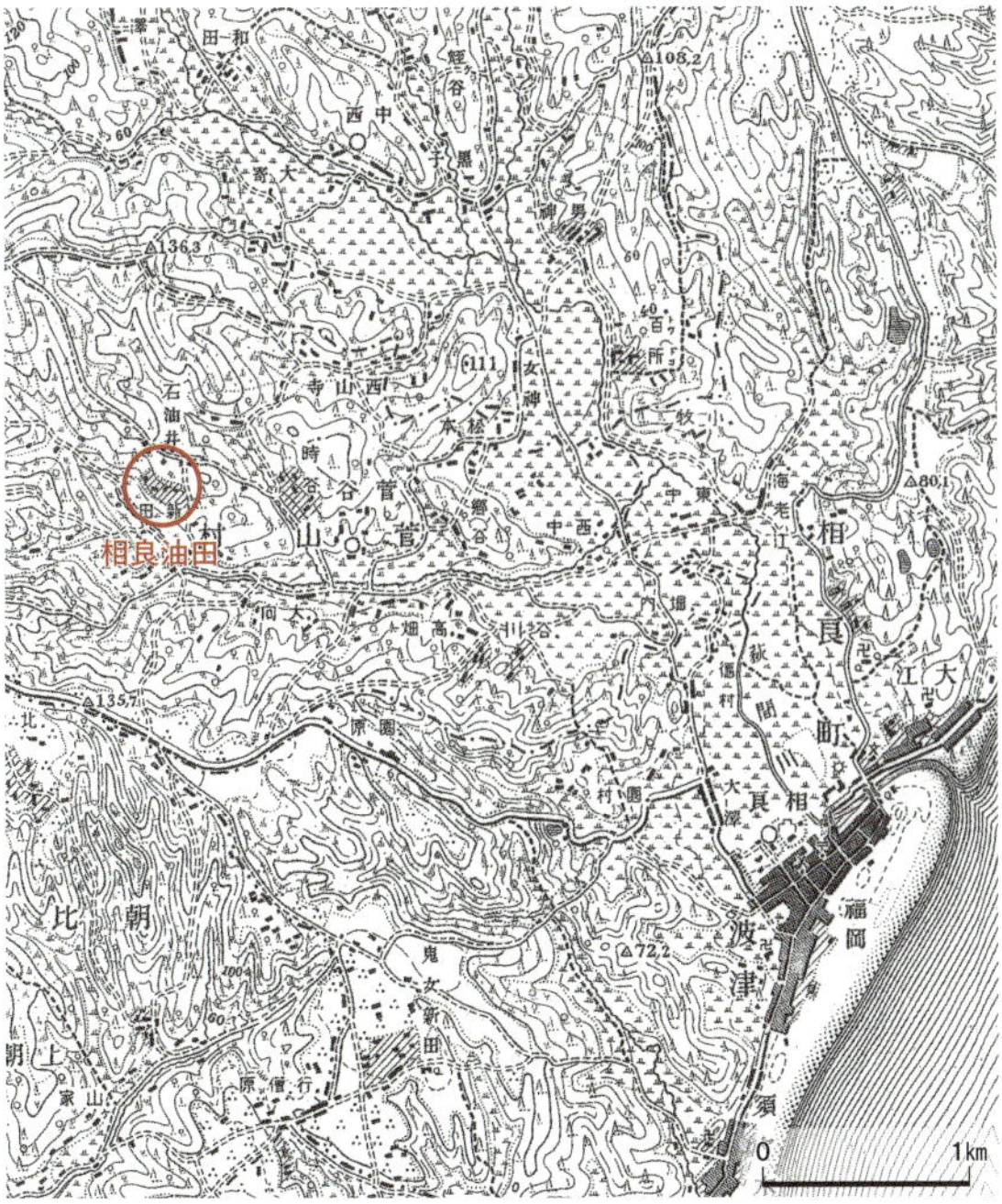

図1　1/5万「掛川」1899年

相良油田の発展と衰退

その後、海江田信義や布施新助が油田経営に携わるなど動きがみられたが、1881年（明治14）には石坂周造らにより相良石油会社が設立されたことで、油田はさらに発展することとなる。1884年（明治17）頃には油田の抗数240抗、産油量は721kl（ドラム缶約3600本）と最盛期を迎えている。これは当時の日本の産油量の一割程度にあたるともいわれ、国内有数の油田であったことが窺われる。明治20年代には油田の経営主体が変わるなど、やや発展には陰りがみられたものの、1896年（明治29）には東洋石油株式会社による機械採掘、また1904年（明治37）には日本石油株式会社が西山寺や時ヶ谷に蒸気機械を導入し、大規模な採掘をおこなうなど、再び発展の機運が高まった。明治30～40年代にかけて500～600klを産出する、明治10年代に続くいわば第二期の最盛期を迎えるのである。しかし、大正年代に入ると産油量は激減し、昭和前期にかけて細々と油田は営まれたが、1955年（昭和30）には完全廃坑となった。

油田の採掘方法

相良油田では、1873年（明治6）には早くも機械式掘削機がアメリカから導入されていたが、多くの油井では手掘りによる採掘がおこなわれていた。手掘り油井は三尺（90cm）四方の縦坑に木枠を入れながら掘り進め、その深さはおおむね100～180m、最深の油井は250mに及んだとされる。坑内には酸欠やガスを排除するために「タタラ」と呼ばれる大型のふいごを数人がかりで踏み、地上から空気を送り込んだ。また坑内の照明は油井直上から照射鏡によって日光を取り入れる工夫がなされていた。しかし、危険極まりない作業の中で事故もかなり起きていたという。

相良油田から採掘される石油は、ガソリンや灯油分を多く含む軽質なもので、未加工でもランプや発動機などに使用できるほどに良質であることが知られる。

相良油田の現在

最盛期には手掘り井戸小屋などが展開していた相良油田も、現在ではのどかな田園風景が広がる地域となっているが（図2）、唯一の機械掘り油井が現在も残っている（図3）。油井は静岡県指定天然記念物に指定されており、現在でも石油が湧出する。油井周辺には復元された手掘り井戸小屋が建てられ、往時を偲ばせている（図4）。

また、近隣の「油田の里公園」には油田の資料を見ることができる油田資料館、また内部の手掘り井戸やふいごなどとともに復元された手掘り井戸小屋が整備されている。

図2　現在の菅ケ谷周辺遠景（南より）

図3　現存する機械掘り油井

図4　復元された手掘り小屋

近代

遠江に残された戦争遺跡

松井一明

県内有数の軍事拠点だった

近代日本の歴史は、戦争と平和な時代の繰り返しといっても過言ではなかろう。近年では島田市で米軍の爆撃機B29迎撃を目的とした電磁波攻撃兵器を開発していた戦争遺跡の発掘調査がなされ、大いに注目された。遠江は軍事的に重要な地域であることから、数多くの戦争遺跡が残されており、今回代表的な3カ所の戦争遺跡を紹介したい。

浜松には1926年（昭和元）陸軍飛行第七連隊が配備され、三方原に爆撃訓練場、現航空自衛隊基地内には連隊関連の兵舎などが残されている（図1）。三方原の爆撃訓練場には、現豊岡小学校を含む広大な敷地を有し、豊岡幼稚園には訓練の様子を監察した監的所のあった築山と、小学校北東方向の畑地中に、戦闘機を収納したコンクリート製の円形掩体壕が残されている（図2）。本田技研の工場内には、司令部の将校集会場も残されている。また、半田地区には本土決戦のため編成された第143師団関係のトーチカや（図3）、区画整理に伴う発掘調査で戦闘機の掩体壕や塹壕跡が多数発見されている。終戦間近になると現在の自衛隊官舎のある場所に、航空機による毒ガス攻撃の研究所（陸軍教導飛行団）が置かれ、官舎の出入口に当時の門柱が残されている。

市街地の静岡大学浜松分校には高射砲第一連隊、その北の和地山公園には練兵場があり、大学の用地境には基地の土塁、北東隅に煉瓦造りの門柱、北門の門柱が今も残っている。そのほか、現平和公園の陸軍墓地跡、現リハビリ病

図1　航空自衛隊浜松基地内旧陸軍航空隊兵舎

図2　旧陸軍航空隊三方原爆撃場掩体壕

図3　浜松市半田旧陸軍本土防衛隊トーチカ

図4　1/2.5「気賀」2016年、「浜松」2015年

院は陸軍病院跡であり、浜松は県内有数の軍事都市としてその痕跡を今も見ることができる。

全国でも二基だけになった凱旋門

つぎに、浜松市渋川にある日露戦争凱旋紀念門を紹介したい。1905年（明治38）日露戦争が終結した際、帰還した兵士を歓迎するための凱旋紀念門が日本各地に造られたが、今は全国で鹿児島県姶良市と浜松市渋川に残された二基だけとなった。

門は渋川集落の南側の、六所神社入口にある（図5）。フランス積みの煉瓦造アーチ式門で、柱間約3m、高さ約3・2mを測る立派な門である。石製の基礎には1903年（明治36）に渋川村民の寄付により造られたこと、日清・日露戦争の従軍者の名が刻まれている。県内でも初期煉瓦造の構造物として国登録有形文化財に指定されている。

図5　渋川凱旋紀念門

劣化進む戦争遺跡

最後に遠州浜の陸軍試射場を紹介したい。1938年（昭和13）軍事工場で造られた大砲の試射場が、掛川市〜御前崎の遠州浜に設けられた。発射場は掛川市浜野新田地区、着弾地は御前崎市池新田地区で、それぞれ関連施設が残されている。

池新田地区は着弾地であるため、着弾の確認をするためのコンクリート製の監的所一カ所のみが残っている。発射場の浜野新田地区には大砲の修理工場である砲廠（現織物工場）、大砲の木造保管倉庫（個人倉庫）、モルタル造の模擬爆弾製造所（個人倉庫）、コンクリート造の司令所、砲弾を運んだ道の隧道、軽便のプラットホーム、大砲の台座など多数の遺構が確認できる（図6、7）。県内でも最も遺構が残されている戦争遺跡であるが、木造建物の劣化が進んでおり、これらの建物が失われる日も近いと思われる。

図6　遠州浜陸軍試射場砲台

図7　陸軍試射場着弾監的所

参考文献

浅羽町『浅羽町史』通史編、2000年

浅羽町『図説 浅羽町史』2001年

新居関所史料館『東海道と新居宿』1996年

新居関所史料館『東海道と新居関所 新居宿』2001年

新居関所史料館『今切ノ渡し――よみがえった新居関所の渡船場』2003年

新居関所史料館『新居関所・新居宿の変遷Ⅱ』2008年

新居関所史料館『新居関所面番所』2013年

飯田汲事「歴史地震の研究（6）嘉永7年（安政元年）11月4日（1854年12月23日）の安政東海地震の震害・震度分布および津波被害」、『愛知工業大学研究報告』第20号、愛知工業大学、1985年

引佐町『引佐町史』上巻、1996年

磐田市『磐田市史』通史編上巻 原始・古代・中世、1993年

海野芳幸「歴史的特性のある町並み景観の保全継承に関する一考察」、『都市計画報告集』No.9、社団法人日本都市計画学会、2010年

大須賀町『西田町むかしの話』西田町、2002年

加藤理文「二俣城、鳥羽山城の創築・改修・廃城」、『研究紀要』5号、財団法人静岡県埋蔵文化財調査研究所、1997年

加藤理文『静岡の城 研究成果が解き明かす城の県史』サンライズ出版、2011年

加藤理文／中井均ほか『静岡の山城ベスト50を歩く』サンライズ出版、2009年

加藤理文ほか『静岡県の歩ける城70選』静岡新聞社、2016年

「角川日本地名大辞典」編纂委員会編『角川日本地名大辞典』22 静岡県、角川書店、1982年

金谷町役場『金谷町史』通史編別編 志戸呂窯業史、2004年

金谷町役場『図説 金谷町史』2005年

切池融「宝永地震に伴う新居宿総移転と本坂通の通行禁止」、『新居関所・新居宿の変遷Ⅱ』新居関所史料館、2008年

ケンペル著／斎藤信訳『江戸参府旅行日記』平凡社、1977年

小杉達『東海道歴史散歩』静岡新聞社、1992年

相良町『相良町史』通史編上巻、1991年

相良町『相良町史』通史編下巻、1996年

ジーボルト著／斎藤信訳『江戸参府紀行』平凡社、1967年

静岡県『静岡県史』通史編4 近世2、1997年

静岡県『静岡県史』通史編5 近現代1、1996年

静岡県『静岡県史』資料編9 近世1、1992年

静岡県『静岡県史』資料編13 近世5、1990年

静岡県『静岡県史』別編2 自然災害誌、1996年

静岡県教育委員会文化課編『秋葉街道』1996年

静岡県戦争遺跡研究会『静岡県の戦争遺跡を歩く』静岡新聞社、2009年

「静岡県の地名」編集委員会編『静岡県の地名』日本歴史地名大系22、平凡社、2000年

静岡県埋蔵文化財調査研究所ほか『上志戸呂古窯』2009年

清水港開港100年史編集室『清水港100年史』静岡県、1999年

清水市『清水市史』通史編第1巻、1976年

清水記久「遠州横須賀城下町の変遷過程と地域構造」、『国士舘大学地理学報告』No.14、国士舘大学地理学会、2006年

龍山村史編纂委員会編『龍山村史』1980年

地方史研究協議会編『東西交流の地域紙　列島の境目・静岡』雄山閣、２００７年
塚本和弘「横地　御家人の本拠と実態」、『出土遺物が語る中世の伊豆・駿河・遠江』高志書院、２００５年
坪井俊三「北遠地方と天竜川――江戸時代を中心に」、『天竜川　くらしの中を流れる川』ひくまの出版、１９８０年
坪井俊三「遠州における秋葉信仰の展開」、田村貞雄／中野東禅／吉田俊英編『秋葉信仰』所収、雄山閣、１９９８年
天竜市『天竜市史』上巻、１９８１年
天竜市『天竜市史』下巻、１９８８年
東海道弥次喜多研究会『東海道宇津ノ谷峠――道に咲いた文化』１９９３年
戸塚和美「掛川城攻めにおける徳川家康の陣城跡」、『戦国武将と城　小和田哲男先生古希記念論集』サンライズ出版、２０１４年
豊川市桜ヶ丘ミュージアム編『姫街道展』２００８年
豊橋市美術博物館編『東海道宿駅設置四〇〇年記念　歴史の道～東海道～』２００１年
豊橋市二川宿本陣資料館編『道中記にみる吉田・二川の名所』２０００年
豊橋市二川宿本陣資料館編『信仰の街道 秋葉道展』２０１０年
豊橋市二川宿本陣資料館編『歴史の道 姫街道展』２０１１年
浜松市『浜松市史』二、１９７１年
浜松市教育委員会浜松城跡――考古学調査の記録』１９９６年
浜松市博物館『新版図説　浜松の歴史』２００８年
浜松市博物館「浜名湖周辺の地震災害に関する絵図と古文書（増補改訂）」、『浜松市博物館報』26所収
浜松市教育委員会『浜松市城下町遺跡』２０１７年
浜松市市民部文化財課『天浜線の近代化遺産』２０１２年
浜松市市民部文化財課『はままつ石塔めぐり』２０１３年
林弘之「東三河地方の古代二見道」、『三河考古』15号、三河考古学談話会、２００２年
林弘之「古代三河地方の東海道と二見道」、『尾張古代史セミナー（８）よみがえる古道』春日井市教育委員会、２００４年
林弘之「三河国」、古代交通研究会編『日本古代道路辞典』八木書店、２００４年
春野町史編さん委員会編『春野町史』通史編上巻、１９９７年
袋井市歴史文化館『袋井の自然災害の歴史』２０１５年
袋井市歴史文化館『よみがえる戦争の記憶展』２０１５年
藤枝市『藤枝市史』通史編上、２０１０年
藤原治／矢田俊文ほか「静岡県掛川市南部の横須賀湊跡に見られる１７０７年宝永地震の痕跡」、『活断層・古地震研究報告』No.7、地質調査総合センター、２００７年
藤原治／矢田俊文ほか「１４９８年明応地震による遠州灘沿岸浜名川流域の地形変化」、『歴史地震』第25号、歴史地震研究会、２０１０年
松井一明「遠江の古代山岳（山林）寺院」『考古学論集　東海の路』東海の路刊行会、２００２年
松井一明「遠江・駿河の山林寺院（静岡県）」『仏教芸術』３１５号、毎日新聞社、２０１１年
松井一明「静岡県の大名墓」、『第八回大名墓研究会』大名墓研究会、２０１６年
森川昭『東海道五十三次ハンドブック』三省堂、２００７年
森町『森町史』通史編上巻、１９９６年
森町『図説森町史』１９９９年
矢田俊文『地震と中世の流通』高志書院、２０１０年
矢田俊文『中世の巨大地震』吉川弘文館、２００８年
若尾俊平『江戸時代の駿府新考』静岡谷島屋、１９８３年
若林敦行『海の東海道』静岡新聞社、１９９８年

［執筆者一覧］（あいうえお順）
海野一徳（うんの・かずのり）藤枝市郷土博物館・文学館学芸員
木村弘之（きむら・ひろゆき）磐田市歴史文書館館長
久住祐一郎（くすみ・ゆういちろう）豊橋市美術博物館学芸員
高橋洋充（たかはし・ひろみつ）豊橋市二川宿本陣資料館学芸専門員
椿原靖弘（ちんばら・やすひろ）フェルケール博物館学芸部長
坪井俊三（つぼい・しゅんぞう）浜松市文化財保護審議会委員
戸塚和美（とづか・かずみ）織豊期城郭研究会
林 弘之（はやし・ひろゆき）豊川市教育委員会生涯学習課
前田利久（まえだ・としひさ）清水国際高校副校長
松井一明（まつい・かずあき）織豊期城郭研究会
溝口彰啓（みぞぐち・あきひろ）織豊期城郭研究会

静岡駅前夜景（絵はがき）静岡県立中央図書館所蔵